イスラーム・ジェンダー・スタディーズ

長沢栄治 監修
岡 真理／後藤絵美 編著

5 *Memories and Records:*
A Hundred Years of Women's Experiences

記憶と記録にみる女性たちと百年

明石書店

「イスラーム・ジェンダー・スタディーズ」シリーズ刊行にあたって

――5『記憶と記録にみる女性たちと百年』

本シリーズは、「イスラーム・ジェンダー学」の研究成果を具体的な内容で分かりやすく読者に示すことを目的にしています。

この第5巻のタイトルは『記憶と記録にみる女性たちと百年』です。第Ⅰ部では百年にわたる歴史の中で公正な社会を目指して奮闘した女性たちの歩みが、また第Ⅱ部では装いに映し出されたジェンダーと社会の変化がそれぞれ扱われ、まさに万華鏡のような議論の光を放つ本として仕上がっているように思います。

エジプトの女性運動史の研究を牽引した故シンシア・ネルソン教授（カイロ・アメリカン大学）は、急進的なフェミニスト活動家、ドリヤ・シャフィーク（１９０８～１９７５）に関する研究で知られています。この評伝的研究の中で、ドリヤは「知性（intelligence）と志（ambition）と美（beauty）」のすべてを備えた女性だった、と教授は讃えています（Nelson 1996: xii）。

ところで２０２１年夏に開催された東京オリンピックをめぐる批判的な議論の一つとして、「より速く、より高く、より強く」という五輪のモットーが、そもそも男性性に価値を置いており「真のジェンダー平等の実現の障害」となっているのではないか、という指摘がありました。この主張の是非に関する議論はここでは措くとして、先ほどの「知性と志と美しさ」について述べるなら、それは女性だけではなく男性も、またあらゆる性的な差異を超え、すべての人が自由に自らの考えに立って追い求める共通の価値とも言えるのではないかと考えます。

しかし、フランスで学位を取り、詩的才能にも恵まれ、女性の政治的権利獲得のためにハンストを含む体当たりの行動をとり、また華麗な洋装とその美貌でも名高かったドリヤの人生を最後に待っていたのは苛酷な運命でした（本書第6章参照）。「彼女の人生の悲劇的な美しさ」（Nelson 1996: 282）は、「知性と志と美」を追い求めたゆえだったと言えるのでしょうか。しかし、人の生にいつも影のように寄り添う悲劇と、その中を生き抜く人々の姿は、やがて集合的な記憶となって、私たちがこれから生きる道に光を差し伸べるものになるのではないかとも思うのです。この本を手に取った読者の皆さんの記憶の中で、彼女たちは必ずや美しく生き続けていくことでしょう。

「イスラーム・ジェンダー学」科研・研究代表者
長沢栄治（東京外国語大学アジア・アフリカ言語文化研究所フェロー／東京大学名誉教授）

【参考文献】

Nelson, Cynthia. 1996. *Doria Shafik, Egyptian Feminist, A Woman Apart.* Cairo: The American University in Cairo Press.

※本シリーズの各巻は、日本学術振興会科学研究費補助金・基盤研究（A）課題番号16H01899「イスラーム・ジェンダー学構築のための基礎的総合的研究」（2016～19年度）および基盤研究（A）課題番号20H00085「イスラーム・ジェンダー学と現代的課題に関する応用的・実践的研究」（2020～23年度）の成果の一部です。プロジェクトのウェブサイトURLは、islam-gender.jp です。

はじめに

岡　真理

「イスラーム・ジェンダー・スタディーズ」シリーズ第5巻の本書は、イスラーム・ジェンダー学プロジェクト第1期（2016～2019年度）の公募研究「『砂漠の探究者』を探して――女性たちと百年」における研究活動を基盤としている。

「砂漠の探究者」とは、20世紀初頭に活躍したエジプトのフェミニスト知識人、マラク・ヒフニー・ナースィフ（1886～1918）のペンネームだ。19世紀末のエジプトで新興中産階層の家庭に生まれたマラクは、始まって間もないムスリム女子向けの公教育を受け、エジプト人女性として初めて教員資格試験に合格した。公立学校の教師となり、結婚後も貧しい家庭の子らを集めて教室を開くなど、草の根の女子教育に尽力する一方、成人女性や社会に向けても積極的に発信する。世紀の転換期、国と世界が政治的にも社会的にも急速に変容するなか、エジプト社会とその女性たちのあるべき姿を、マラクは講演や新聞等への寄稿を通して社会に訴えた。ムスリム女性が単にヴェールを被るか被らないかという外形的なことが問題の本質ではなく、女性自身に、そのことを自ら考え、選択する知の力を育てることこそが肝要だとして、マラクは当時の社会で興隆していたヴェールをめぐる社会的言説を批判した。まだ30歳そこそこであったことを考えると、その深い洞察力に驚かされる。だが、世界的流行をみたスペイン風邪で、マラクは31歳という若さで夭逝してしまう。

私たちは今、マラクが生きた時代から見れば、百年後の未来に生きている。イスラーム世界の女性たちをめぐる現代の諸状況は、一世紀前、マラクが未来に願ったものとなっているだろうか。マラクが当時の社会に見出したジェンダーをめぐる諸課題のうち、この百年のあいだに何が克服され、何が依然、その途上にあり、どのような問題が新たに生起しているのだろうか。

こうした問題意識から、私たちは「『砂漠の探究者』を探して――女性たちと百年」と題する研究会を立ち上げ、関心を同じくする者たちとともに定期的にワークショップを開催し、ライラ・アハメドの『イスラームにおける女性とジェンダー』（原著1992年、日本語版2000年）の再読にとりかかった。原著出版から四半世紀が過ぎ、イスラームの女性とジェンダーをめぐる状況は、著者が同書を執筆した当時から大きく変わっており、現在地点からこれを批判的に再読し、私たち自身の知見をアップデートすることが必要だと考えたためだ。

「『砂漠の探究者』を探して」研究会は回を重ねるに従い、言語や国、地域を超えて、中東・イスラーム地域のジェンダーに関心のある者たちが定期的に集い、イスラームとジェンダーにかかわる女性たちの百年がどのようなものであったかをテーマに、それぞれの研究から得られた知見を分かち合う貴重なプラットフォームへと発展した。

女たちの百年には、国や地域、時代ごとのさまざまな差異と同時に、地域を超えた多くの共通点も見られる。そして、どの国、どの時代にも、それぞれの「砂漠の探究者」がいた。そこから、執筆者おのおのが自身の「砂漠の探究者」をとりあげ、その人生の物語を通して、彼女が生きた時代や社会について著すことで、中東を中心に、近現代の女たちが生きた社会のありようの変遷を百年というスパンで通時的に概観するという本書第Ⅰ部のアイデアが生まれた。

　第Ⅰ部でとりあげた女性たちは、研究会メンバーが研究対象とするトルコ、イラン、レバノン、エジプト、チュニジア、インドネシア、英国などの全部で13人（荻野吟子を加えれば14人）。地域的な偏りもあるし、中東・イスラーム地域のフェミニスト・ガイドブックを編むなら真っ先に登場するにちがいないエジプトのフダー・シャアラーウィーやナワール・サアダーウィーは、本書では二次的に言及されているにとどまる。しかし、本書で企図したのは、地域研究の専門家が中東・イスラーム地域のフェミニストについて百科事典的な知識を提供することではなく、彼女たち一人ひとりを主人公に、彼女たちの人生と彼女たちが生きた時代と社会とを生き生きと描き出し、その物語を読者が共感をもって読むことだった。そのため、執筆者がもっとも共感を覚える人物を執筆者自身が選ぶことを優先した。

　こうした編集方針には、編者である私が文学を専門とすることも関係しているだろう。だが、おそらくはそれ以上に、「シリーズ刊行にあたって」で長沢さんが言及しておられる故シンシア・ネルソン教授によるドリヤ・シャフィークの評伝を読んだ私自身の個人的経験が大きく関わっている。繊細な感性と政治的急進性を併せ持つドリヤという女性とその人生に対するシンシアさんの深い共感が、この渾身の評伝を書かせたのだと思う。だからこそ、それを読んだ私も、同書を読むまではその存在すら知らなかったドリヤに魅せられて、３００頁以上の英語の評伝を一気呵成に読み、それから四半世紀が過ぎる今もなお、ドリヤは私にとり忘れがたい女性として記憶に刻まれているのだろう。

　本書第5章の冒頭で松永典子さんが「百年前に生きた女のライフヒストリーを読むことにどんな意味があるのだろうか」と反語的に問うているように、何十年も前の、しかも中東やイスラーム地域の女性のライフヒストリーを、この日本で読むことにどんな意味があるのだろうか。もちろん、中東・イスラーム地域を研究する者には、研究対象地域に関する専門的知識を得るためという実際的な意味があるわけだが、しかし、それだけではない。

彼女たちの人生の《物語》を通して、私たちがその人生を追体験することで、彼女たちが生きた世界が、私たち自身が生きる世界の一部となる。それらはもはや、遠い異国で、私たちとは異なる文化を生きる、遠い者たちの出来事ではなくなる。紙幅の都合で、執筆者には物語を十分に展開していただくことが叶わず、その企図がどこまで成功しているかは分からないが、それが本書に編者が込めた思いだ。

第Ⅰ部を読むと、この百年にわたる、これらフェミニストの女性たちそれぞれの、時に体制と激しくぶつかり、時に妥協しながらも、しかし決して揺るがぬ意志とそのたゆまぬ闘いが、彼女たちの社会の「今」を創ってきたことが分かる。

第Ⅰ部には、メアリ・ウェイトリーとヴェラ・ブリテンという二人の英国人女性についての論考が、中東・イスラーム地域の女性たちの合わせ鏡のように収められている。メアリもヴェラも、男性中心（かつ上流階級中心）の社会で困難と闘いながら自身の道を切り拓いたという点では、本書で紹介される中東・イスラーム地域の女性たちと同じだ。しかし、二人の英国人女性が世代を大きく隔てながらも、この頃すでに「自己実現」を追求しえたのに対し、ヴェラと同世代、あるいはそのあとに生まれた、本書に登場する女性たちが、雑誌を刊行したり、医師やソーシャルワーカー、教育者になったりしたのは、自分自身の人生の自己実現のためというよりも、同じ社会に生きる、より恵まれない同胞女性や少女たちのためであり、広くは社会のため、さらには祖国のためだった。困難と闘いに満ちたその人生を生き切ることで、結果的に彼女たちは自分自身の人生を生きたのだった（本書に登場する中東・イスラーム地域の女性たちで、ヴェラのように自分が生きたいように自分の人生を生きるという自己実現を追求して、それが後続女性のモデルとなるのは、

第Ⅰ部最終章の主人公、インドネシア独立後に生まれたティナにおいてである）。

エジプトのナバウィーヤの人生が物語るように、彼女たちにとり、女性の生を抑圧するのは、自社会の伝統的な家父長制による女性差別だけではなかった。植民地主義、帝国主義の暴力もまた彼女たちを抑圧するものであったことを彼女の人生は教えてくれる（チュニジアのタウヒーダにとっても、フランスは彼女に医者となるための高等教育を授けてくれた「恩人」であった一方、同胞市民を大虐殺し、大勢の女性たちに性的暴行を加えた「犯罪者」でもあった）。19世紀の半ば、メアリは独りエジプトに渡り、女性宣教師の道を切り拓いたが、英国人女性たちが宣教師や家庭教師（ガヴァネス）となって、その人生の活躍の場を海外にまで拡張しえたのは、大英帝国の植民地主義という歴史的背景があってのことだ。メアリがエジプトの女子教育に携わったその半世紀後、同じ教育現場でナバウィーヤが闘った敵は、女性差別と同時に英国によるエジプトの植民地支配でもあった（その関連で言えば、本書所収の論考では触れられていないが、日本がインドネシアを占領支配し、その占領下で少なからぬインドネシアの女性たちが旧日本軍の性奴隷制の被害者にされた事実を忘れてはならないだろう）。

独立後は、独裁政権が植民地支配にとって代わる。女性たちは、独裁という敵とも闘わねばならなかった。それもまた西洋の国々と無関係ではない。「反共」を掲げるインドネシアのスハルト政権は米国に支援されていたし（革命前のイランの独裁王政も然りだ）、反対に、社会主義を掲げるエジプトのナセルの独裁はその反帝国主義のスタンスによって正統性を得ていた。

ナワール・サアダーウィーは『アラブ女性の素顔』（１９７７年。日本語版『イヴの隠れた顔』新装版１９９４年）の序文で、「西洋は私たちに人権を教える側ではない」と断言する。植民地支配や、独立後は新植民地主義によって、西洋は非西洋世界の女性たち、男性たちの人権を二重三重に抑圧してきたし、現在なおしているからだが、これら中東・イスラーム地域のフェミニストの人生における闘いは、そのことを例証している。

本書の第Ⅱ部は、本研究会が２０１８年7月に東京大学を会場に開催したシンポジウム「記憶と記録からみる女性たちと30年――装いにうつるイスラームとジェンダー」がもとにある。同シンポジウムの第三部では、イラン、トルコ、インドネシア、ウズベキスタン、シリアの5つの国における女性の装いに着目した発表がなされた。女性がどのような装いをするのか、というただその1点に注目するだけで、それぞれの国固有の歴史や社会問題がさまざまに炙り出されて、たいへん興味深いものだった。

これに着想を得て、本書第Ⅱ部は、私たちの多くが関心をもつ「ファッション」という身近な話題を切り口に、専門分野や地域を異にする13人の方々に執筆をお願いした。その結果、イスラームを生きる人々や中東・イスラーム地域の人々をめぐって現代世界において生起するさまざまな問題が共時的、かつ、文字通りグローバルに、多様な観点から提示されることとなった。

ヴェールを単につけるつけないは女性解放の本質と何ら関係ない、大切なことは、つけるにせよつけないにせよ、女性自身がそれを自分で考え判断し選択すること……。砂漠の探究者マラクがそう喝破してから百年後の今、第Ⅱ部所収の諸論考が「装い」を出発点に扱うテーマは、ベリーダンスやムスリムファッションというサブカルチャー系の話題から、体制による迫害や民族解放といった政治問題まで驚くほど多岐にわたる。しかし、その多様性を貫いて共通するのは、百年前、マラクが社会と女性たちに求めたこと、すなわち、女性自身が自らの装いを考え、判断し選択する「主体」となっていることだ。

装いは、自分が何者として生きるのか、という主体的なアイデンティティを可視的に表明するものだ。非ムスリム社会におけるムスリマファッションであれ、在日クルド人の祭りにおける民族衣装であれ、これら諸論考を読むと、「装い」を通して、それを装う者が何者として人生を生きることを追求しているのか、ということが見えてくる。その「何者か」であることが国家や社会において肯われないと、迫害や政治的弾圧の対象となる。一枚の布とそれをまとう身体とは、人間の尊厳と人権を懸けた交渉と闘争のトポスにほかならない。２０２２年９月、イランにおける風紀警察によるクルド人女性マフサ＝ジナー・アミーニーの死と、体制に対する市民の激しい抗議運動、それに対する体制側の過酷な弾圧という一連の出来事は、その最新の事例である。

最後に私も、マラクの時代から百年後のエジプトに生を受け、マラクと同じく夭逝した「砂漠の探究者」を紹介したい。サラ・ヘガーズィー（１９８９〜２０２０）、社会主義の政治活動家だ。

２０１１年、エジプト市民は非暴力の市民革命で、ムバーラク大統領を退陣に追い込み、30年続いた独裁に終止符を打った。しかし、エジプト社会は今、再び、軍事独裁政権によって女性の人権も市民の人権も全面的に抑圧されるという状況下にある。公正な社会を求め、政権批判をするサラは、２０１７年、レバノンのロックバンド、マシュルーウ・レイラ（ヴォーカリストはゲイであることを公言している）のコンサートでレインボーフラッグを振り、性的マイノリティへの支持を表明した廉でエジプト官憲に逮捕された。エジプト政府はＬＧＢＴに対する無寛容政策をとっている。サラ自身、レズビアンだ。サラは３ヶ月にわたり拘留され、激しい拷問を受けた。釈放されたサラは重篤なＰＴＳＤを患い、翌年、カナダに亡命するも、２年後、30歳の若さで自ら命を絶った。次のような遺書を残して――「弟たち、妹たちへ。生き延びようとしたけれど、私にはできなかった。どうか許して。友人たちへ。私の経験したことは酷く、それに抗えるほど私は強くない。どうか許して。世界へ。あなたはあまりにも残酷だった！　でも、私はあなたを許します」。

この百年を生きた女性たちの人生の物語と、装いに表れた人間の主体的生をめぐるさまざまな問題を通して、それまで遠い異国の出来事であったものが、読者にとり少しでも身近なものとなってくれたらうれしい。そして本書が、イスラーム・ジェンダーについて、そして、私たちが生きるこの現代世界の歴史と現在と、その明日について考えるための新たな視座を皆さんが得る、その一助となれば望外の喜びである。

編者を代表して

本書で主に対象とした国・地域

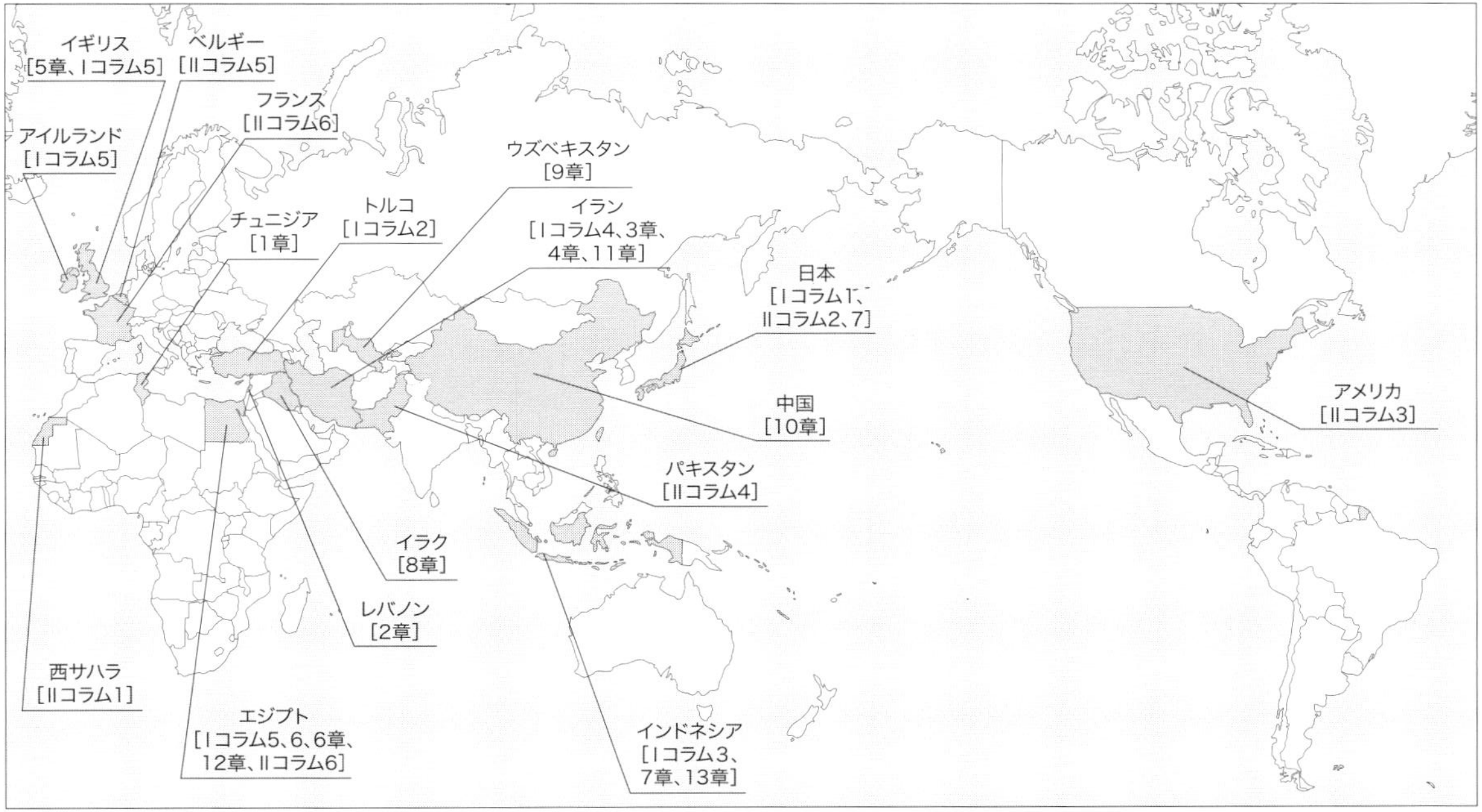

※図中のIコラムは〈歴史のプリズム〉、IIコラムは〈現代のプリズム〉を指す。

イスラーム・ジェンダー・スタディーズ5

記憶と記録にみる女性たちと百年

目次

IG科研

第Ⅰ部　女性たちと百年

第Ⅱ部　変身する女性と社会——装いに映るジェンダー

装いとアイデンティティ

装いと国家

［注記1］本書では、ムスリム女性が身体の部位を覆うために着用するものを「ヴェール」と呼ぶ。ただし、各地で用いられている特定の形のヴェールについては「ヒジャーブ」「ヘジャーブ」「ヒジョブ」など、現地での呼称をもとに必要に応じて呼び分けていく。

［注記2］引用文中の〔　〕は筆者による補足である。

第Ⅰ部
女性たちと百年

第1章 家族計画とチュニジア初の女医

鷹木恵子

はじめに

MY BODY MY CHOICE（私のからだ、私の選択）、これは1970年代から北米などの国々で中絶禁止法に抗議して反対運動を展開した女性たちが掲げたスローガンの一つである。女性が、自分のからだのことについては自らが決定権を持つこと、中絶は女性の権利だと訴えたのである（Stevenson 2019）。*Our Bodies, Ourselves*（私たちのからだ、私たち自身）と題した本も、1969年の米国ボストンでの女性会議の一分科会での議論やその後の講演内容をまとめたかたちで出版され、改訂版を重ねて多くの言語に翻訳され（和訳は1988年出版）、「女の健康運動」という新しい潮流となり世界へと広がっていった（ボストン女の健康の本集団 1988）。そして米国では1973年に連邦最高裁判所が人工妊娠中絶を合法化するという判決を下すに至っている。

それからほぼ半世紀、2019年にケニア・ナイロビで開催された国際人口開発会議では、MY BODY

IS MY OWN（私のからだは私自身のもの）という標語のもと、各国の代表者が女性のからだに対する自己決定権について再確認し、家族計画、性と生殖に関する健康と権利、性暴力や人身売買、性産業、ジェンダー格差など、さまざまな問題について議論を行った（UNFPA 2021）。

北アフリカのアラブ諸国の一つ、チュニジアにおいても、1960年代から70年代にかけて、早くも家族計画の導入への動きが見られた。世界銀行刊行の『グローバル家族計画革命』と題した報告書（2007）によれば、チュニジアでの国家による家族計画の開始は1966年とされる。1973年にはそれを専門とする国立家族計画人口局（ONPFP）が開設され、また同年には妊娠中絶法が制定され、避妊や中絶や不妊手術が合法化された。国家による家族計画の導入は、アラブおよびアフリカ諸国の中ではチュニジアが最初であったとされている（Brown 2007: 67）。

チュニジアは1956年にフランスから独立し、その後、近代主義者の初代大統領ハビーブ・ブルギバのもと、重婚（一夫多妻婚）の禁止、雇用や教育および参政権における男女平等の法整備が進められた。家族計画プロジェクトも、こうした近代化政策の一環として位置づけられるものであった。そしてその家族計画プロジェクトで指導的役割を果たし、また社会活動家としても同国の女性の福利厚生のために医療サービス普及に尽力したのが、チュニジア初の女性医師、タウヒーダ・ベンシャイフであった。タウヒーダは、1909年チュニスに生まれ、パリ大学で医学を学び、チュニジアさらにはアラブ諸国で初の西洋医学の女医となった人物で、家族計画に加え、数々の功績を残して2010年に101歳の生涯を全うした。

以下では、タウヒーダのその1世紀余りの生涯を辿りながら、女医として普及に尽力した家族計画やそれが同国の女性たちにもたらした影響などを考えてみたい。そして、チュニジアの家族計画の事例を米国や日本での中絶や避妊をめぐる現状も含め、よりグローバルな視点で捉えてみた場合、どのような事実がみえてくるか、最後にそのような点についても若干考察してみたい。

1　タウヒーダ・ベンシャイフの生い立ち

タウヒーダ・ベンシャイフは、チュニジアの首都チュニスの裕福な家庭に1909年に生まれた。チュニジアは当時、フランス保護領（1881～1956年）時代、すなわち実質的な植民地支配下におかれていた。タウヒーダの家系は、父方のベンシャイフ家はもともと地主の一族で、また母方のベンアンマール家も叔父のターハル・ベンアンマールはチュニジア独立時にフランスとの交渉役を務めた大物政治家という家柄であった。しかし、父親のマンスールはタウヒーダの幼少期に死去、そのため母ハルーマの手で他の3人のきょうだいとともに育てられた。

9歳になったタウヒーダは、チュニス旧市街メディナのパシャ通りにあったミレー学校に入学する。このミレー学校は、1900年にムスリム子女向けに同国で初めて開設された、フランス語で近代教育を行う教育機関であった。初代校長のアイゼンシェンク女史はアラビア語能力にも長けたフランスとチュニジアの架け橋的存在で、彼女の采配でこの学校ではフランス語での教育に加え、古典アラビア語とイスラームの科目も教えられていた。しかもこれらの教科はチュニジア最高峰の宗教機関ザイトゥーナ・モスクの年輩のウラマー（イスラーム学者）が担当していたという（Clancy-Smith 2000）。タウヒーダは、こうしてフランス語での近代教育とともに、幼少期から自国の言語と宗教文化についても良質な教育を受けて成長していった。

1922年、ミレー学校を卒業後、中等学校はロシア通り（旧アルマン・ファイエール通り）のリセに進学、1928年にはチュニジア・ムスリム女子として初めてバカロレア試験に合格、大学入学資格を取得した。彼女の向学心とその卓越した学力は、チュニスのパストゥール研究所で当時、副所長を務めていたエティアン・ビュルネ博士の知るところとなり、タウヒーダはビュルネ夫妻の尽力で翌1929年に渡仏、パリ大学に留学することになる。チュニスにあったパストゥール研究所は、当時、世界的にも最先端の医学研究が進められていたところであった。その所長のシャルル・ニコル博士は、タウヒーダのバカロレア試験合格と同年の1928年に、発疹チフスの研究でノーベル生理学・医学賞を受賞している。ニコル博士は、その後も数々の優れた研究業績を残し、タウヒーダがチュニジア初の女医となりパリから帰国した年に、チュニスでその生涯を閉じている（Zitouna 1994: 47-48）。

タウヒーダのフランスへの留学については、当時は若い女性の単身外国留学などは前代未聞のことで、一人親であった母ハルーマにはビュルネ夫人が説得に当たったという。ハルーマはビュルネ夫人の同伴を条件に娘の渡仏に同意し、さらに留学に反対する亡夫側の親族への説得にも努めた。こうしてタウヒーダは母の後押しを得て、ビュルネ夫妻に伴われてフランスへ渡った。

最初の3年間は医学部進学の条件となる基礎学問であるP・C・B、すなわち物理学・化学・生物学の専攻を修め、その修了資格をもってパリ大学医学部へ進学した。そして1936年には「乳幼児における粘液水腫の研究に関する試論」と題した博士論文を提出し、見事に医師免許を取得している。タウヒーダは当時27歳、フランスにおいても最年少での医学博士の学位取得であったとされている。チュニジアでは西洋医学の31人目の医師、女性では初の医師の誕生であった（AllAfrica 2010）。

パリでは、ビュルネ博士のスイス赴任もあり、4年間を国際女子寮で過ごし、その間、世界25ヶ国から

1930年代初頭のパリ留学時代、唯一の女子学生タウヒーダとチュニジア人留学生たち

の女子学生たちと共同生活を送った。寮生活の経験から学んだことも数多く、タウヒーダは当時を振り返り、「フランスは天国のようなところだった」とも回想している。彼女は、ビュルネ夫妻の家にも寄宿していた時期があり、夫妻には子どもがいなかったことから、養女のように慈しまれていたという。

フランスでタウヒーダは学業のみならず、早くも社会活動にも積極的に参加していた。留学2年目の1931年には「在仏北アフリカ・ムスリム学生協会」の会員となり活動している。そしてその年、「フランス女性連合」主催の会合に招待された折には、フランス植民地支配下にあるムスリム女性たちの生活の劣悪さや惨状について講演したとされている。彼女が医学を志した理由も、こうした祖国がおかれている状況、とりわけ貧しい女性や子どもたちの力になりたいという強い思いと使命感からであった。

1936年、医学博士の学位と医師資格を取得したタウヒーダは祖国チュニジアに帰国。そして同年、パストゥール研究所所長のシャルル・ニコル博士の死去に伴い、ビュルネ博士がその後任に決まり、夫妻もまたチュニジアへ再赴任することとなった。ビュルネ博士は、当時のチュニジアにおけるナショナリズムの高揚に対して、フランス人でありながらそれに理解を示していたとされる。さらにそれを支持して独立後も同国に留まり続け、1960年、87歳で、ニコル博士と同様、チュニスで没している。彼もまたフランスとチュニジアの架け橋となって生きたユマニストであった。

2　個人医院開業から公的領域での医療活動や社会活動へ

帰国したタウヒーダは、その年にチュニス旧市街カスバにほど近いバーブ・マナーラ通り42番地で早々に個人医院を開業した。当時の仏植民地体制下では公的部門でのチュニジア人の雇用は男女ともに認められておらず、そのため公立病院での勤務はできず、個人開業をするしかなかった。彼女は一般医・小児科医として開業したが、患者の多くが女性であったことから、その後、婦人科そして産科の専門医となっている。

翌1937年、タウヒーダは医師としての仕事の傍ら、女性団体「チュニジアの若い女性クラブ」と、ベシーラ・ベンムラードが1932年に創設した「チュニジア女性ムスリム連合」（UMFT）にも加入し、当時のフェミニストたちとともに活動している。この年には、さらにチュニジアで最初のフランス語女性雑誌 *Leila* の発刊にも協力し、その編集業務を担当している。これは、文学・芸術の分野に加え、社会問題を扱う雑誌で、男性フェミニストのアハマド・ザルークが発行していた。タウヒーダは編集作業の他に、医療分野の記事を自ら執筆していた。

タウヒーダの社会活動は、こうした社会上層部の女性たちの組織のものにとどまらなかった。彼女は、貧困層の女性や子どもを対象とした活動のために、「一滴のミルク」「孤児の家」「チュニジア産着の会」など、複数の慈善団体に所属し、その幹部も務めていた。例えば、「チュニジア産着の会」では、毎月第4水曜日に150人から200人の母親に産着を提供し、また祝日には穀物や砂糖を配給するなどの活動をしていた。

恩師ビュルネ博士は医師・研究者でありながら、政治活動にも深く関与した人物で、またタウヒーダの母方叔父も大物政治家であったが、彼女自身は政治活動よりもこうした慈善活動により熱心であった。そして本人も、「私が何より望んでいることは、自ら医者としての職業を通して人々を助けることで、政治への深入りは考えていない。私が医学の道を志した時から、その唯一の目標とは、できる限り多く、そしてできる限り長く、この国の女性や子どもたちの現状改善のために力を尽くすことである」と述べていた（Labidi 2016: 202）。

しかし、政治的事件に全く無関心で関与しなかったというわけではなかった。独立運動が激化する中、1952年、ボン岬で仏軍ピエール・ガルバイ将軍の指揮下で起こった大虐殺事件に関しては、その全容について調査をしている。その事件とは、この年の1月から2月にかけて、独立運動活動家らの掃討作戦の一環として、ガルバイ将軍が仏憲兵隊にチュニジア女性への性的暴行を指示したものであった。兵士らは多数の未婚・既婚女性を集め、服を切り裂き、暴行に及び、さらには裸体の女性たちを表通りに引きずり出して壁に沿って立たせ、土地の男性たちには女性らを直視するよう命じたとされる。この事件での死者は200人以上にも及んだ。

タウヒーダは当時、すでにチュニジア赤十字社（1957年に赤新月社と改名）の副代表も務めており、この残虐非道極まりない事件について、女医のハシーバ・ギッラーブと助産師のバドラ・ベンムスタファー・ワルターニーとともに調査を行い報告書を作成し、国連に提出している（Labidi 2016: 203）。

1955年、チュニジア独立の前年、タウヒーダはシャルル・ニコル病院の産婦人科医局長に抜擢された。そこに1964年まで勤務し、その後は、アズィーザ・オスマーナ（ムラード朝〔1631～1702年〕のハムーダ・パシャ〔在位1631～1666年〕の妃で慈善家として知られる）病院の産婦人科医局長として、1977年の定年まで勤務している。この間、1959年には、女性で初めてチュニジア医師会評議会のメンバーともなり、1962年にはその副会長に選出され、1988年までその職責を全うした。

タウヒーダは、こうした数々の活動や活躍の傍ら、1943年、34歳の時に兄の友人の歯科医と結婚し、二男一女の母となっている。34歳での結婚はかなりの晩婚であったが、タウヒーダ自身、当時は高学歴の女性は男性たちから敬遠されていたためと語っていたという。2人の息子はいずれも医学の道に進み、獣医と歯科医となり、他方、娘のザイナブは考古学の分野へと進み、著名な碑銘学者となって、チュニス国立遺産研究所の所長も務めた。

3　国家プロジェクト「家族計画」の普及と社会活動

タウヒーダの数々の活動や功績の中でも、その最大のものがシャルル・ニコル病院時代、1963年に着手した家族計画の医療サービスであっただろう。すなわち、国際援助機関の支援下での国家による家族計画プロジェクトに先んじて、タウヒーダは女医として女性たちへのこの医療支援を開始していたのである。当時のチュニジアでは、多くのアラブ社会と同様、伝統的に多産の女性を理想とするところがあり、避妊や中絶などの産児制限は国民一般がそれを望んだとしても公的に実践するのは難しい状況にあった。しかし貧困家庭の、とくに女性にとっては増え続ける子どもを産み育てることは、時に大きな悩み、そして苦しみでもあった。

女性が自ら妊娠や産児数について選択や決定ができるようにする家族計画プログラムは、女性の福利厚生、すなわち単に健康管理のみならず、広く女性の自立や社会進出、地位向上にもつながるもの、さらに

家族計画プログラムの普及活動中のタウヒーダ

は国家の社会経済的状況の改善にも貢献するものと確信していたタウヒーダは、１９６８年に「チュニジア家族計画協会」という市民団体を自ら立ち上げて活動していった。同年にはこの協会の支援もあり、チュニジアで最初の家族計画専門の病院、モンフリュリー・クリニックが開院している。１９７０年にはタウヒーダは厚生省の家族計画局局長に就任し、その後、本格的に家族計画を国家プロジェクトとして担当・推進していくこととなったのである。

家族計画は、従来、「子どもはアッラーからの授かりもの」と受け止めてきた女性たちが、自らの意思で自分のからだに関わる妊娠・出産の時期や回数を決定できるようにするものであり、女性たちはそれを通して、自らの選択や決断の幅を広げ、権利を認識し、主体としての自覚を持つことへとつながっていった。タウヒーダはさらに人工妊娠中絶を合法化する法の整備が不可欠であると考え、その働きかけの末、チュニジアでは１９７３年に「妊娠中絶法」が成立している。旧宗主国のフランスにおいても、「ヴェイユ法」として知られている妊娠中絶法の成立は１９７５年であることから、チュニジアでの法制化は実にそれに2年先んじてのことであった。

このように身体的にも法的にも安心安全な方法で、家族計画がチュニジアにおいて普及していったことは、同国の女性に多大な恩恵をもたらすものであった。またこのプログラムは、厚生省を通じて国家政策として全国的に推進されたため、家族計画普及員という新たな職も生み出した。その普及員のほとんどが女性であったことから、実際に普及員の増加を通じて、女性の社会経済的進出も促進されていった。具体的には、１９７５年から78年の間に家族計画専門医１４９人、助産婦８１５人、担当の公務員１４８５人が養成され、さらに１９７９年までに全国50ヶ所に家族計画センターが開設されていった。

１９８０年代前半、筆者は首都チュニスから５００キロほど離れた南部のオアシス農村で人類学の調査をしていたが、当時、その調査地の村には家庭外就労をしている女性はわずか２人しかいなかった。その１人が幼稚園の教師で、もう１人が家族計画の普及員であった。国家の末端にある南部のその小村でもすでに家族計画普及員が活動していたという事実からも、実際に家族計画の普及が全国津々浦々にまで進み、女性の健康面や意識面、そして家族規模へも少なからぬ影響をもたらすことになっていたと考えられる。

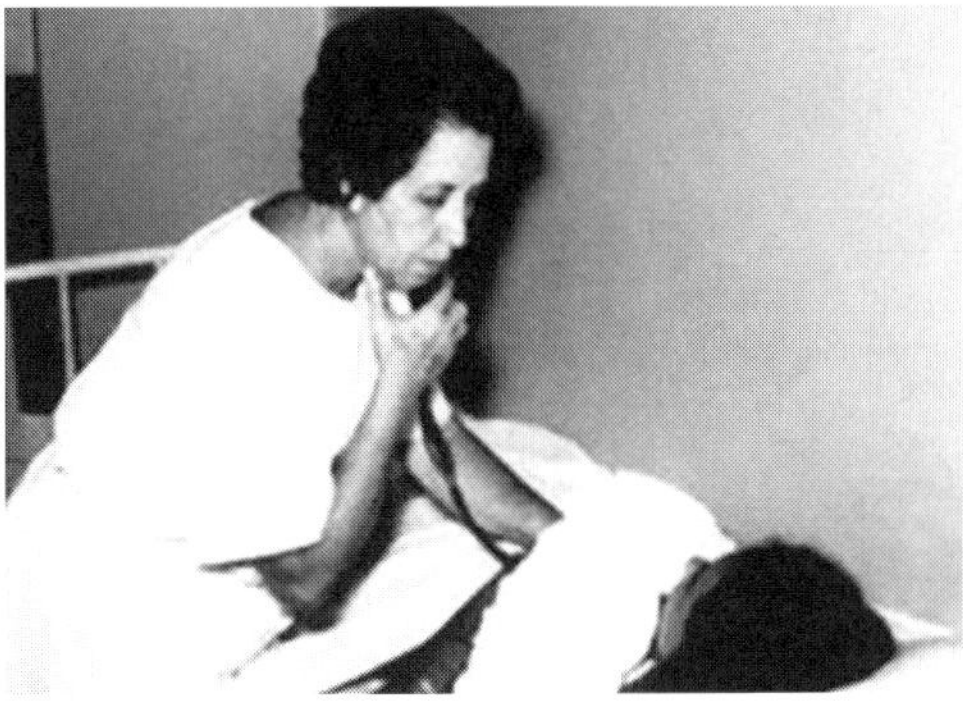

女性の患者を診療するタウヒーダ　［*Leaders* 2020］

チュニジアの女性１人当たりの出生率は、世界銀行のデータによれば、タウヒーダが家族計画に着手した１９６３年には７・01人であったが、その後、その数値は**図１-１**、**図１-２**にもあるとおり減少していき、２００５年には２人を切る１・99人を記録している。その後微増し、２０１８年には２・20人となっているが、家族規模が大きく変化したことは十分に確認しうる。また２０１８年の女性１人当たりの出生率の世界平均値は２・42人、アラブ諸国の平均値は３・２人、中東北アフリカ諸国の平均値は２・８人となっているが、チュニジアの数値はそれらのいずれをも下回っている。この出生率の減少は、無論、全て家族計画プログラムによる結果というよりも、結婚可能最低年齢の引き上げ、女子の就学率・就業率の増加などの複合的要因にもよると考えられるが、しかし家族計画プログラムなしには達成しえなかったことは確かであろう。

タウヒーダのその医療的貢献への顕彰は、すでに生前から行われていた。それはまずフランスから、2001年にパリ郊外モントルイユ市の市長による、彼女の名を冠するクリニックの開設計画の発表によってもたらされることになった。モントルイユ市のあるセーヌ＝サン＝ドニ県には多くのマグリブ移民が居住しており、ここはまた長く医療砂漠とも言われてきた地区で、そこでのタウヒーダ・ベンシャイフ・ク

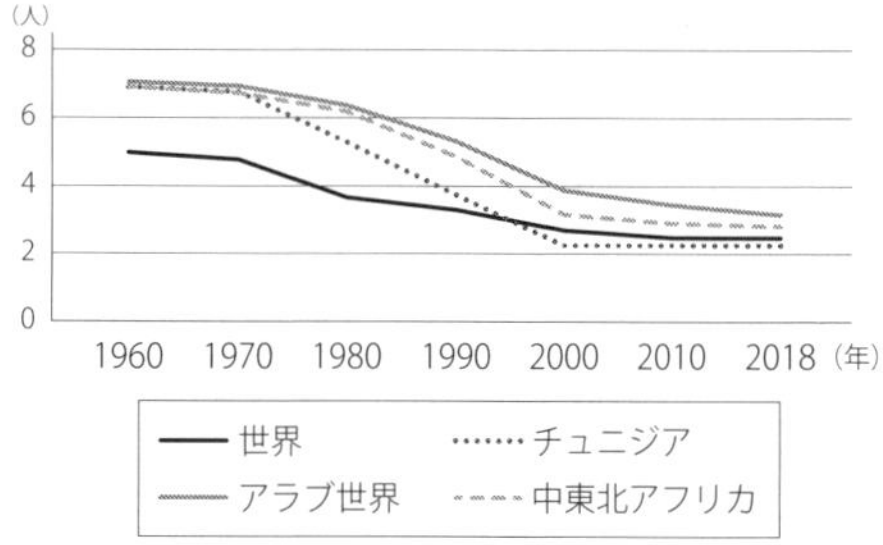

図１-１　世界とアラブ世界と中東北アフリカおよびチュニジアの女性１人当たりの出生率［World Bank 2018, Fertility rate, total (births per woman) に基づき筆者作成］

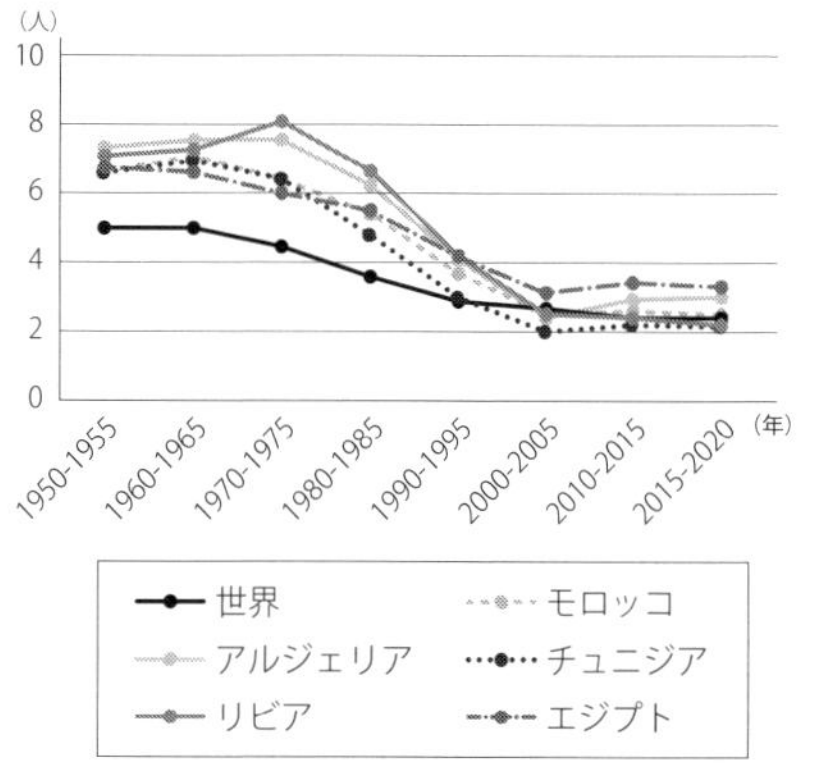

図１-２　世界と北アフリカ諸国の女性１人当たりの出生率［World Bank 2018, Fertility rate, total (births per woman) に基づき筆者作成］

チュニジア10ディナール新紙幣とタウヒーダ・ベンシャイフの肖像

リニックの開設計画が発表されたのである。ただしそのクリニックの竣工式の挙行は、残念ながら、彼女の死去から3ヶ月後の２０１１年3月、まさに「アラブの春」の真っただ中のことであった。

彼女の死後、２０１２年にはまた、７名のチュニジア人女医たちが発起人となり、「タウヒーダ・ベンシャイフ・グループ協会」という女性の健康に関する調査・活動団体も設立されている。この団体は、タウヒーダの遺志を引き継ぎ、性と生殖に関する健康と権利に加え、女性の社会経済的権利の向上にむけた研究調査や支援も行っている。この年にはさらに、タウヒーダの肖像をデザインした切手も発行されている。

そして彼女の死後、約10年を経た２０２０年3月、チュニジア中央銀行が、新10ディナール紙幣にタウヒーダ・ベンシャイフの肖像を採用することを発表した。タウヒーダは、こうして紙幣にその肖像が使われる、再びチュニジア初の女性となった。

おわりに

タウヒーダがライフワークとした家族計画は女性たちに、産育に関わる健康管理という問題にとどまらない、自らのからだに対する自己決定権という意識や自覚をもたらした。そうした選択や決定の主体としての意識は、「アラブの春」の発端となったチュニジア革命の民主化過程での、同国の女性たちの目を見張るような活躍ぶりにもつながっていったように考えられる。まさに国連人口基金の報告書（UNFPA

2021）が記しているように、「女性が自らのからだに対して持つ統制力とは、彼女が人生のその他の分野でコントロールする力とも連動している」ものとして捉えられるだろう。

チュニジアでは、上述のとおり、すでに1973年に「妊娠中絶法」の成立によって、避妊、中絶、不妊手術が合法化され、その後、一般の薬局で経口避妊薬が容易に入手可能となっている。日本においては、ちょうどその前年の1972年に「中ピ連」、すなわち「中絶禁止法に反対しピル解禁を要求する女性解放連合」が結成されていた。しかし、日本で経口避妊薬が許可されたのは1999年のことである（荻野2008）。そして「中ピ連」の結成からほぼ半世紀を経た現在においても、性教育の不十分さに加え、未だ緊急避妊薬については産婦人科での診断に基づく処方箋なしには一般の薬局で入手できないという状況が続いている。

一方、冒頭で述べたMY BODY MY CHOICEというスローガンからちょうど半世紀を経た米国においては、トランプ政権下の2019年、複数の州で人工妊娠中絶を禁止するという州法が成立した。中でもアラバマ州の「人命保護法」と命名された最も厳格な法では、妊娠が医学的に確認可能となる時点以降の中絶手術は、母体の生命に重大な危険が及ぶ場合と胎児に致命的異常がある場合を除き禁止とされ、それが強姦や近親相姦による妊娠であっても人工中絶は禁止、さらに中絶手術を行った医師にも10年以上99年以下の禁錮刑を科すとされた。そしてこの州法成立後には、再び全米各地において抗議デモが起きる事態となった（西山2019）。人工妊娠中絶をめぐる問題は、キリスト教の保守派からの支持を狙うトランプ政権によって、2020年の大統領選挙においても中絶禁止派（プロライフ）対中絶容認派（プロチョイス）として政治争点化されることとなった。

またトランプ政権下では米連邦最高裁判所の判事として新たに保守派の3名が任命され、9名の全判事のうち、リベラル派3名と保守派6名というバランスとなった。そのような状況下、2022年6月24日、米連邦最高裁は人工妊娠中絶の合憲性を初めて認めた1973年の「ロー対ウェイド判決」を覆して、人工妊娠中絶は憲法で保障された権利としては認めないという判決を言い渡し、米国民の多くと世界をも驚愕させた。これによって、1973年の判決以降、米国において49年間容認されてきた中絶の権利は、以後、州の規制に委ねられることとなった。中絶をめぐる権利はこうして再び全米の世論を二分するイシューとなり、バイデン政権下の中間選挙においても重要な争点の一つとなった。

他方、チュニジアにおいてはこの米連邦最高裁の衝撃的な判決の報道を受けて、早くもその5日後の6月29日には、タウヒーダ・ベンシャイフ・グループ協会が中心となり、その他16の女性団体や市民組織、さらには19名の専門家や市民活動家とともに、米国の中絶容認派の人々との連帯を示して、女性の中絶の権利を擁護するよう訴える声明文を発表している（Annabi Attia 2022）。

先進諸国とされる米国などの妊娠中絶をめぐるこうした動向なども視野に入れ、あらためてタウヒーダの生涯や彼女が普及に尽力した「家族計画」がチュニジア人女性たちにもたらした恩恵を考え、さらにチュニジアでのこうした女性たちの運動をも目の当たりにする時、「アラブ・ムスリムの女性」「先進国の女性」といったステレオタイプに基づく理解がいかに危うく問題の多いものかにも気づかされることになるだろう。タウヒーダ・ベンシャイフの約100年に及んだ生涯の歩みは、我々が自らの社会や歴史を見つめ直す上でも、また「オリエンタリズム」的な理解を精査し再考する上でも、少なからぬ示唆を含んでいるように思われる。

歴史のプリズム1

日本で最初の女性医師

鷹木恵子

第1章で紹介したタウヒーダ・ベンシャイフは、チュニジアという日本からは遠い国で、最初の女性医師として同国の女性の地位向上や権利拡大に多大な功績を残した女性であった。それではその生涯は、例えば、日本初の女医となった荻野吟子のそれと比べてみると、どのような類似点や相違点が見られるであろうか。

吟子は、タウヒーダよりも約半世紀ほど前、1851年に現在の埼玉県熊谷市に生まれた。吟子もまた裕福な家庭に生まれ、幼少期より向学心旺盛な子であった。16歳の時、親の勧めで近隣の格式ある家の男性の許へ嫁ぎ、夫から性病を罹患し2年で離縁、その治療を男性医師に委ねなければならなかったという耐えがたい恥辱の経験から、女医となることを決意している。

しかし、当時の日本には女性に入学を許可する医学校はなく、回り道の末、やっと入学した医学校でも唯一の女子学生として男子学生から凄まじい嫌がらせやいじめを受け、強姦未遂事件までも経験している。その医学校を優秀な成績で卒業後も、今度は医師資格試験の受験は女子には許可されないという、現代からすれば、想像を絶するような差別や不条理な排除とも闘わねばならなかった。約半世紀ほどの違いがあるとはいえ、日本初の女医が味わわねばならなかった屈辱的な性差別や数々の艱難辛苦は、良い教育環境と理解者や支援者にも恵まれたタウヒーダの場合とは比較にならないほど大きく、また困難なものであった。

一方、女医となってからの二人には共通点も見られる。ともに婦人科・産科の専門医として女性を対象とした医療に従事し、加えて女性のための社会活動に情熱を注いだことである。タウヒーダのそれは先述のとおりであるが、吟子も医院開業の翌年、キリスト教に入信した後には「キリスト教婦人矯風会」に入会し、平和・禁酒・廃娼の活動理念の下、風俗部長として女性の地位向上や福利厚生のために活発に活動した。またタウヒーダが妊娠中絶法という法の成立に尽力し政治面での活動も行ったのと同じように、吟子もまた矯風会の女性会員らとともに「婦人の議会傍聴禁止撤回陳情書」を提出し、女性の政治参加に向けた政治的働きかけを行った。

　そして当然ながら、何よりもこの二人の最大の共通点は、女性が未だ足を踏み入れたことのなかった男性の職業とされていた医師となるために果敢に挑み、新しい時代を切り開いたということである。その意味ではそれぞれの生涯には紆余曲折や相違点があるとしても、ともにそれぞれの時代と場所において、ジェンダー役割の改革者と呼びうるような存在であったと考えられる。

荻野吟子［国立国会図書館「近代日本人の肖像」より］

　ただし先にも指摘したように、約半世紀ほどの歴史的な年代差を考慮したとしても、日本初の女医の荻野吟子が経験し、乗り越えねばならなかった苦難の大きさを思う時、これが日本の女性が辿らねばならなかった道程であったのかと、あらためて驚愕の念を抱かざるを得ない。私たちは、一般的にアラブ・イスラーム社会の女性たちこそが、家父長制や伝統的男尊女卑的価値観のもとで、筆舌に尽くしがたい苦難を味わっているかのように想定しがちである。しかしながら振り返ってみれば、我々自身の社会の歴史にもそれ以上に女性に厳しく残酷な時代があったということを、二人の生涯から学ぶこともできるだろう。

歴史のプリズム2

近代トルコ女性の「リベルテ」を求めて

松尾有里子

はじめに

トルコ共和国の50リラ紙幣には、一人の女性の横顔が印刷されている。髪をアップにし、口元をキリリと結んだ彼女の理知的な眼差しの先には、羽根ペンと数冊の書物が描かれている。近代トルコが生んだ小説家で女性活動家のファトマ・アリイェ（1862〜1936）である。彼女には同じ志を持つ、2歳年下の妹エミネ・セミイェ（1864〜1944）がいた。教師や政治運動を通じ、姉とともに女性の権利獲得のために活動した。

二人が生きた19世紀後半から20世紀中葉は、オスマン帝国（1299〜1922年）が終焉し、トルコ共和国（1923年〜）が誕生する大きな歴史の転換期にあたっていた。フェミニズムの萌芽期に現れたファトマとエミネ。彼女たちの言説や活動を読み解くと、トルコ近代の女性が直面していたさまざまな問題と現実が見えてくる。

ファトマ・アリイェの肖像入りの50トルコリラ紙幣

開明派官僚の家に生まれて

ファトマは1862年、エミネは1864年にイスタンブルで生まれた。父はオスマン帝国の近代改革を支えた法学者で歴史家のジェヴデト・パシャ（1822〜1895）、兄はオスマン官僚で論理学者のアリ・セダトである。タンズィマートと呼ばれた近代化改革が進められていたオスマン帝国では、１８５７年に公教育省が設置され、宗教・宗派、男女の別を問わない新式学校が組織化されていた。しかし、父ジェヴデトは3人の子どもたちには家庭教師をつけ、伝統的なイスラーム教育とともに、フランス語、文学、歴史などの近代的英才教育を授けた。ファトマとエミネにとり、早くからイスラームと西欧文化に等しく接し、各々の価値を知りえた経験は、その後の思索や活動の源泉となった。
エミネはフランス人教師の歴史の授業で初めて「自由」の概念を知ったという。

当時フランス語の教師は失職の恐れから自国の歴史は教えようとしないものでした。
「リベルテ（自由）」という思想は、男性だけのものだと教えられていました。
（『自由のかおり』Semiye 1900: 54-55）

オスマン帝国では君主制を揺るがしかねない西欧からの「革命」や「自由」の思想の伝播には神経を尖らせていたから、ジェヴデト家の教育は革新的であったことは確かだ。変わりゆくオスマン社会で女性にとり「自由」とは具体的に何を指すのか。その答えを探究する人生の旅路がここから始まったと言っても過言ではない。

女性新聞・雑誌の興隆の中で

姉妹の活動の出発点となったのは、女性雑誌等への寄稿であった。オスマン帝国では１８６９年に女性読者を想定した『女性版進歩』紙が創刊され、同様の新聞と雑誌の出版が相次いだ。近代教育が普及するにつれ、女性の識字率が都市部で向上し、女性向け「啓蒙」誌の需要が高まっていたからである。ただし、編集や記事の執筆は主に男性が担っており、ともすれば彼らが理想とする良妻賢母像を読者に押し付けてしまうことがあった。そんな折、１８９０年、仏作家ジョルジュ・オーネの大衆小説が「一婦人」と名乗る翻訳者により出版された。この女性こそファトマであった。匿名としたのは、当時、公の場で女性が意見を述べることへの風当たりの強さを意識したからである。

ファトマ・アリイェ名義の第1作『対話』が上梓されたのはその2年後であった。この小説で彼女は、従兄弟の男性に恋心を抱きつつ歳の離れた資産家男性と結婚した主人公に「女性は初恋を決して忘れられない」と大胆に語らせた。これは帝国初の女性作家の誕生とともに、現実の女性をありのままに描くことのできる新しい時代の到来を意味した。当時、最大発行部数を誇った『女性専門新聞』（1895〜1908）はファトマを専属執筆者として迎え入れ、彼女は13年にわたり寄稿し続けることとなる。

一方、エミネはイスタンブルの女子小学校で教師として働き始める。彼女も『女性専門新聞』に教師の立場から女子教育の現状と課題を論じたコラムを寄稿し反響を呼んだ。さらに、イスタンブルに暮らす三家の親子が伝統的教育と新式学校との間で奮闘する様子を描いた小説『3人の子どもの教育についての3つの話』（1895）を発表し、連載小説を執筆するようになった。彼女の小説の特徴は、当時の女性を自らの体験に根ざしたリアリティあふれる社会描写と観察力で描く点にあった。

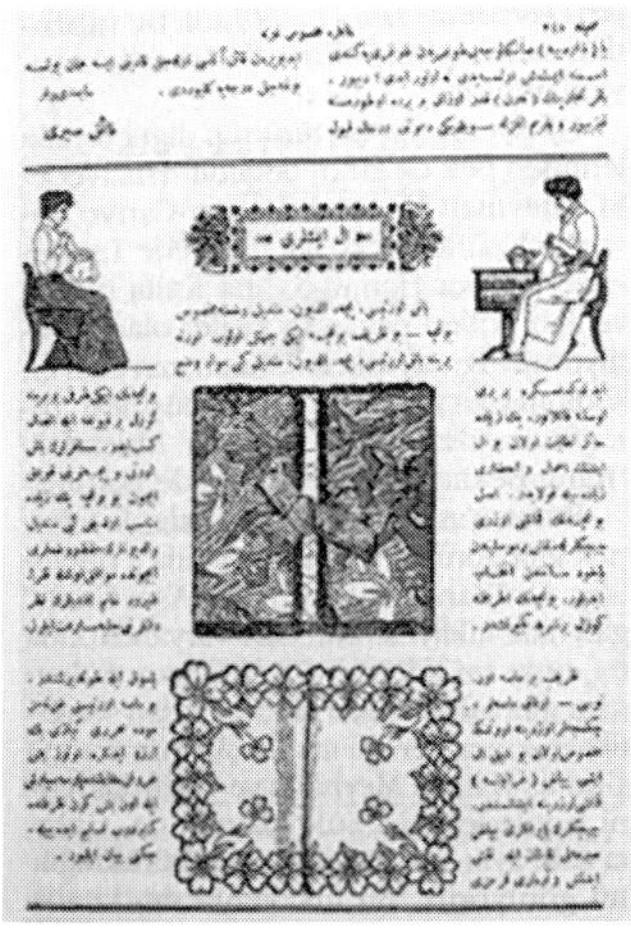

ファトマとエミネが寄稿した『女性専門新聞』（1903年）

女性メディアの発展は、これまで女性が公にものを言うことを暗に封じてきた社会の矛盾をあぶり出していくきっかけとなり、姉妹はその主導的役割を担うようになる。

女子教育への情熱

ファトマは軍人のメフメト・ファーイクと結婚し、自宅で執筆活動に専念した。エミネは公教育省官僚のレシト・パシャと結婚し、1896年、夫の転勤に伴いセラーニク（現テッサロニキ）で視学官として働き始める。視学官とは、教育現場を視察し公教育省に報告する専門職である。

当時、アブデュルハミト2世の治世（1876〜1909年）では立憲制が否定され、君主専制のもとイスラーム的価値観に基づく近代教育が模索されていた。しかし、リテラシーを備えた女性の増加にもかかわらず、教育制度の射程には女子の中等・高等教育機関が想定されていなかった。しかも女子の教育は裁縫、衛生学などが中心で、男子が学習する数学やフランス語を含まない「女子向け」の教育内容であった。19世紀末期のフェミニズム運動の世界的潮流といえば、伝統的社会からの女性解放であるが、オスマン帝国の場合、近代教育のもとで伝統への回帰が目指されたため、女性たちは自ずとオスマン社会に歴史的に形成されたジェンダーの格差を再認識することとなった。

セラーニクでは、専制打倒と立憲主義の復活を目指した政治組織「統一と進歩委員会（統一派）」の活動家たちが集結していた。エミネも夫とともに女性の真の自由獲得のため反政府活動へ身を投じていく。

エミネが政治に覚醒していく一方、ファトマは伝統に根ざした女子教育とは何かを紙面で問いかけた。

フランス人の女性教師はフランスの教育法を教えるでしょう。イギリス人の女性教師はイギリス式の教育をするでしょう。（…）教育法が多種混在するのは、オスマン女性にとって、有益ではありません。トルコ的、オスマン的教育はどこにあるのでしょう。どの民族も固有の道徳や慣習を持つのですから、我々に近い教育があるのではないでしょうか。

（『女性専門新聞』1896）

ファトマは西欧のフェミニズムの動向についても常に関心を寄せていた。ある時、著名なフランス人フェミニストが自国の女性運動の先進性に比して、オスマン女性がいかに悲惨な状況下にあり、遅れているかを述べた著書を目にすると、「伝聞と無知に基づく内容であり、我々の女性に関わる問題は我々の中で解決すべき」と反論した（「イスラーム女性とあるフランス人作家」『女性専門新聞』1892）。これをきっかけにファトマは『イスラーム女性』（1892）を著し、西欧社会に向けて、イスラーム女性について誤解されがちな後宮、結婚、ヴェールの意味などを詳細に説明した。後にフランス語、英語、アラビア語に翻訳され、国際的にも彼女の名が知られるようになった。

女性の連帯を目指して

当時オスマン社会はたび重なる対外戦争で疲弊しつつあった。二人は困窮した家族の救済と寡婦の経済的自立を目的に、相互扶助の団体を設立する。ファトマは1897年の希土戦争で負傷した兵士とその家族への慈善団体「オスマン婦人援助協会」をイスタンブルで設立し、その功績はアブデュルハミト2世から表彰され、その後も政府の慈善運動に邁進する。他方でエミネはセラーニクで独自に「婦人保護協会」を立ち上げた。「統一派」の機関紙『女性』の女性編集員たちによって運営されたこの協会は、各支部を備え、後にオスマン女性の社会支援活動の原点ともなった。

おわりに

1923年のトルコ共和国成立後、執筆活動から遠ざかっていたファトマは突然、娘ズベイダからキリスト教への改宗と別離を宣告される。傷心の彼女はカトリックの修道女となった娘を探し求めて、晩年頻繁に国外へ出かけたという。

エミネはといえば、反政府運動が理由で、欧州で亡命生活を余儀なくされた。しかしパリで直に自由（リベルテ）の空気に触れた彼女は、心理学と社会学を学び新たな人生の目的を見出す。帰国後、共和国政府の新しい教育制度を支えるべく再び首都で中学校の教壇に立った。文学とトルコ語を教え、69歳で引退した。

近代トルコのフェミニズムの潮流の中でファトマとエミネの姉妹は同じ目的を目指しつつも、その姿は対照的であった。姉はイスラーム女性としてのアイデンティティにこだわり、思索的でどちらかと言えば政権に協力的であった。一方、妹は在野のラディカルな政治活動家として普遍的な女性の権利を追求し、論より実践を好んだ。しかし、どのような形であれ、二人の活動は、歴史的に構築された伝統、政治制度、文化慣習と対峙しながらも、格差のない自由で公平な社会の実現に向け奮闘した軌跡として、21世紀の今日においてもトルコの人々の記憶に深く刻まれるであろう。

歴史のプリズム3

個としての信念を貫いた女性

服部美奈

インドネシアでは毎年11月10日の「英雄の日」に、新たに認定された国家英雄が発表される。国家英雄とは、「国家の独立と発展への功績者の称揚を目的に制定された、インドネシアの栄典制度の最高位の称号」（山口ほか 2017:9）である。2019年に認定された国家英雄の中に、ロハナ・クドゥス（1884〜1972）の名前があった。インドネシア初の女性ジャーナリストとされたことが認定の理由である。ちなみに2020年11月時点で191名の国家英雄が認定されているが、女性はそのうち15名のみである。

インドネシアは世界最大の島嶼国家であり、1万を超える島々から構成される。もともと多様な民族からなる地域であった同地は、350年に及ぶオランダ植民地支配を経て、インドネシアという一つの国家になった。中心はジャワ島であるが、スマトラ島、中でも西スマトラは20世紀前半に多くの知識人を輩出した地域として知られる。ロハナの名は、故郷の西スマトラでは知られていたが、没後47年を経て今回、あらためて国家レベルの英雄として認められたことになる。筆者はロハナが生きた足跡を辿りたいという思いから、郷里であり活動の拠点であったコタ・ガダンを25年ほど前から何度か訪ねたことがある。だが、筆者にとってロハナは実に捉えどころのない存在だった。

ロハナが若い頃を生きた19世紀末から20世紀初頭は、近代という新しい時代の中で、新旧さまざまな思想が混在した時代であった。その中でロハナは、当時の人々を「ラベリング」するために使われる枠組み――「伝統的」「近代的」「西洋的」「イスラーム的」といった――では理解できない人だった。ただし、ロハナが女性の経済的自立と進歩を最も強く望んだことは間違いない。その目的を果たすため、ロハナは時に「伝統的」であり、「近代的」であり、「西洋的」であり、「イスラーム的」であった。特定の思想からはあえて距離をとり、一方で自分の信念を貫くことができたのがロハナであった。

ロハナは1884年12月20日、スマトラ島中央部に位置する西スマトラ州のコタ・ガダンという村に生まれた。西スマトラはミナンカバウ人が人口の大半を占める土地であり、ミナンカバウ人は世界最大の母系制社会を構成する民族として知られる。母系氏族や家督の母系相続など母系制の原理に基づく慣習法が維持され、インドネシアの他の地域と比べて女性のイニシアティブが目立つ。男性には出稼ぎの慣行が奨励される社会でもある。結婚後の女性は母系氏族の中で高貴な存在とされるのに対し、「夫は水牛の尾にとまっているアブか、切り株の上に乗っているおが屑のようなものである」とミナンカバウのことわざの中でしばしば表現されてきた。このことわざは、水牛が尾を振れば飛ばされるアブ、あるいはさっと風が一吹きすれば飛ばされてしまうおが屑と、妻の家における夫の不安定な地位をかけて表現したものである（Idrus Hakimy 1978: 4; 服部 2001: 27-28）。

ロハナの父はオランダ植民地政府の現地人官吏で、スマトラ各地を転勤した。多くの書物や新聞・雑誌に親しむ知識人であり、幼い頃からロハナはアルファベットやアラビア語などを父から学んだという。父はロハナのためにシンガポールから定期的に児童用の本を購入することもあった。転勤先の同僚の支援もあり、8歳の時にはアルファベット、アラビア語、ジャウィ文字（アラビア語表記のマレー語）、マレー語、オランダ語で読み書きができたとされる。それとともに編み物や裁縫の技術も学んだ（前田 2006:

182-185）。

ロハナの功績としてあげられるのは、一つは学校の設立、もう一つは女性を対象とした新聞の創刊である。１９１１年2月、ロハナは女性のための職業学校である「クラジナン・アマイ・スティア（誠実な母の工芸）」を27歳の時に創設した。設立の目的は、女性の経済的自立の支援、とくに中流以下の貧しい女性の自立支援、学校へ行く機会のない少女の教育であった。そのため、生徒の作品の販売も重要な活動として位置づけられ、オランダで１９１３年に開催された民芸品の国際見本市にも生徒の作品が出品された（前田 2006: 193-196）。学校では、女性に役立つ手工芸、アラビア文字とアルファベットの初級程度の読み書き、宗教や善行を通した道徳教育、家事、育児、料理などが教えられた（Tamar Djaja 1980: 35）。

この学校の設立について、ロハナは、ミナンカバウには服飾や装飾に関して素晴らしい伝統があるにもかかわらずそれが活かされていないとして、以下のように語っている。

> このような私たちの技能が進歩せず、より洗練された形で継承されないのは残念なことです。なぜならば、もし進歩すれば女性たちにとっての収入になることは間違いないからです。コタ・ガダンの刺繍や裁縫も注目に値します。実際、月に一度、ブキティンギを訪れるヨーロッパ人がいてお土産に腰布（サロン）や肩掛けスカーフ（スレンダン）、生地を買っています。ところが、制作は大変難しいために、仕上がりが満足いくものではありません。クラジナン・アマイ・スティアの目的は、織物や刺繍といった伝統技能を復活させることにあります。
>
> （Tamar Djaja 1980: 54-55）

そして学校創設からおよそ1年半後の１９１２年7月、ロハナは学校運営と並行して、スマトラ初の女性のための新聞『マレーの髪飾り』（1912〜1921）を創刊した。4面からなる同紙は週1回発行された（Tamar Djaja 1980: 49）。ここではロハナによって1913年5月23日号に書かれた「現代の女性運動の結束」という記事の一部をとりあげてみよう。

かりに現代の民族運動の状況に注目し、東インドの運動と比較し、現代のスマトラでの運動の状況を考えてみると、私たちが「進歩」という名のフィールドに飛び込んだ道のりはまだ遠いことを知ることになるだろう。しかし、このことは意味のないことでは決してない。とくに、「民族と祖国」への愛情を持っている人々にとっては。

ロハナ（中央後ろ）とクラジナン・アマイ・スティアの生徒たち（1915年）
［Tamar Djaja 1980: 41］

今まで私たちは、私たち土地の子の運動はすでに進歩しているヨーロッパ人の運動を真似ることが正しいと認識してきた。

今まで私たちは学習に関する団体などの設立に一致団結してきた。ここ私たちミナンカバウの土地ではすでにいくつかの組織を設立することに関心を寄せてきた。

たとえ多くの組織が主として男性のためであっても、女性も知識人たちに働きかける勇気を持とう。私たちが暗闇の谷から明るい道へ導かれるように。いくつかの場所では女子生徒も増え、真面目に勉強している。私たちは、私たちの土地、民族、祖国の進歩と平穏を希求するすべての私たちマレー民族がこのことに注意を傾けることを望む。

(Tamar Djaja 1980: 51-52)

ところで、なぜロハナはこの時期に女性の自立を求めたのだろうか。その背景の一つにはコタ・ガダン地方の村の急速な変容があった。植民地教育を受け、植民地官吏として出世した新エリート層のコタ・ガダン男性は、出稼ぎの慣習にしたがって郷里を離れ、ジャワをはじめインドネシア各地に出かけた。1880年代頃までは、出稼ぎ先で妻子を得ても、必ずその前にコタ・ガダン女性と結婚することが必要条件であり、その慣習が守られていたという。しかし、20世紀に入ると出稼ぎ先で結婚し、帰郷しない男性が増加した。一方、コタ・ガダンでは村内婚かつ親族間結婚の慣習法が厳守されていたため、村には未婚の女性たちが取り残された。同時に、女性とその子どもたちは夫ではなく女性の兄弟が扶養するという母系制大家族から、夫と妻と子が単位となり、夫が妻子を扶養する核家族へと家族形態が変化しつつあった。その狭間に取り残されたのがコタ・ガダン女性であった。

1924年、ロハナを含む複数の女性たちは、慣習法による婚姻制度の不平等を訴えて村落慣習法会議に嘆願書を提出したとされる。このようにしてロハナは時代に取り残されたコタ・ガダンの女性たちに自立の道を与えようとした。

実はコタ・ガダンは、ミナンカバウの中でも歴史的に特殊な背景を持つ村でもあった。それは、ワッハーブ思想（18世紀のアラビア半島で起こった急進的イスラーム改革思想）に影響を受けたウラマーたちによる激しい宗教改革運動を発端とするパドリ戦争（1821〜1837年）と深い関係がある。

もともとコタ・ガダンは慣習法の強い地域であると同時にイスラーム神秘主義教団の中心地であった。ワッハーブ思想の影響を受けた「パドリ派」と呼ばれたウラマーと、母系制社会を擁護する慣習法派の対立は、慣習法派がオランダの軍事介入を要請したことで植民地政府に対する戦争の性格を帯びたのであるが、コタ・ガダンは戦争初期の段階で植民地政府側につき、政府からの厚遇を受けた。その結果、近代的学校教育を早くから受け入れ、植民地政府の学校で学んだ新エリート層の知識人、医師、弁護士などを輩出した。イスラーム神秘主義教団とイスラーム改革派の対立はその後、前者の衰退と後者の思想の拡大という流れとなったが、女子教育の必要性という点では見解が一致した。その点は植民地政府も同様であった。

　また、母系制社会であるミナンカバウでは従来、女性の地位の高さが強調されており、その点においてイスラーム改革派が主張した、イスラームにおける女性を高貴なものと見なし尊重する思想と一致した。しかし、母から娘に受け継がれる氏族の継承や財産分与のあり方は、イスラーム改革派による批判の対象となった。

　ロハナは、オランダ人との交流を通して西洋の知識を積極的に学び、学校存続のためには植民地政府に協力も求める一方で、民族主義に傾倒していく夫とともに生きた。ムスリムとしてのアイデンティティを大切にしながらも、イスラーム改革派が主張するスカーフは被らず、地域で受け継がれる先人の知恵や技能を継承しつつも、時代にそぐわない慣習法には臆せず異を唱えた。時代の流れを敏感に読み取り、多様な価値が混在し対立する中で自分の信念を貫いたロハナの生き方は、20世紀初頭の新たな女性を象徴しているように思われる。そして、植民地期に問題提起された女性の問題は、独立後、一層活発に議論されていくことになる。

第2章

ジェンダー平等を求めて
――1920年代のレバノンにおける宗教改革運動

後藤絵美

はじめに

女性たちは特別なものを要求しているのではありません。ただ、自由に関する権利や、よりよく生きる権利について、自分たちが男性と同等のものを持っていることを、男性に知ってもらいたいだけなのです。

(Zain al-Dīn 1998a: 288)

1920年代のレバノンで、若きナズィーラ・ザイヌッディーン（1908～1976）が筆をとったのは、ムスリム（イスラーム教徒）の女性が置かれた状況の改善を願ったからだった。女性の地位向上を求める声は、中東アラブ地域ですでにその半世紀以上前から、男女の知識人の間で上がっていた。女子教育を普及させること、顔覆いの着用や女性隔離の慣習から解放すること、女性に不利な身分関係法を改正すること。こうした要求は、レバノンにおいても、新聞や雑誌の記事、書籍や講演の中で繰り返されてきた。

20世紀はじめには、男女は平等であるべきという言葉さえ聞かれるようになっていた。その議論にナズィーラが加わったのは、「男女は平等である」という表現をめぐって、論者の間で理解のずれがあると思われたからだった。

以下では、1920年代のレバノンでジェンダー平等を説いたナズィーラ・ザイヌッディーンの声に耳を傾ける。当時の中東アラブ地域では多くのフェミニストが活躍していたが、ナズィーラの独自性は、彼女がイスラームの宗教典拠を土台にしながら、男性のイスラーム学者らとの積極的な対話を試みたことにあるだろう。なぜ、いかにしてそれが可能になったのか。まずはその生い立ちから見ていくことにしよう。

1　生い立ち

ナズィーラにはアラビア語と英語の評伝がある（Bū Maṭar 2008; Cooke 2010）。それらによると、彼女がザイヌッディーン家の第1子として現在のトルコ西部（エディルネまたはイスタンブル）で生まれたのは、1908年のことだった。父サイードと母ハラーは、ともにレバノン山地の出身である。サイードがオスマン帝国の判事職を得たことから、一家はアレッポやエルサレム、ベイルートなど、帝国領内の都市を転々とした。1914年、政治抗争に巻き込まれたサイードは、妻子を連れて故郷の村に戻った。その頃までに妹と2人の弟が生まれ、ナズィーラは4人きょうだいとなっていた。

1914年は第一次世界大戦が始まった年でもあった。戦時中、ザイヌッディーン家の人々は山村の屋敷でひっそりと暮らしていたようである。一家の生活が変わったのは、戦後のことだった。1918年、じきにフランス委任統治領となるレバノンで、サイードは控訴院の裁判長に任命された。一家はベイルー

ナズィーラの肖像画

［Zain al-Dīn 1998a 口絵］

ト郊外の家で暮らし始めた。

10歳のナズィーラはカトリック系の小学校に通い始めた。ザイヌッディーン家はイスラームの中のマイノリティであるドゥルーズ派の家系だったが、ナズィーラがキリスト教徒の子どもたちと机を並べて、ヨーロッパの思想や文化を学ぶことは問題視されなかったようである。幅広く、多様な知識を得ることは父サイードの方針であり、彼自身も宗派や民族の枠を越えて多くの学者や知識人らと交流を持っていた。

ナズィーラは、学校でフランスの言語や文化を学び、ルソーやモンテスキューの啓蒙思想に触れ、イギリスのジョン・スチュアート・ミルのものを含め、女性解放論に接した。家では父親からイスラーム諸学を学び、父のもとを訪れる大人たちの話の輪に加わった。相手が高名な学者であっても、その発言に疑問を持った時には、黒い大きな瞳を輝かせ、物怖じすることなく意味を尋ねたり、反論したりした。

18歳になったナズィーラは、女性のための医師になりたいと考えるようになった。そこでイエズス会系の医学校に願書を出したが、女性であるという理由で受験は許可されなかった。結局、フランス系の共学の高等学校で文学を学んだ。1928年、男子学生らを圧倒し、優秀な成績を修めて、レバノンのムスリム女性の中で最初の、フランスのバカロレア取得者の一人となった。

2　ヴェールとイスラーム

男性の知識人と議論したり、共学の高等学校で学んだりしたというナズィーラの経験は、１９２０年代のレバノンのムスリム女性のものとして一般的ではなかっただろう。都市部のムスリムの間では、女性が顔覆いを着用し、できる限り外出しないなど、男女の隔離が求められていたからである。

中東アラブ地域で、女性の地位向上を目指した動きが始まったのは、19世紀半ば以降のことだった。嚆矢の一つとなったのがレバノンの首都ベイルートの言論界での動きである。１８５０年代以来、マロン派キリスト教徒のブトルス・ブスターニー（１８１９～１８８３）をはじめ、男女の知識人が、講演や雑誌の論説、小説などを通して、女子教育の重要性や女性の権利、男女間の平等について問題提起してきた（Zachs and Halevi 2015）。

19世紀末になると、ムスリムの間で、女性のヴェールに関する議論が盛んに行われるようになった。ヴェールはアラビア語でヒジャーブと呼ばれたが、当時のヒジャーブという語には、身体や頭髪を覆う布だけでなく、外套や顔覆いをまとうことや、さらには女性を家に閉じ込め、家族以外の男性から隔離するという意味も含まれていた。１８９９年、エジプトの法律家カースィム・アミーン（１８６３～１９０８）が『女性の解放』と題する著作の中で、顔覆いの着用や女性の隔離は、イスラームの教義で求められたものではなく、社会の慣習に過ぎないと主張すると、ヴェールにまつわる議論はますます熱を帯びた。アミーンによると、神がムスリム女性に求めたのは、神の啓示の書クルアーンにある《胸にヒマール（覆いの一種）をかけて》（24章31節）ということだけであり、行き過ぎた形のヒジャーブは、女性たちが社会経験を積んだり能力を伸ばしたりする機会を奪い、精神的・身体的な害となり、社会全体に不利益をもたらすという。そうした主張に対し、外国人人口が増え、彼らと接触する機会が多くなった今だからこそ、顔覆いや隔離を含む、完全な形でのヒジャーブを遵守することが、宗教上の義務であり、社会的にも重要であると反論する者もいた。

その後エジプトやその周辺地域では、顔覆いを脱ぎ、教育や就業のために出かける女性が増えていった。ナズィーラが暮らすレバノンでも、20世紀初頭から同様の動きが始まった。一方で、街中にヨーロッパ風の装いで着飾った女性たちの姿が増えていくことに危機意識を抱く人々も少なくなかった。「ヴェールをまとうことは宗教上の義務である」という声があらためて強まったのは、1920年代のことだった。

3　イスラームの改革思想

ナズィーラが、最初の著作『ヴェールを脱ぐこと、ヴェールをまとうこと』（1928）を執筆したのはそうした時期である。同書は、女性の行動制限や男女の格差をイスラームの名のもとで正当化する学者たちに向けて書かれたものだった。ヨーロッパの女性解放論に通じていたナズィーラだが、反論する際に引用したのは、イスラームの宗教典拠だった。彼女はドゥルーズ派の家庭で生まれ育ったが、同書には、その内容が「一部の宗派ではなく、ムスリム全体に向けて」書かれたものであると記されていた（Zain al-Dīn 1998a: 153）。

他の誰よりも宗教典拠を「歪曲して理解し、女性を抑圧するための逸脱の数々をなしている」人物としてナズィーラが名前を挙げたのが、アズハル（スンナ派で最高峰とされるイスラーム教学機関）の学者イブラーヒーム・カーヤーティーだった。彼や、彼の著作の中で引用された者たちは、どんな圧政者にも勝る不正義をもって女性たちを抑圧しているとナズィーラは糾弾した。「彼らは、女性が糸紡ぎの方法以外の知識を得ることは――文章を書くことさえも――禁じられていると言う。（…）彼らは、大きな外套を身にまとい、顔を覆うだけではヒジャーブとして不十分だという。ヒジャーブとは部屋の壁であり、自らの墓に連れていかれる時まで、女性をそこから出したくないと言うのだ。」（Ibid: 227）

ナズィーラがこうした人々の言葉に疑問を抱いたのは、19世紀末以降に登場したイスラーム改革思想の影響を受けていたからだった。彼女の著作にはたびたび、ムハンマド・アブドゥフ（１８４９～１９０５）やその弟子のカースィム・アミーンの名前が出てくる。彼らは、過去の宗教学者らが積み重ねてきた伝統的な解釈や法規定に固執することなく、時代に合った、合理的で道徳的な新しい解釈や法規定が必要であると説いた。これはまた、ナズィーラの父の考え方でもあった。ある時、彼は娘にこう言った。「神の教えからよいものを得るためには、健全な知性が必要だ。（…）もしも、法学書の中に、社会のためにならないと思われることや、理性的に納得できないことが書いてあったとすれば、それは学者による解釈が間違っているからだ。学者たちは間違いを犯すことがあるし、解釈は場所や時代によって変化するものなのだから。」（Ibid: 76）

父の言葉は、ナズィーラの思想に大きな影響を与えたようである。こうした考えが彼女の出発点にあったからこそ、『ヴェールを脱ぐこと、ヴェールをまとうこと』を執筆し、また同書への学者たちの厳しい批判に対して、『若き娘と学者たち』（１９２９）で応戦することができたのだった。

4　ガラーイーニーの男女平等論

1920年代後半、ナズィーラの前に現れたのは、時代遅れの解釈を振りかざす者たちだけではなかった。進歩的であると自負し、イスラームにおける男女の平等を説く学者の中にも、ナズィーラが「解釈に間違いがある」ことを疑う者がいた。その一人としてたびたび言及されたのが、ムスタファー・ガラーイーニー（1886～1944）である。判事を務める傍ら、ベイルートのイスラーム大学で教鞭を執っていたガラーイーニーは、当時40代の前半で、口髭を整え、スーツを着てネクタイを締め、フェズ帽（赤い縁なし帽）を被ったスマートな外見の人物だった。彼はナズィーラの父のもとにしばしば通ってきた学者の一人でもあった。

ナズィーラは、女性に関するガラーイーニーの見解として、その著書『文明の精神としてのイスラーム』からいくつかの言葉を引用している。例えば、「（イスラームが）女性にもたらしたのは、現世と来世における男性との平等である」や、「イスラームの法（シャリーア）は、他の天啓の宗教の法や人間がつくった法にはないほどの、多くの権利を女性に与えた。とくに夫婦関係についてそうである。それによって女性の地位ははるかに向上した」などである（Zain al-Dīn 1998a: 269-270）。ガラーイーニーによると、7世紀のアラビア半島で預言者ムハンマドを通じて下された神の啓示は、それまで抑圧されていた女性たちを解放するものだった。人々は女性の教育を重視するようになり、各時代に、学者や著述家、詩人、説教師、教師として活躍する女性たちが現れた。ところが現在では、男性の無知から女性の隷属化が進み、それによって問題が生じているという。

本来のイスラームで男女は平等であると主張するガラーイーニーが、同時に次のように述べていることも、ナズィーラは見逃さなかった。「女性が自由や自立を得るという状態と、女性が尊重され、敬意を払われるという状態は両立しえない。なぜなら、彼女が自立すると男性の地位や自由が脅かされるからである。男性はそんな状況を受け入れない。その結果、男性は女性を軽く見たり、女性に敬意を払わなくなったりする。というのも、男性は女性よりも体が強く、知識の幅が広いからである（…）。」（Ibid: 270）

ガラーイーニーにとっての男女平等は、身体能力や思考能力において優れた男性と、彼に従う女性という構図の上に成り立つものだった。実は不均衡な「平等」関係について、ガラーイーニーはこうも述べていた。女性はあらゆる点で男性と同等であるものの、男性を管理する立場にはなりえない。主婦として家に留まり、夫に仕えることが彼女の使命なのである、と（Ibid: 269）。

ヒジャーブに関して、ガラーイーニーは次のように記していた。現在用いられている、顔を含め全身を覆い隠す形の装いや、女性を家に閉じ込めるという行為は、クルアーンや真正ハディースに根拠があるものではなく、ムスリムが周辺地域の慣習を取り入れるうちに広まったものである。イスラームで求められているヒジャーブとは、胸の上部を覆うことである（Ibid: 197）。都市部の人々の道徳観が、農村部や砂漠のオアシスに暮らす人々のように優れていたならば、クルアーンで求められたもの以外のヒジャーブは不要だが、現状では社会の秩序を維持するために、それが必要である（Ibid: 271、傍点は引用者による）。

5　ナズィーラとイスラームのジェンダー平等

こうした解釈にナズィーラは不満を抱いた。そこに矛盾があったからである。例えば、ガラーイーニーは、「イスラームにおいて男女は平等である」と言いながら、女性が男性と同じ地位や立場になることを認めなかった。顔覆いや女性隔離はイスラーム法で求められたものではないと述べながら、現状ではそれなしで神が求める社会秩序を維持するのは難しいと言った。結局のところ、女性は男性より低い位置づけにあり、顔覆いや隔離を含めた形でヒジャーブを実践し続けなければならないと言うのである。

それはナズィーラにとって「理性的に納得できない」解釈だった。彼女が信じるイスラームでは、男女間に「支配し支配される」という関係はありえなかった。ムスリムは皆、神の僕であり、神以外の誰にも支配されない。人が人を支配するのは神の法に反した事柄なのである（Zain al-Dīn 1998a: 289）。

神は男性を女性よりも優遇したと主張する者たちがしばしば依拠するのが、クルアーンの章句だった。例えば、婚姻に関して、「もし、あなたたちが孤児に対して公正にできないことを恐れるなら、女性であなたたちに良いものを、二人、三人、四人娶（めと）れ。それでもし、あなたたちが公平にできないことを恐れるならば、一人だけにしておくか、あなたたちの右手が所有する者（奴隷女性）を」（4章3節）という章句がある。これはイスラームが一夫多妻婚や奴隷女性の所有を認めるものとして理解されてきた。あるいは、相続に関して、息子と娘がいる場合には、「息子には娘二人分に相当するもの」を与えるようにという章句（4章11節）や、証言について、2人の男性の証言者が見つからない場合、1人の男性と2人の女性の証言が必要だという章句（2章282節）がある。学者たちは、これらの言葉から、男性は女性よりも優れており、女性の上に立つと結論づけたが、ナズィーラはそうは考えなかった。彼女の信じるイスラームは、皆にとって、自由で、平等で、公正で、心を躍らせ、精神を高めるものだからである（Ibid: 96-97）。

ナズィーラは言う。啓示が下された当時のアラビア半島の人々の間では、力の強い男性が富を一手に集め、一度に多くの女性を妻とし、奴隷として所有していた。女性たちはモノや家畜のように扱われ、相続され、贈り物にされた。人が人に隷属することを嫌う神がこのような状態を好んだはずがない。しかし、一度に状況を変えられないことも神はご存知だった。そこで、複数の妻を持つ場合には4人までとするように、そして妻たちを公平に扱うよう命じたのだった。また、証言をめぐって「1人の男性と2人の女性」という部分についてナズィーラは、これは男性の自尊心を守るとともに、女性の負担を減らすための措置だったと解釈する（Ibid: 98）。

ナズィーラにとってクルアーンは、人間の自由や平等、公正の実現に向けた方向性を指し示すものだった。その中にはイスラーム以前の悪習の断片が書き込まれている。しかしそれらも、クルアーンやハディースに含まれる神の叡智を人間が汲み取る中で消滅していくことを神は知っていた（Ibid: 99）。ただし、男性が独占して聖典を解釈する状況が続く間は、女性に対する偏見や不公正はなくならない。ムスリム全体にとって必要なのは、聖典解釈に女性が参入することである。とくに女性の義務や権利については、男性ではなく、女性自身がクルアーンを読み、解釈する必要がある。「男性が自分は何をすべきかを読み解かなければならないように、女性もまた同じようにしなければならない。」（Zain al-Dīn 1998b: 81-82）

ナズィーラは、女性が聖典解釈に加わることで、神が意図した本来のイスラームが実現できると主張したのだった。

おわりに――よみがえった声

ナズィーラの著作『ヴェールを脱ぐこと、ヴェールをまとうこと』は、レバノン人移民ネットワークを通じて、各地のイスラーム学者や政治家、ジャーナリスト、活動家のもとに送られた。2作目の『若き娘と学者たち』には、レバノン国内やシリア、エジプト、ブラジル、アルゼンチン、そして米国などから届いた同書への賛否の声や、新聞や雑誌での紹介記事が収録されている。その中には、エジプトに移住したレバノン出身の女性ジャーナリスト、ローズ・アントワン（1890〜1955）や、エジプト女性連合の設立者であるフダー・シャアラーウィー（1879〜1947）からの書簡も含まれていた。

ナズィーラは20代の間、女性運動や労働運動に身を投じた後、1937年、30歳でシャフィーク・ハラビー（1892〜1978）と結婚した。ハラビーは当時46歳で、控訴院の裁判長を務めていた。ナズィーラが公の場から姿を消したのはその後のことである。それが3人の息子に恵まれたからか、夫がベイルート知事になったためか、あるいは、第二次大戦やレバノンの独立（1943年）、その結果としての夫の長い失職のせいなのかは分からない（cf. Cooke 2010: 102-118）。

ナズィーラと彼女の著書があらためて「発見」されたのは、1970年代、レバノン内戦が始まる直前のことだった。新聞や雑誌で、フェミニストのパイオニアとして紹介された彼女は、あるインタビューで、確かに男女の権利は平等だが、女性の政治参加や社会進出には一定の制限が必要であると、以前とは異なる保守的な論調で語ったという（Cooke 2010: 125）。2つの著作から半世紀を経て、何が彼女にそう言わせたのかは不明である。一方で、かつて彼女が発したメッセージは別の場所で息を吹き返し始めていた。

1990年、アラブ女性のフェミニスト的著作を紹介する英語のアンソロジーに、ナズィーラの作品の一部が掲載された（Badran and Cooke 1990）。彼女のアラビア語の著作の再版が刊行されたのは、1998年のことである（Zain al-Dīn 1998ab）。それは、イスラームとジェンダーに関する研究が次々と出された時期だった。米国の大学でイスラーム学を教えるアミーナ・ワドゥードは、ナズィーラと同様に、イスラームにおける男女の完全な平等を主張し、聖典解釈への女性の参入の必要性を強調した（Wadud 1999 [1992]）。

エジプト出身の歴史学者ライラ・アハメドはイスラームの歴史について（Ahmed 1992）、モロッコの社会学者ファーティマ・メルニーシーはハディースについて（Mernissi 1991 [1987]）、イランの人類学者ズィーバー・ミール＝ホセイニーはイスラームの法規定について（Mir-Hosseini 1999）、それぞれ、ジェンダーバイアスがいかにして受け継がれてきたのかを明らかにした。

エジプトやインドネシア、モロッコ、シリア、ウズベキスタン、中国など、世界各地のモスクで女性たちの活動が盛んになったのも同じ頃である。女性たちはイスラームの勉強会を開き、ムスリム女性として自分たちはどうあるべきかを考えた。それぞれの主張には違いがあったが、すべてに共通していたのは、イスラームは公正であり、公正には平等が伴うという点だった（Adújar 2013）。

グローバルな活動団体「ムサーワー（平等）」が結成されたのは２００９年のことである。マレーシアのクアラルンプールで開催された創設式に登壇した初代団体長のザイナ・アンワルは、47ヶ国から集まった２５０名の女性や男性の活動家、学者、政治家らを前に次のように述べた。「我々の多くにとって、イスラームが公正であること、神が公正であることは揺るぎのない信仰箇条の一つです。公正がイスラームに備わっているとすれば、イスラームの名のもとにつくられた法や制度が不公正で差別的であるというのはおかしな話です。そして21世紀の今、この世界での公正とは何かと考えた時、平等は欠かせない要素の一つです。」（Anwar 2009）

保守的な宗教学者らは、家父長的なイスラーム理解に固執し、その他の理解のあり方を排除してきた。それに対し、アンワルは次のように続けた。「彼らが、私たちにとってのイスラームの意味を、よきムスリム女性や、よき妻や娘とはどうあるべきかを決定づけてきました。そして、二級のムスリム、二級の市民となるよう、法律や政策によって私たちに足枷をはめてきたのです。それに抗議すると、あなたたちにはイスラームを語る資格はないのだからと、口を封じられました。」(Ibid.)

「ムサーワー」の活動では、すべてのムスリムが等しく宗教典拠を読み、それを理解しようと努力する権利や義務を有するよう、環境を整えることが目指された。とくに、聖典解釈や法規定を導き出す過程の中に、そこから長らく排除されてきた女性の声や視点を入れることが急務とされた。そうすることで、ジェンダー平等を含む、公正なイスラームの理解や法制度、社会環境の創出が可能になると期待されたのである(cf. Musawah 2017, 2020)。

80年の時を経てここにナズィーラの声がよみがえったことに、イスラームとジェンダーをめぐる変化の乏しさを嘆くこともできるだろう。一方で、変わったこともある。ジェンダー平等について、そして、そのための宗教改革の必要性について、声を発しているのは、もはや一人ではないということである。その呼びかけは、以前よりもはるかに大きく、広い範囲に向けられている。もう誰にもかき消すことができないほどに。

歴史のプリズム4

革命後は忘れられた？フェミニスト

山﨑和美

はじめに

読み書きできない少女たち、放浪者、孤児（…）は減少したのか。書物や女性教師は、テヘラン以外に派遣されていないではないか（…）家のない少年少女は、聡明であっても、着る服もなく、空腹で、街頭や店の軒先で震え、犬や猫を胸に抱いて土埃の中を寝床にしている（…）「手段が用意されていない」とは言い訳に過ぎない（…）数百万もの子どもたちが、家や食べる物もなく、教育も受けられず、（…）土埃の中で死を迎え、最も悲惨な犠牲者となっている。

（*Zabān-e Zanān* [ZZ], no.2–54, 1920: 1–3）

セッディーゲ・ドウラターバーディー（1882／3～1961）は、教育省による女子教育への取り組みが遅々として進まないと雑誌『女たちの声』で痛烈に批判した。彼女が創刊したこの女性誌は、当時「最も急進的かつ声高に女性の権利を訴える」ものと評された。

日本の大正期に当たるガージャール朝末期、イランは激震に見舞われる。グレート・ゲームを繰り広げる英露二大帝国は、イラン立憲革命（1905～1911年）に介入し、第一次世界

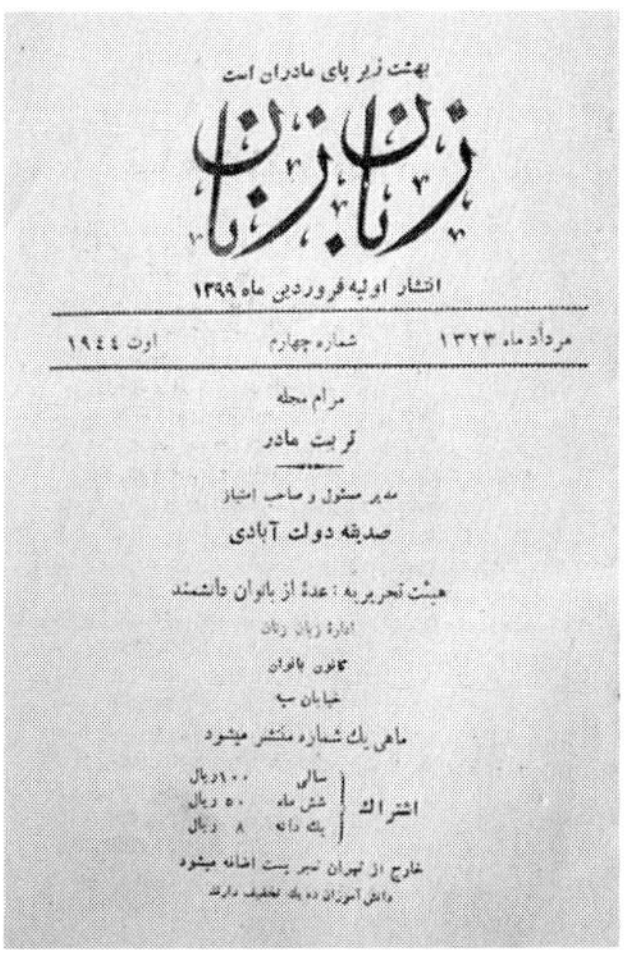

『女たちの声』（1944 年）の表紙

セッディーゲ・ドウラターバーディー（1950年代）

大戦中は軍隊を駐留させ、イランを占領した。イラン全土で愛国主義が高揚する中、コサック軍将校レザー・ハーンら主導のクーデタが1921年に発生する。近代へとイラン社会が大きく変貌するこの時期、女性たちの活動も隆盛した。女子教育推進を目的に、女性団体創設・私立女学校設立・女性誌創刊という三位一体型の活動が、英露に抵抗する愛国主義と連動しつつ展開された。

セッディーゲは1882年、古都エスファハーンの旧家で、兄6人の後に生まれる。父は啓蒙的な高位のイスラーム法学者、母も高名な哲学者の娘だった。幼少期、一家は首都テヘランに居住し、彼女は家庭教師やダーロルフォヌーン（イラン初の世俗的高等教育機関）教師のもと、ペルシア語とアラビア語、フランス語を学ぶ。兄ヤフヤーは新式（ジャディード）の初等教育機関教師として、98年に始まる新式教育運動に尽力していた。

1902年、彼女は20歳で結婚したが、夫婦生活はうまくいかず、子どももなく、24歳の時には父を失う。悲しい現実を忘れるかのように、兄や立憲革命に触発された彼女は、女性の啓蒙と教育推進を目指す活動に注力していった。「エスファハーンで8歳と9歳の少女が強制的に結婚させられるのを目撃」し、「自らも強制的に結婚させられたことが強い動機となっ」たという（Sanasarian 1982: 32-33）。

エスファハーンでの闘いと挫折

1917年、35歳でエスファハーンに戻った彼女は、同地でムスリム女性としては初めて、女学校とエスファハーン婦人商会（シェルキャテ・ハヴァーティーネ・エスファハーン）を創設した。女性40人の共同経営により設立された同商会は、女性の経済的自立の必要性を訴えたセッディーゲの主導で、ヤズド、ケルマーン、エスファハーンに小規模な織物工場を建設し、女性だけを雇用した。彼女が設立した「シャルイーイエ（イスラーム法に適合する）」と「オンモルマダーレス（学校の母）」という女学校の命名には、伝統的な社会規範への配慮がうかがえる。比較的自由なテヘランとは違い、地方都市のエスファハーンでは、家父長制や宗教的な価値観に基づく伝統的なジェンダー規範が根強く残存していたからである。

『女たちの声』創刊は1919年だった。伝統的な慣習や社会規範を重視する人々の激烈な反発を招きながらも「イラン国民を覚醒させるのは真の愛国者たちの演説や言論で、国民の覚醒は祖国の独立を守る」とし、イスラーム相続法の慣例を盾に「男子の半分で良いから女学校を設立」すべきと訴えた（ZZ, no.2-36, 1920: 3; no.2-31, 1920: 1）。だが彼女の事務所は何度も襲撃され、女学校は閉校されるなど攻撃は激しさを増す。

『女たちの声』は創刊した女性の本名が明記されたイラン初の女性誌で、表題には「女たち（ザナーン）」のみならず「舌・声（ザバーン）」という単語が使われている。女性に関わる諸問題を提起する上で、「慎み深く、常に閉じられ、沈黙すべき」と伝統的に考えられてきた「女の舌」という表現は大きな賭けだった。毎週2500部が発行され、当初は女性よりもむしろ男性が恒常的な読者層となった。先行して創刊された2つの女性誌と同様、家事、育児、夫の世話、自身や家族の健康管理などの記事も掲載したが、ヘジャーブ着用慣行と女性の抑圧された状況を一貫して強く批判し、女性の権利を希求した。

『女たちの声』はしだいに政治的問題にも介入し、ヨーロッパで新しく生まれた社会主義や社会民主主義など、近代的な政治理論・思想に関する話題も取り上げるようになった。前述の教育省批判に加え、「内閣崩壊」「石油問題批判」「女性参政権要求」「外国からの借款反対」「保護国化を目論むイギリスが迫る英斯協定批判」など、政治や外交、国際関係に関わる内容が問題視され、同誌は発行停止処分になり、セッディーゲも逮捕される（ZZ, no. 2-32, 1920: 1; no. 2-36, 1920: 1-2）。

こうして故郷での活動や生活に行き詰まった彼女は、1921年に離婚し、活動の拠点をテヘランに移した。『女たちの声』を再刊すると、セッディーゲは「婦人たちの試行協会（アンジョマネ・アーゼマーイェシェ・バーノヴァーン）」を設立、外国製品ボイコット運動にも尽力した。女性の啓蒙や教育拡大を主眼に、教育者やジャーナリストとして精力的に活動するが、激しい批判にさらされ、逃げるように23年に渡仏し、ソルボンヌで心理学と教育学を修め、フランス語で雑誌を刊行した。

パフラヴィー朝下での活躍

セッディーゲの留学中、祖国は大きく変貌する。1925年、レザー・ハーンが初代国王レザー・シャーとして即位し、パフラヴィー朝が誕生した。セッディーゲは26年、パリで開催された国際女性同盟（Alliance Internationale des Femmes）の第10回女性参政権国際会議にイラン代表として参加、報告書を提出し、27年に学士号を取得し帰国した。28年には、王家の統制下にある教育ワクフ芸術省の女学校視学官になり、翌年には女学校視学官長に任命された。32年、第2回東洋女性会議（ネフザテ・ネスヴァーネ・シャルグ）がテヘランで開催され、書記をセッディーゲ、議長をシャムス王女が務めた。初代国王の娘シャムス王女は、第2代国王の姉でもある。同王女主導で35年に設立された婦人クラブ（カーヌーネ・バーノヴァーン）は、「女子教育拡大」「ヘジャーブ撤廃」「女性参政権実現」を目指した。36年、婦人クラブ代表への就任を王家に請われ、セッディーゲは亡くなるまでその任を全うした。こうして王家に嘱望される形で、彼女はパフラヴィー朝における女性政策の重鎮となっていく。

女性の啓蒙や近代的な女子教育推進を主眼とする女性運動は、立憲革命前後から1920年代にかけ盛況だったが、30年代以降になると、王家の統制を受けるようになった。レザー・シャー期には、31年に婚姻法が成立し、「婚姻契約書の順守」「複婚の際に夫が妻にそれを告知する義務」「児童婚の抑制」など、女性の権利擁護が明示される。留学を目指す女性への財政支援も28年に開始され、テヘラン大学が35年に設立されると、その後すぐに女子学生の入学も許された。女子の高等教育は進展し、44年には女子教育が義務化される。だが、こうした女性擁護策をとるパフラヴィー王家の真意は、女性解放ではなく、内外への近代化・西欧化誇示だった。とはいえ、セッディーゲら当時のフェミニストの多くは、王家の姿勢を好機と捉え、その女性政策に協力したのである。

初代国王はイランに侵出する英ソ牽制のため、ナチス・ドイツに接近したが、第二次世界大戦の最中に両国により退位させられ、21歳のモハンマドレザー・シャーが第2代国王に即位した。新国王が若年で指導力を発揮できなかった1940年代は、政治的に自由な空気が醸成され、女性の社会的役割が重視された。42年、セッディーゲは長年の悲願だった『女たちの声』復刊を果たす。47年、ジュネーブで開催された婦人国際平和自由連盟（Women's

International League for Peace and Freedom）の会議に参加し、イラン女性についてスピーチするなど、彼女はイランを代表するフェミニストとして、国際的にも存在感を強めていく。

1950年代には再び、愛国主義・民族主義の波がイラン全土を覆った。当時、アングロ・イラニアン石油会社がイラン国内の石油産業を独占支配し、莫大な利益を得ていた。大戦終結後も政治的・経済的状況は回復せず、急激なインフレに苦しむ中、民族主義政党の国民戦線を率いるモハンマド・モサッデグ博士の主導による石油国有化運動が起きた。51年に国民議会で石油国有化法が可決され、その制定と実施により国民的英雄となった彼は首相に任命される。だが、イギリスが国有化に反対したため、イラン全土で反英デモが展開された。セッディーゲは、自身と同じソルボンヌを卒業し、スイスで国際法の博士号を取得したモサッデグ首相を支援するため、多数の企画を実施した。

第2代国王の時代、シャムス王女や国王の双子の妹アシュラフ王女など、王家の女性が女性運動を支援したことで、セッディーゲらフェミニストたちが望む政策が次々と実現した。第2代国王の「白色革命」下で、女性参政権が実現し、6人の女性国会議員が誕生したのは、セッディーゲが亡くなった2年後の1963年である。

むすびにかえて

セッディーゲは1961年7月28日、79歳で生涯を閉じた。その18年後、イラン革命が起き、彼女に対する評価やイラン女性を取り巻く状況は、劇的に変化した。彼女や一族の墓が、革命後に傷つけられたとの証言もある。

1936年1月にレザー・シャーが発出したヘジャーブ禁止令は「チャードル」「ルーサリー（スカーフ）」「ルーバンド（アラブ人の顔覆い）」の着用を禁じた。帰国して以降、ヘジャーブを決して着用しなかったセッディーゲはこの禁止令を強く支持した。だが革命後のイラン・イスラーム共和国政府は、公の場でのヘジャーブ着用を強制した。中でも、半円状で頭から被る伝統衣装チャードルを、民族精神の観点から奨励する。

セッディーゲのパフラヴィー王家との緊密な関係が、革命後に成立した新政府から問題視されたことは想像に難くない。ならば、彼女の業績は、完全に忘れ去られてしまったのだろうか。

セッディーゲはさまざまな新聞や雑誌に、多くの論評や書簡を残した。これらが在米のイラン系女性研究者A・ナジュマーバーディー博士らの編集により『セッディーゲ・ドウラターバーディー――書簡、記述および回想集』として整理されたのは1998年のことである。モハンマド・ホセイン・ホスロウパナーフ氏が2002年に発表した『イラン女性の闘争とその目的――立憲革命からパフラヴィー朝まで』などで、革命後のイランでも重要なフェミニストとして取り上げられてきた。セッディーゲの功績は、百年後の今も決して色あせることはない。

第3章

人々の痛みの根源を探る
――イラン・ソーシャルワーカーの母

藤元優子

はじめに

イランでは勇敢な人物を獅子に喩(たと)える。対象は基本的に男性だが、肝の据わった「男勝り」の女性も敬意を込めて「シールザン（獅子女）」と呼ばれる。社会福祉を志し、歴史の荒波に揉まれながらも初志を貫徹して「イランのソーシャルワーカーの母」と呼ばれるようになったサッターレ・ファルマーンファルマーイヤーン（1921～2012）も、そんな「シールザン」の一人である。

イランでは過去100年間に2度、大きな国家体制の変動が起こった。ガージャール朝の専制王制から近代化を推進するパフラヴィー朝への転換（1925年）と、イスラーム法学者による統治を掲げるイスラーム共和国を生んだ革命（1979年）である。サッターレは、第一の変動の開始点となるクーデタ勃発の年に生を享(う)け、第二の変動によって祖国を去ることになった。彼女がイランで暮らしたのは、91年の人生の約半分に過ぎないが、激動の時代を不屈の精神と驚異的な行動力で生き抜き、祖国への奉仕という人生の目標を達成した。本稿では自叙伝を主な資料として、階級やジェンダーの障壁を軽々と乗り越えて社会の最底辺に飛び込み、人々とともに歩もうとした、この類いまれな女性の生涯をたどる。それは、格差と分断に悩む現代の私たちにも多くの示唆を与えてくれることだろう。

1　生い立ち

彼女の長い姓は、最高司令官を意味する父の称号ファルマーンファルマーに由来する。父のアブドルホセイン・ミールザー（1857〜1939）はガージャール朝の有力な王族で、各地の知事や陸軍司令官を歴任し、王朝末期には宰相も務めた。家庭生活では8人の妻と35人の子どもという大家族を作った。サッターレの母であるマアスーメ・ハーノムは、12歳の時、父の上司である42歳年上のファルマーンファルマーの第3夫人となった。ファルマーンファルマーの最初の妻は、モザッファロッディーン・シャーの娘エッザトッドウレであった。王女と結婚した者は他に妻を娶らないという不文律があったにもかかわらず、彼が他に7人もの妻を迎えたのには、政略結婚のような理由だけでなく、無類の子ども好きもあっただろうと言われている。マアスーメ・ハーノムは、彼の従卒の信心深く賢明な娘であった。

父と兄弟たちとともに。前列左から２番目がサッターレ
［Farman Farmaian 1993］

サッターレは、夫婦の第3子として父の任地であるシーラーズで生まれ、生後間もなくテヘランへ移った。

この年、以前は父の部下でもあったレザー・ハーンが無血クーデタにより政権を奪い、父と2人の兄が一時拘束されるなど、一族は非常事態に直面していた。時勢を冷静に読み取った父は政治から身を引き、大家族をテヘランに集めて暮らすことにした。力を削がれたとはいえ、もともと桁外れな財産があったため、彼女の子ども時代は、広大な敷地に父とその3人（後に4人）の妻の一家がそれぞれに独立した家を持って暮らす、という稀有な環境の中で過ぎた。母たちの関係は良好で、子どもたちは分け隔てなく一緒に育ち、一生続く深い絆で結ばれた。サッターレは、同年代の兄弟と一緒に木登りもする勝ち気なお転婆娘だったという。

教育熱心だった父は、毎週金曜日に子どもたちを自分の屋敷に集めて一人一人に話しかけ、詩の暗唱などの課題を果たした者には褒美を与えた。サッターレの記憶にある父は、髪も髭も真っ白の老人でありながら眼光鋭く、周囲の誰もに畏敬の念を抱かせる威厳ある存在だった。その偉大な父が「国を愛し、勉学に励んで、国民を助ける人間になれ」と繰り返し語ったことを、サッターレも兄弟姉妹も生涯深く心に刻んだ。実際、サッターレの兄弟姉妹は全員が高等教育を受け、政治家、国有石油会社支配人、建築家、銀行頭取、医師、大学教授などになって、各分野で活躍した。イラン共産党に女性支部を作り、「赤い王女」と呼ばれたマルヤム・フィールーズも異母姉である。

父は、西洋の先進的な科学文化を体得させるべく、息子たちを順に欧州に留学させ、娘たちにはフランス人の家庭教師をつけてきた。だが、ガージャール朝の終焉とともに経済的余裕が失われたために、下の子どもたちは首都の西洋式の学校で学ぶことになった。19世紀後半以降、欧米のキリスト教宣教団の主導でイランでも女子校が開設され、20世紀に入ると、女性の地位向上を目指すイラン人の女性活動家たちによる学校運営も始まっていた。そんな時代の流れの恩恵に与ったサッタールは、6歳からバハーイー教徒の開設した小学校に通い始め、12歳で米国系のミッションスクールであるベテル（後のヌールバフシュ）女子校に転校した。授業での議論を重要視し、運動や山歩きを奨励するこの学校の自由な校風は、多様な階層や宗教的・民族的出自を持つ同級生との出会いとともに、彼女に大きな影響を与えた。ミッショナリーが運営する病院の医療奉仕に参加したサッタールは、初めて目の当たりにする貧しい人々の暮らしに衝撃を受けた。そして、もっと世界を知り、国家に奉仕できる人間になりたいと留学の希望を父に伝えたが、女子に大学教育は不要と一蹴されてしまう。

そんなやりとりがあった直後の1936年、留学の夢など吹っ飛ぶ大事件が起こる。父の跡継ぎで外相でもあった長兄が横領の嫌疑で逮捕され、翌年、殺害されてしまったのである。国王は莫大な「横領金」の返却を要求し、広大な家屋敷も接収されて、一家はテヘラン北部の地所に移った。父はそれでも冷静さを失わなかったが、1939年に82歳で死去し、18歳のサッタールは残された家族と力を合わせて新たな事態に立ち向かっていくことになる。

サッタールは自叙伝の中で、父の死後の母の変貌ぶりを驚きをもって述べている。息子と一緒に、残された地所の管理に積極的に関わったというのである。また、サッタールに元王族との縁談が起こった際、王族は妻1人で満足などしない、娘に自分と同じ思いはさせたくないのだと、強く反対したことも記している。長年、圧倒的に強い夫の陰に隠れていた母の人間としての底力と意地を見て、同じ血が自分に流れていることを誇らしく思ったという。

2　旅立ちから帰国まで

その頃、国家も危機に瀕していた。第二次世界大戦の波がイランにも押し寄せ、1941年に連合軍が侵攻、レザー・シャーが退位を余儀なくされる混乱の時代を迎えていた。サッタールの留学への思いは変わらなかったが、戦争の続く欧州への渡航は無理だったため、母校の米国人教員の助けを得て米国への留学を申請した。理解ある兄サッバールの後押しで母の許しも得た彼女は、1944年3月、ついに米国に向け出発する。

米国までの旅程は、鉄道と車で陸路インドとの国境を越え、鉄路ボンベイ（現ムンバイ）に到着、そこから船で米国に渡るという無謀にも見える計画だった。「なぜだか少しも怖くなかった」とサッタールは書いているが、この計画を実行に移せたのは、外の世界を知らないお嬢様育ちだったからかもしれない。実際の旅は困難の連続で、予定外の出費もあって旅費が底をついた頃、ようやくフランスの貨物船でボンベイを出航することができた。ところがその船が日本軍の魚雷に撃沈され、救命ボートで救助されるという恐ろしい目にも遭遇する。

それでも彼女は挫けなかった。6000人の傷病兵を運ぶ米国の輸送船に乗り換え、メルボルン経由で42日間かけてロサンジェルス港にたどり着いたのだ。テヘランの鉄道駅を出てから135日が過ぎ、すでに7月になっていた。

姉のファッション誌で見た自由の女神像以外、米国について予備知識がなかったサッタールは、港に女神像が見当たらないことに戸惑う。そして女神像のあるニューヨークは大陸のあちら側だし、目的地のオハイオも2000マイルも先だと知って途方に暮れるが、赤十字の係官が、彼女のアドレス帳に唯一あったカリフォルニアの住所の人物と連絡を取ってくれた。それは、ヌールバフシュ校時代の恩師のジョーダン博士だった。教え子との再会に博士は驚喜し、オハイオの代わりに南カリフォルニア大学への入学を手配し、その後も何くれとなく心を配ってくれた。

広大なキャンパス、理解できない英語の授業、男女共学。どれをとっても戸惑いばかりの大学生活だったが、米国の豊かさに触れ、徐々に友人も増えて生活に馴染んだ彼女は、精一杯勉強した。そして、社会学で学士号を得た後、社会問題の解決法を学ぶためにシカゴ大学の大学院に進み、1948年にソーシャルワークの修士号を取得、ロサンジェルスの移民定住援助機関で仕事を始めた。私生活では、大学で知り合ったインド人のアルン・チョウドリーと結婚して一女をもうけ、落ち着いた幸福が訪れるかに見えた。だが、夫は映画制作者を志したものの仕事に恵まれず、突破口を求めてインドに里帰りしたまま、結局妻子の元に戻ることはなかった。

1952年、心機一転、彼女は娘とともにニューヨークに移り、一時イラン産石油の販売に携わる会社で働いた後、ソーシャルワーカーとして国連に採用された。ユネスコ（国連教育科学文化機関）の中東部門に配属された彼女は、バグダード支部を拠点としてエジプト、レバノン、シリアなどの現場を飛び回った。娘のミトラはバグダードには連れていったが、砂漠地域での仕事が生じるに及んで、英国の寄宿学校に入れることを決める。まだ幼い娘を手放すのは辛い選択だったが、母親の奮闘を傍で見てきたミトラは、進んでその決定を受け入れた。

そんなある日のこと、バグダードのイラン大使館で彼女はイラン企画庁のエブテハージ長官に出会った。長官に、「こんな所で何をしているんです？　イランは、まさにあなたのような人を必要としているのに」と強く説得され、サッターレは帰国を決意する。

3 ソーシャルワークへの情熱

ソーシャルワークは、「ソーシャル・ウェルフェア（社会福祉制度）という政策・制度体系のもとで、ひとつの専門職として展開される実践体系の総称」と定義づけられ、一般に英語のまま用いられることが多い。それを実践するソーシャルワーカーは、「国際的には高度の理論と技術を修得した社会福祉専門職に付与される資格に基づく名称」であり、日常的な介護・介助を主として行うケアワーカー（介護職員）とは区別される（仲村ほか 1988: 330）。1958年、14年ぶりの故国でサッターレの奮闘が始まる。社会福祉の概念すら存在しない社会で孤軍奮闘しても無駄だと考えた彼女は、まず人材育成に取りかかった。政府の承認を得て、2年制のソーシャルワーカー養成学校を立ち上げたのである。ソーシャルワーカーの訳語には「マダドカール（援助者）」という語を充てた。

資金不足のため、借家だった自宅の2階を改装して教室にし、必要な物品の多くは家族から、図書はユネスコの仲間から寄付してもらって、専門教育の手助けも頼んだ。専門知識だけでなく広い教養が必要とカリキュラム作成には力を入れ、歴史や社会、文学、英語といった授業も提供したが、教育には大学教員となっていた兄弟が、教科書の翻訳には外国語に堪能な姉妹がボランティアで参加するという、まさに手作りの学校運営となった。

集まった男女学生は、女性が西洋指向の中流家庭の娘が主流であったのに対し、男性は貧しい階層の者がほとんどで、両者の関係はぎこちなかった。オリエンテーションが済むと、まず町の南部の貧困地域での実習を行った。診療所やスラムでの人々の生活を目の当たりにして、すぐに音を上げて辞めていく者もいたが、残った20人は理想に燃えてよく学び、週3回の校外実習の日には、病院、孤児院、精神病院、刑務所などを訪れて奉仕活動を行った。活動は生半可なものではなく、例えば精神病院では、幾重にも重なった患者の汚物の清掃が学生たちを待っていた。しかし、若者たちは厳しい課題に真摯に取り組むことで自信を得、苦労をともにする中で性別や階層の壁も徐々に解消した。開校の2年後、初の卒業生全員が高収入の就職先を確保したことで、職業としてのマダドカールの評判が上がり、学生数も少しずつ増えていった。

養成学校の１年生たちと国連職員を囲んで。前から２列目の右から２人目がサッターレ

［Farman Farmaian 1993］

サッターレの活動は、兄弟姉妹の強力な援助とともに、エリートの多い旧王族のネットワークと、そこから広がる人脈の豊かさに支えられて広がっていった。例えば1960年代はじめ、アリー・アミーニー首相が学校を視察に訪れた時の興味深い逸話が残っている。首相からどんな援助を求めているかを尋ねられると、サッターレは首相を新入生の教室に案内し、「アリーさん、この学生たちは実習で貧困地域に行ってきたばかりですから、この人たちが問題のすべてを知っています。だから、彼らの言うことを全部聞いてあげてくださいな」と言ってのけた（Ghardshem 2012）。学生たちは首相に対する校長の無造作な物言いに驚いたが、実は彼女と首相はいとこ同士であることを知り、納得した。人間関係が非常に重要視されるイラン社会で、ファルマーンファルマーの

娘であることは、金銭には換えられない貴重な財産だったのである。

1958年秋、サッターレはパフラヴィー朝2代目国王のモハンマドレザー・シャーとの謁見のため王宮に向かった。そこはファルマーンファルマー一族が暮らした家屋敷の跡地で、子ども時代の思い出が一気に脳裏に蘇(よみがえ)った。自分の家族に害をなしただけでなく、従兄でもあったモサッデグ首相の民主的政権を1953年の反クーデタで潰したパフラヴィー朝に対して、彼女は複雑な感情を持っていた。

1950年代後半からは秘密警察を整備し、強権を発揮し始めた国王には不満も多々あったが、目的は同胞のより良い暮らしであり、政治と一線を画して目的のために邁進するのが自分の役割であると割り切った。国王はマダドカールの仕事に興味を示し、サッターレの面前ですぐに指示を出して、学校への全面的なバックアップを約束した。

教育活動と並行して、サッターレは多くのプロジェクトも立ち上げた。とくに力を入れたのが女性と子どもの福祉である。女性たちの貧困と不幸の悪循環の根源に望まない妊娠があると考えた彼女は、そのサイクルを断ち切るための福祉センターの開設を計画した。国王の若い新妻ファラ王妃が画期的な一連の活動に深く共鳴し、何度も福祉現場に足を運んでくれたことで、協力者が集まった。こうして1966年、初のコミュニティ福祉センターが誕生し、識字、職業教育、子育て、栄養、女性の健康と衛生などのプログラムが提供された。そこには家族計画のためのクリニックも併設されていた。

また、女性の結婚最低年齢を上げるなどの法律改正のためのロビー活動を行い、保育園や孤児院の劣悪な保育条件の改善を進めた。テヘランの悪名高い売春地帯に乗り込んで売春の実態調査を敢行し、『テヘランにおける売春』という本を出版して問題提起を行ったり、刑務所の受刑者の待遇改善やその家族のための福祉活動にも取りかかったりと、活動の幅はどんどん広がっていった。取り組みにあたっては、イスラーム法との齟齬が生じないような注意も払われた。ソーシャルワーカー養成学校の卒業生と在学生は、サッタールとともに大車輪で活躍し、1961年の北部大洪水や翌年のガズヴィーン大地震の際には、マダドカールたちがいち早く現地に入って救助活動や災害支援センター設置を進め、被災地の人々の支えとなった。

国王との会見の後、政府が学校のための予算を毎年計上することが決まり、個人の寄付に期待せざるを得ない状況は解消された。学校も4年制に拡充され、1964年には手狭になっていた学舎をテヘラン北部に移した。広い敷地内に、ペルシア風の青い格子造りのファサードを持つ3階建ての新校舎が姿を現し、講堂や福祉団体本部の建設も計画された。この頃には学生数も開校当初の4倍に増え、年々仲間が増えていった。

サッタールたちの活動は、近代化に邁進する政府にとって、外国にイランの福祉制度を誇るための格好の材料にもなっていた。1962年にインドのネルー首相が学校を訪問したように、学校や施設には外国からの賓客がしばしば見学に訪れた。国際的な知識と経験の交流を重要視したサッタールは、学生の留学を奨励し、途上国からの留学生の自校への受け入れにも尽力した。その結果、彼女はイランだけでなく国際的なソーシャルワーク運動のパイオニアとして認知され、国際ソーシャルワーク学校連盟理事としても活発に活動した。

1967年、政府が家族計画プログラムを策定することが決まり、関係者を喜ばせた。それは、教育機関レベルではなしえない国全体への福祉活動の広がりを意味していたからである。だが、この頃から国王の独裁が度を越したものになり、社会に重苦しい雰囲気が漂った。国王の周りはイエスマンばかりになり、秘密警察を恐れて人々は親しい者にも本心を打ち明けられないと感じ始めていた。1973年のOPEC

（石油輸出国機構）による原油価格の大幅値上げは、オイルショックとして世界経済に打撃を与えたが、産油国にも必ずしも恩恵のみをもたらしたわけではなかった。急激な経済の膨張がインフレと貧富の差を拡大し、政治・社会への不満を募らせた人々への取り締まりが厳しさを増していった。サッターレの周辺でも、学生が構内から秘密警察に連行されたり、信頼していた仲間が政治的圧迫を逃れて海外に脱出したりという事態が起こっていた。

4　革命の混乱を越えて

１９７９年２月、前年から激しさを増した反政府運動が頂点に達し、不可能とも思えた王制転覆が実現して、革命の成立が宣言された。熱に浮かされた若者たちの中には過激な行動に出る者が続出、反革命分子の名の下に人々を逮捕したり財産を没収したりする行為を始めていた。そんなある日、学生の一部がサッターレを告発した。国王体制に協力し、米国やイスラエルとの関係を結んできたなどの嫌疑をかけ、彼女を拘束してホメイニー師のいる革命本部に連行したのである。

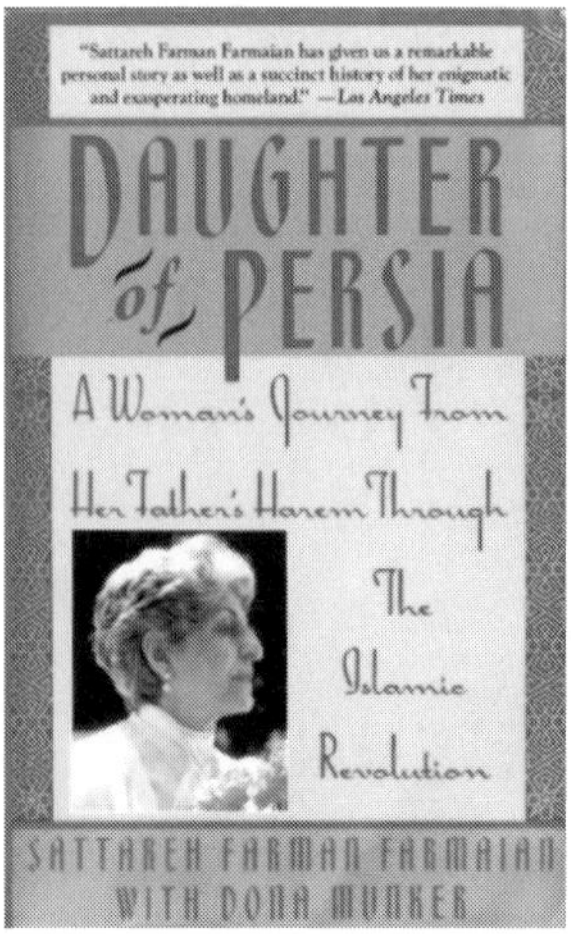

自叙伝『ペルシアの娘』の表紙

幸いなことに、穏健派のターレガーニー師につながる取調官が彼女を釈放してくれた。師は、反体制運動によって長年投獄されていたが、刑務所でサッターレと学生たちが囚人の待遇改善のために尽力するのを目撃したことをホメイニー師に訴え、有意の人材を大切にするよう求めたということであった。

サッターレはこうして解放されたが、糾弾者たちが自力で彼女を殺害するつもりだと聞かされ、国外に脱出する以外に道がないことを知る。ターレガーニー師の助力により出国ビザを得た彼女は、25年ぶりに米国に戻り、再びロサンジェルスでソーシャルワーカーとして活動した後、2012年、静かに生涯を終えた。

彼女が1993年に出版し、ピュリッツァー賞候補にも挙がった自叙伝『ペルシアの娘――父のハーレムを出てイスラーム革命を経たある女性の旅』は、彼女のイランへの思いを込めた渾身の作であると同時に、革命を契機にさまざまな理由でディアスポラとなり、再び祖国の土を踏むことができない、数知れぬ同胞の心の琴線に触れる一冊となっている。[註]

おわりに

サッターレ・ファルマーンファルマーイヤーンは、政治では社会は変わらないこと、人々の痛みの根を探るためには社会の底の底まで下りていき、人々とともに働く必要があることを、身をもってイラン社会

註　イラン人ディアスポラの歴史は長く、20世紀後半以降でも大きく3つの波があった。このうち第2波が革命に起因するもので、政治活動家、各種のマイノリティ、知識人、留学生、兵役逃れの若者、実業家など種々雑多な人々が国外に活路を求めた。現在、世界には200万から400万のイラン人ディアスポラがおり、そのうち最大の人口を抱えるのが米国で、30万から120万人いると言われている。

に示した。彼女を支えたのは、父が大切にしていた、誠実、信頼、愛という3つの人間関係の基本である。

米国に移住後、サッターレは元の教え子から手紙を受け取った。そこには検閲に注意しつつ、「先生が国を離れられて以来、私たちは孤児になった気分です。それでもソーシャルワークの価値を信じている人の数は多く、私たちは自分の高い職業的水準を維持すべく努めています」と書かれていた。サッターレは自叙伝をこう結んでいる。

どうやら私は数人の信奉者を訓練することには成功したらしいし、テヘラン・ソーシャルワーク学校の21年間も完全に無駄だったというわけではないようだ。どちらにせよ、私は自分の人生を悔いてはいない。面白いことをどんどんできたし、目を見張るような素晴らしい人々にも出会った。昔、私は両手を広げて世界に旅立ったが、もし最初からやり直すことになっても、同じことをすると確信している。私は屋敷の婦人部屋に収まったままではいられなかった、もし誰かが5本の指にダイヤモンドの指輪を一つずつくれたとしても。

(Farman Farmaian 1993: 394)

第4章

自由と真の男女平等のために闘い続けた女性詩人

鈴木珠里

はじめに

スィーミーン・ベフバハーニー（1927〜2014）はイランを代表する現代詩人であり、真の民主化と表現の自由を訴え続けた社会活動家であり、女性の権利向上のために内外のイラン人女性の団結を求めたフェミニストであった。生涯で600編以上の詩を発表したが、そのテーマの多くは、戦争、平和、貧富の差、性差別、革命などの社会的事象である。彼女の詩を年代順に並べるとイラン現代史を辿ることができるとも言われている。以下では、ベフバハーニーの代表的な作品を紹介しながらイラン現代史、とくにイラン・イスラーム革命後の出来事を俯瞰し、彼女がいかに情熱的にイランの人々を鼓舞し、いかに勇敢に時の権威と対峙し、いかに慈愛を持って社会的弱者に手を差し伸べていたのかを見ていこう。

1　イラン・イスラーム革命以前

1979年の革命以前、イランはパフラヴィー王朝による中央集権国家だった。初代国王レザー・シャーが即位した翌年の1927年、スィーミーンは生まれた。父親アッバース・ハリーリーは、隣国イラクのシーア派聖地ナジャフの聖職者家系出身の文学者であったが、1918年、イラクに侵攻した英国軍に対する抵抗運動（ナジャフ暴動）の首謀者として死刑宣告を受けたためイランに亡命した。母親ファフレオズマー・アルグーンは、ハリーリーが亡命先のイランで発行した急進的な新聞に詩を投稿し、それが縁で二人は結婚した。ファフレオズマーもガージャール朝王家の流れを汲む名家の出身で、女子教育や女性の権利向上を求め社会活動に参加する進歩的な女性詩人だった。二人はスィーミーンの誕生後間もなく離婚し、実家に戻ったファフレオズマーが彼女を引き取った。スィーミーンは、幼い時から母親主催のサロンに顔を出し、母親の文学仲間や社会活動の同志たちによって彼女の文学的素養や社会的好奇心が育まれていった。彼女の詩が初めて新聞に掲載されたのは14歳、1941年のことである。

空腹で呻（うめ）く人民よ何をしているのか　貧しく混乱した国民よ何をしているのか
資本家たちは金に彩られた宮殿の中　汝は悲しみの粗末な小屋で何をしているのか（…）

（Behbahani 2003: 34）

その年、英ソの干渉でレザー・シャーの政治体制は崩壊し、モハンマドレザー・シャーが即位したことにより、それまで抑えられていた言論や政治活動の自由が一時的に復活し、イラン共産党「トゥーデ党」をはじめさまざまな政党や政治結社が誕生し、文学の世界でも社会的・政治的テーマが扱われるようになった。しかし、第二次世界大戦の勃発とともに石油利権を狙った諸外国による内政干渉が激化するにつれて、当初は立憲君主制を認めていたモハンマドレザー・シャーも軍部を基盤に権力を強化していった。1953年、石油国有化運動を進めていたモサッデグ政権が、英米の支援を受けた親国王派のクーデタで打倒されたのを機に、モハンマドレザー・シャーの独裁体制は盤石なものとなった。

そんな時代に多感な青春時代を過ごしたスィーミーンは、19歳でトゥーデ党に参加、それがもとで在籍していた助産師学校を中退させられ、翌年、不本意ながら高校教師のハサン・ベフバハーニーと結婚して3人の子どもをもうけた。結婚生活は早い時期に破綻していたようだが、彼女の学問と文学への情熱には夫も理解を示し、スィーミーンは家事と子育てに追われながら、20代のうちに3冊の詩集を出版している。

2 イラン・イスラーム革命前夜からイラン・イラク戦争まで（1970年代〜1988年）

1969年、不毛な結婚生活に終止符を打ったスィーミーンは、法学部時代の友人と再婚し、新たな人生へと踏み出す。伝統的抒情詩詩形の再構築という革新的な試みを行う一方で、活躍中の詩人たちが多数所属していた「ラジオ・詩と音楽評議会」の議長も務めるなど、詩人としての地位を確立していった。

1970年代に入ると、体制側による言論封殺や反体制活動家たちへの弾圧にもかかわらず、さまざまな反体制活動グループが抗議の声を上げるようになった。1968年設立のイラン作家協会もその一つで、スィーミーンがメンバーに加わった1977年、同協会は「十夜、詩の夕べ」という詩の朗読会を10日連続で開催した。60人以上の作家や詩人、劇作家——左翼組織の詩人からイスラーム勢力の諸政党員、非宗教的知識人にいたるまで——が自作の発表、講演、演説を行い、人権と表現の自由、検閲の廃止や反政府的表現の権利を訴えた。この催しにはのべ1万人以上が集い、その後の反体制運動に大きな影響を与えたとされる。翌年、タブリーズをはじめ各地で反体制運動が勃発し、反国王の旗印のもと、多様な主義主張の勢力が、全土でデモやゼネストを展開し、やがて抗議運動は軍との武力衝突へと突入した。

１９７９年、国外退去した国王と入れ替わり、亡命中だった反体制派指導者ホメイニー師の帰国で反体制勢力が政権を掌握。同年4月、イラン・イスラーム共和国の樹立が宣言された。その後、イランの政治体制はホメイニー師の提唱した「イスラーム法学者による統治」へと急速に移行、この過程で大規模な粛清が行われ、人々の生活は一変した。政府は反米政策を公言、欧米文化を否定する風潮が高まり、王制時と変わらぬ厳しい言論弾圧と思想統制が敷かれた。多くの知識人が海外へと移住する中、スィーミーンは祖国に残り、革命の翌年に開催された作家協会の会合で、「革命後のイラン女性の権利」について初の公式声明を出した。

１９８０年、混乱に乗じ隣国イラクが一方的にイランを大規模攻撃し、イラン・イラク戦争が勃発する。こうした中、作家協会の創立メンバーでスィーミーンの長年の盟友である女性作家スィーミーン・ダーネシュヴァルにスィーミーンが捧げたのが「再び君を造ろう、祖国よ！」（１９８２年）である。

再び君を造ろう、祖国よ！　たとえこの身を礎にしようとも／柱を君の屋根に接ごう、たとえこの骨を礎にしようとも／再びその匂いを嗅ごう、君に咲く花を！　君の若者たちが望むとおりに／再び洗い流そう、血まみれの君を！　この止まらぬ涙で／再び、ある日、光が訪れ　暗闇はこの家から立

ち去るだろう／自らの詩に色を付けよう　君の空の蒼色で／たとえこの身が消えて百年経とうとも
私は墓の傍らに立つだろう／そこで悪魔の心臓を引き裂くために　我らの雄叫びによって／（…）

（Behbahani 2003: 711-712）

この詩は後に在米イラン人歌手ダリューシュによって曲が付けられると、革命後祖国に戻ることが許されない多くの在外イラン人たちの「望郷の詩」として愛唱され、その後イラン国内でも祖国愛の歌として歌われるようになる。

8年続いたイラン・イラク戦争では、多くの若者が義勇兵として前線に赴き落命した。戦死者を聖戦の「殉教者」として賛美、顕彰する詩が多く歌われる中、スィーミーンは断固として戦争に反対する詩を創り続けた。戦争で片脚を失った青年を詠った「片脚を失った男」もその一つだ。

ズボンの片方の裾を端折った　片脚の無い男は／怒り、火のような視線で　つまりはこちらを見るな、と／私は視線を逸らしたが　彼はまだ私の目を睨んだまま／男はまだ若くおそらく　20歳にも届かない頃／（…）心のこもった微笑も　彼には棘となり剣となる／荒々しいこの気質の人に　もはや優しさは不要なのだ／（…）彼の無礼にも寛容に　優しく私は言ってあげよう／（…）彼と会話を始めようと　私は再び彼を見たけれど／彼はすでに去った後　片脚を失った男がいた場所はもう空っぽだった／

（Behbahani 2003: 767）

別の詩では、戦争の長期化と政治的抑圧に耐える人々が、限界を超えれば恐ろしい力を発揮して決起することを警告している。

そして見よ、ラクダを、そうだ　神がどのようにそれを創造されたのかを／泥と水からではなく
まるで蜃気楼と忍耐から造られたようだ／そう、お前は皆知っている　どのように蜃気楼が目を欺く
のかを／しかし、蜃気楼は知らない　どのように忍耐がなされているのかを／（…）／そしてお前は
この虚無の中で　水を求めるラクダの渇望を目にするだろう／その荷の重さに耐え切れず　狂気がラ
クダを襲うのを／（…）／そして見よ　恨みを晴らすべく　ラクダ追いの動脈に歯を立てたのを／蜃
気楼のせいで忍耐を失った　あのラクダを見よ、そうだ……／

（Behbahani 2003: 969-970）

この戦争は、１９８８年、ようやく休戦を迎えた。イラン側の戦死者は20万人、負傷者３万９０００人と推定される。

3　革命後の女性たちによる権利拡大運動

パフラヴィー時代に制定された家族保護法によって一時拡大していた女性の権利は、革命直後、「イスラーム的ではない」という理由で同法が廃止されたことで縮小された。これに抗議して、イスラーム主義者から世俗的フェミニストまで幅広い層の女性たちが民法改正を求めて活動を始めた。このような女性たちにスィーミーンは連作で詩を捧げている。１９８０年代に発禁処分になった詩集『アルジャン平原』に全16編収録された「ジプシーのごとく」には、社会的・宗教的な制約の中で自由を求める女性たちが流浪

の民ジプシーの女性のイメージで叙情豊かに描かれており、彼女の代表的な作品群と見なされている。

> 日没の紅に染まる中　しゃんと背筋を伸ばし／ジプシーの女は　黒檀や金でできた偶像のようであり／涙の滴のダイヤが　媚びた眉墨に溜まり／その滴はお前への悲しみの仕業　そしてその眉墨は神の仕業／その女の一方の頬はお前の手が叩いた跡の痣（あざ）／しかし彼女は反対の頬を見せ　つまり、叩くならこちら側をも！　と／お前の剣が宿す光に　頑なに足を踏み堪え／胸を前に突き出した　つまり、殺されるは本望！　と／（…）
>
> （「ジプシーのごとく16」Behbahani 2003: 448）

体罰を与える男に怯（ひる）まず凛とした姿勢を崩さない女性の姿を、情趣に富んだ美しい言葉で描写している。理不尽な暴力に屈することなく、自身の意志を曲げないジプシーの女性の姿は、女性の権利拡大を求めて戦う同胞たちへスィーミーンが贈る賛辞である。

4　ポスト・ホメイニー体制（1989〜2005年）

1989年、最高指導者ホメイニー師が死去すると、当時大統領職にあったアリー・ハーメネイー師がその地位に就き、同師と二人三脚で革命後の体制を支えてきたハーシェミー・ラフサンジャーニー師が第4代大統領に選出される。彼は「現実派」と呼ばれる政策で、ホメイニー師の革命路線を過激な形で引き継いだ急進派を抑えることに成功したが、社会経済問題は深刻化し経済復興は不調に終わった。やがて急進派を抑えるため政権側と同盟関係にあった保守派も、政権批判の立場を取るようになった。

「現実派」と「保守派」両派の対立が明らかになる中、1997年の大統領選挙でモハンマド・ハータミー師が第5代大統領に選ばれた。文化・イスラーム指導相時代から出版や芸術活動に寛容な姿勢を示していたハータミー師は、言論統制や反体制知識人弾圧に不満を持っていた人々や革命を知らない若い世代から「改革派」路線の政治家としての期待を受け、熱狂的な支持を得ての当選だった。しかし、言論の自由がすぐに保障されることはなかった。ハータミーの大統領就任の翌年に催された詩の朗読会において事件は起きた。体制批判のかどで1994年に逮捕されその後獄中死した作家への哀悼の辞をスィーミーンが述べようとした時、突然治安部隊らしき若者たちが壇上に押し寄せ、彼女を引きずり下ろしたのだ。その直後、彼女は「1メートル70センチ」という詩を書く。

> 1メートル70センチ　この高さから私の言葉は生まれ／1メートル70センチ　この場所から私の詩は生まれるのです／1メートル70センチ　それは清らかで素朴な心／（…）／ああ、私を敵視する者たちよ、私が言葉にして語るのは真実のみ／ああ、だからお前たちの侮蔑に対し　呪いでお返しするのはやめましょう／私はお前たちを不身持でひねくれた臆病な者に　産んでしまったようですね／たとえ私がお前たちを捨てようとも　お前たちへの愛が消えることはないのです／（…）／70年私はこの地に住み続けています　失われることがないように／この祖国の1メートル70センチの土地に骨を埋めるために／
>
> （Behbahani 2003: 1059-1060）

言論弾圧に真っ向から抗議する一方、スィーミーンは敵対者、つまり自分を力ずくで壇上から下ろした若者たちを、自身が産んだ不出来な子どもと見なし、敵対ではなく寛容をもって愛そうと言う。そしてどのような目に遭おうとも、自身は祖国に住み続け、骨を埋める覚悟だと述べる。祖国を同じくする者の過ちにも責任を感じ、死ぬまで祖国のために生きると宣言する彼女の姿勢は、この詩が示すとおり生涯変わることはなかった。こうしたスィーミーンの主張と活動は、世界的にも高く評価され、1998年、人権NGOヒューマン・ライツ・ウォッチの「リリアン・ヒルマン／ダシール・ハーメット賞」を受賞、翌年には、国際人権連盟から「カール・フォン・オシエツキー賞」が授与された。また同年、ペルシア文学研究者ファルザーネ・ミーラーニー氏によるスィーミーン・ベフバハーニー英訳詩集『罪の盃』がアメリカで出版されると、ノーベル文学賞の候補として名が挙がった。

2001年9月、米国同時多発テロが起きると、イランは「悪の枢軸国」として名指され、ハータミー政権による米国との和解路線は勢いを失う。さらに2002年、イランの核開発疑惑が同政権に追い打ちをかける。保守派が徐々に勢いを取り戻し、2005年の大統領選挙ではテヘラン市長のアフマディーネジャードが勝利し、イランの政局は保守強硬派路線へと転換した。

5　アフマディーネジャード政権と緑の運動

第6代大統領となったアフマディーネジャードが「原子力の平和的技術開発」を国家戦略の一つとして掲げたことで、核兵器開発疑惑に対する国連安全保障理事会の制裁決議の発動を受け、イランは国際的な孤立を深めた。一方、国内においては、「イスラーム的社会正義の実現」という革命当初の理念を再掲し、女性の権利に関しても、「イスラーム社会における家族の重要性を訴え、家族に関する規範や既定をより保守的に改定するという体制側の思想を基軸とし、フェミニズムはイスラーム主義のイデオロギーには反する」（中西 2021）とし、ハータミー政権以前の状況に逆行する兆しが見えた。

こうした動きに対し、イラン国内外の女性活動家たちが２００６年、「差別的法律撤廃のための１００万人署名キャンペーン」を展開し、離婚権の男女平等、一夫多妻制と一時婚制度の廃止、遺産相続や傷害・死亡事件に対する補償を男女平等にすることなど8項目を掲げ、多くの逮捕者を出しながらも世界中の耳目を集めた。スィーミーンも、ノーベル平和賞受賞者で弁護士・人権活動家のシーリーン・エバーディーとともに会見を行い、２００９年にはこの運動への参加を促す声明をフェミニズム団体に送っている。

我が姉妹たちよ、我が娘たちよ！　そして偉大なるイランの学生諸君、古くからのイランよ。私の目であり、私の灯であるあなた方を私は誇りに思います。あなた方は望まないことに対し敢然と立ちあがり、目標を達成するために力を尽くしてきました。（…）この活動は政党活動ではありません。意思を同じくする者の活動です。（…）それは「男女間の権利の平等」という分野における行動と同意であり、「差別撤廃協定」につながるものであり、当然、各個人の信仰や価値観は尊重されると見なされています。最後に私が強調したいのは、すべての民族、信仰、文化的価値観、集団、政党と関わるイランの女性たちが、自身の権利の平等化という問題において目的を果たすために志を一つにし、一つの言葉で連盟すべきである、ということです。この連盟の旗が振られんことを！

（The Femminist School 2009）

２００９年の大統領選挙でアフマディーネジャードが再選されると、対立候補のミールホセイン・ムサーヴィーらが、票の数え直しにおける不正行為に対し抗議運動を起こし、やがて言論の自由と民主化を求める学生や市民の支持を受け、イラン全国で大規模な抗議デモや集会が行われた。この運動は、ムサーヴィーのイメージカラーである緑色の服を参加者がまとったことから「緑の運動」と呼ばれた。当局側の激しい弾圧の結果、参加した人々の間に逮捕者や行方不明者を多数出す事件へと発展すると、スィーミーンは不当逮捕された子を持つ母親たちとともにデモに参加、大統領を非難する自筆の詩をウェブサイトに発表した。

もし祖国の怒りの炎がさらに高く燃え上がれば／お前の名が刻まれた墓石には悪臭が交わるだろう／お前は多弁なお喋り好きとなり限りなく横柄になった／お前の戯言のごとき主張は　嘲笑の元にしかならぬ／（…）／この悲鳴を、暴行を、流血を、止めよ／神の創造物たちを涙で喪に服させるようなことはするな／事が成就した暁に　我が呪いがお前に降りかからぬよう／我が敵が痛む時　また我が心も痛むことになろうから／たとえお前が私を火あぶりか石打ちの刑に処すことを望もうとも／お前の手にある燐寸は消え　そして手にした石は力を失うだろう
２００９年６月15日付
（「わが地を風に委ねるな」https://parand.se/?p=8065，２０２１年７月20日確認）

この頃、スィーミーンは視力がほとんどない状態でありながら、世界各地のイラン人コミュニティやイラン研究団体からの要請に応じ講演会や朗読会に参加した。それと比例するようにイラン当局からの彼女に対する圧力は強まる一方だった。２０１０年には、パリ市役所の招待で「世界女性デー」の式典に出席するためテヘランの空港を出発しようとしたところを革命防衛隊に拘束され、パスポートを没収され一晩拘置所に拘留された。それでも彼女は詩を書くことも民主化運動もやめなかった。

世界は彼女の信念の行動を賛美した。2011年3月20日、当時の米国大統領バラク・オバマは在米イラン人への新年のメッセージ（イランでは春分の日が新年にあたる）として、緑の運動で弾圧を受けた人々、例えば自宅で拘束されたためカンヌ映画祭の審査員ができなかった映画監督ジャアファル・パナーヒー（1960〜）や、民主化運動に参加し逮捕された人々の弁護を引き受け自らも投獄された人権派弁護士ナスリーン・ソトゥーデ（1963〜）の名前を挙げ、「私たちが見ていることを知っていてもらいたい」と語った。最後に彼はイランの未来を創る若者たちに向けて「私はあなた方とともにいます。スィーミーン・ベフバハーニーの詩を引用して、過去から未来への懸け橋となる祝辞を」と言うと、「再び君を造ろう、祖国よ」の英語訳を暗唱し、ペルシア語で「エイデ・ショマー・モバーラク（新年おめでとう）」と結んだ。また2013年には、「詩のノーベル賞」と評される「ヤヌス・パンノニウス大賞」がハンガリー作家協会からスィーミーンに贈られた。スィーミーンは「生涯で最も素晴らしい賞」と、この受賞を喜んだという。

6　スィーミーン・ベフバハーニーの死と遺志の継承

2013年、保守穏健派のハサン・ロウハーニー師が第7代大統領に就任し、オバマ大統領との電話会談を行った。両国の関係が改善する兆しが見えてからほぼ1年後の2014年8月19日、スィーミーンは循環障害のためにテヘランの病院で87年の人生の幕を閉じた。

生涯を通じて彼女の精神の基本にあったのは祖国愛であり、祖国への「社会的責任」感であり、同胞たちへの愛であった。彼女が社会運動の中で求めたものは、理想とする祖国、つまり人々が平等で民主的な社会であり、とくに女性たちが男性と同じ権利を有する社会だった。それゆえ彼女の社会運動の背後に宗教的・政治的イデオロギーを感じることはなく、その結果、信仰の有無や、思想的右派左派に関係なく、多くの人に支持されてきたのであろう。同月22日、盛大な葬儀が営まれたが、会場となったテヘラン中心部の劇場には、芸術家、文学者、社会活動家の他に一部の政府関係者も参列したという。そこから埋葬地のテヘラン郊外にある墓地までの25キロの道のりは、野辺の送りに参加する一般の人々で溢れ返った。彼らはスィーミーンの遺影を手に、ある者は彼女の詩を諳（そら）んじ、ある者は愛国歌「ああ、イラン」を歌い、偉大な詩人の死を悼んだ。

スィーミーンの闘いの人生はこうして幕を閉じたが、イランの女性たちの自由や真の平等への闘いは今も続く。２０１４年、在米イラン人ジャーナリストが「私のひそやかな自由（My Stealthy Freedom）」と題してFacebookにヘジャーブ非着用の写真を上げたことを発端に、イランばかりでなく世界中で、賛同者たちがハッシュタグ#MyStealthyFreedomを用いてヘジャーブを取った姿をＳＮＳに上げるようになった。それは、２０１７年には水曜日に白いヘジャーブを棒の先に吊るして掲げる「白い水曜日運動」へと広がった。ヘジャーブを着用しない自由を訴える若い女性たちが大通りでヘジャーブを脱ぎ、その後ろ姿を写した写真をＳＮＳに上げた。彼女たちは身元が特定され次々に逮捕されたが、国内外の多くの支持者や人権団体、また各国政府が抗議の声を上げ、国際的注目を浴びた。

スィーミーン・ベフバハーニーはかつて「我が娘」「我が姉妹」たちに「太陽の光は一見無色であっても、その中に7つの光があるように、一見無色である現実にも手を伸ばせば、真実が形を成し目に見えるものとなる」（The Femminist School 2009）と表現し、女性たちの共闘を呼びかけた。その遺志は決して途絶えることなく、着実に次の世代に受け継がれている。

第5章

『若者の証言』をめぐる百年
――「すべてをもつ」ことを夢みる女たち

松永典子

1 「あなたは申し分のない結婚をしますよ」

百年前に生きた女のライフヒストリーを読むことにどんな意味があるのだろうか。そんな遠い昔の、遠い異国の、文学史にも言及されぬような人物の物語であっても読む意味があるのか。このことを考えるために、本章では、イギリスの女性作家で反戦運動家とも呼ばれるヴェラ・ブリテン（１８９３〜１９７０）が創造した「証言」という語りに注目して、彼女の代表作『若者の証言』（１９３３）を紐解き、家事育児とキャリアのワークライフバランスという現代女性に課せられた問題を歴史的に考えてみたい。

ヴェラ・ブリテンは、祖父の代から続く製紙会社を経営する富裕な中産階級の両親のもと、イギリス北西部の工業都市に生まれた。１歳違いの弟とともに彼女が育ったバクストンは、19世紀後半に鉄道が敷かれて以降発展し、チャールズ・ダーウィンの親族で啓蒙思想家として知られるエラスムス・ダーウィンなどが暮らした街だが、ヴェラにとっては彼女の向上心を受け入れない保守的な地方都市であった。

13歳の時、ヴェラは、中産階級では一般的な女子寄宿学校に進学する。ダンテやシェイクスピア、シェリーといった古典文学を読ませる同校の教育は、7歳から作家志望の夢を抱いていた彼女の好奇心を刺激した。歴史と聖書を担当していたジョーンズ先生は、当時の女子私立学校としては珍しく、生徒たちに保守系『タイムズ』や中道左派系『オブザーバー』などの新聞に触れさせる。そんな彼女の授業を通してヴェラは、外交問題、結婚および離婚に関する王立委員会の見解、「白人奴隷（強制売春）」など当時の社会情勢を意識するようになった（Brittain 1994: 39）。さらにジョーンズ先生は、出版されて間もないオリーヴ・シュライナー（1855～1920）の『女性と労働』（1911）を貸してくれ、フェミニズムの扉をヴェラに開く。イギリスでは19世紀から離婚、財産、雇用、教育などさまざまな女性の権利が要求されたが、20世紀に入ると、とくに参政権を求める声が大きくなっていた。その当時「女性運動のバイブル」（Brittain 1994: 41）と呼ばれていたのが、南アフリカの女性参政権運動家で作家のシュライナーの同書であった。

しかし、彼女にとって悲しむべきは、リベラルな女子校の恩師ですら、生まれ育った街の価値観を共有していたことだ。1910年頃、ヴェラが17歳の時、前述とは別の先生がヴェラと弟の未来を占ってくれた。

彼女（先生）は、当時16歳だった弟エドワードについては曖昧なことしか言わなかったが、私については次のように言った。「あなたは申し分のない結婚をしますよ」――この言葉は、彼女のような人でさえ、分別のある未婚女性のあるべき関心事がその当時どんなものであったかを暗に示している――「でも、21歳で結婚していなかったら、30歳になるまで待たなくてはなりません。その頃には、なにかしらのキャリアを持っていることでしょう。それが何なのかは私にはよく分かりませんが、う

まくいくでしょうし、結婚がそのキャリアの邪魔になることもないでしょう。」（Brittain 1994: 42-43）

キャリアについて語る彼女の言葉は、教え子の来たる未来を見事に予言しているだけでなく、戦前の英国中産階級の生活や価値観――未婚女性の関心事は結婚であるべきという前提――を端的に示している。実際、この数年後にヴェラの大学進学を知ったバクストンの「ご婦人方」は、「夫を見つける希望を捨てる」（Brittain 1994: 73）行為だと噂して、ヴェラの母を悩ませた。とはいえ、上記の引用は、地方女子校の教員が認識するほどに、当時の若年女性にキャリア志向が芽生えていたということを示している。

こうした保守的な環境だけでなく家族も、彼女をフェミニズムに向かわせた。

〔両親からの〕エドワードと私に対する扱いの違いがたび重なり、だんだん腹が立ってきた結果、否応なく私はフェミニズムに猛然と傾倒していくようになった。私がフェミニズム的考えを最初に知ったのは学校だったが、その考えは、遠いロンドンでのサフラジェット運動の怒号の混じった劇的事件によって〔その後も〕間接的だが着実に私のなかで育まれていった。（Brittain 1994: 58）

女性参政権運動家を指す英語は2つある。一つは穏健派運動家と訳されるサフラジストで、19世紀から議員陳情など穏健な手段で運動を展開していた。もう一つが戦闘派運動家と訳されるサフラジェットで、マンチェスター出身のパンクハースト母娘らが率いた女性社会政治同盟（Women's Social and Political Union）をおもに指す。同団体は、法的権利が実現されないことに業を煮やし、1912年あたりから放火や爆破などの視覚的かつ扇情的手法を導入し、当時のジャーナリズムの注目を集めることに成功した。このようにヴェラが大学進学を希望したのは、女性参政権運動が穏健な運動から戦闘的手法へ転換する時代であった。

しかし、成績優秀であったにもかかわらず、進学は容易ではなかった。父親は、学業の芳しくない息子にはインドで公務員になるか家業を継がせるかを決めるために大学進学を画策するが、娘には本人がどんなに進学を希望しても進学費を工面せず、嫁入り仕度として高価なピアノを買い与えるだけだった。そのような家族を、ヴェラは、「昨今の流行の表現を用いるならば、我が家で重視されるのは仕事の質ではなく労働者の性別だ」（Brittain 1994: 58）と言って批判する。

ヴェラが『若者の証言』で描く両親の姿は、娘に申し分のない結婚を望む保守的な人物だが、彼女の伝記作者が指摘するように、それが20世紀初頭のイギリス中産階級の典型的な姿であった。

2　若年女性の「証言」――内向きの戦間期に抗って

両親、故郷、ヴェラだけでなくイギリスの価値観を揺さぶったのは1914年に始まった第一次世界大戦である。親戚の助言などが奏功して、ヴェラは、父親に進学を許され、猛勉強の独習の末、奨学金付きでオックスフォード大学サマーヴィル・コレッジへの進学を実現する。また、ほぼ同時期の1914年4月、彼女は、後に婚約者となるローランドと出会う。弟のパブリックスクールの学友だった彼は、文学好きの青年で、オックスフォード大学への進学が決まっていた。人気作家の母親の影響と思われるが、彼は、自身でも詩を書いたりする文学青年であった。それだけでなく、母が自分の教育費や家計を父と折半していることを知って、彼はフェミニストを名乗っていた（Brittain 1994: 84）。ヴェラが、ローランドとともに学生生活を始められると思っていた矢先、第一次世界大戦が始まる。

1914年の開戦当初、徴兵制度がなかったイギリスでは、パブリックスクールで培われたヒロイズムによって中産階級の青年が開戦とともに志願兵として名乗り出た。開戦して18ヶ月間、自国のために戦おうと志願者の数は毎月10万人を超え、総計300万人に上ったという（Gibson and Ward 1995: 6-7）。当初はクリスマスに終わると思われていた大戦は結局4年間続き、およそ1300万人の死者を出した。その数は1790年から1914年までの主な戦争による死者すべての2倍以上にのぼる（Mosse 1990: 9）。イギリスに限定すると、身元の判明した戦死者の数とほぼ同数の50万人が、1918年の休戦段階になってもなお行方不明のままだった。今日でもイギリスで「大戦（Great War）」と言うと、第二次大戦ではなく第一次大戦を指すのも、その大量の死者のためである。

大戦開始の年にヴェラは大学に入学し、英文学を学び始めたものの、恋人も入隊年齢に達しない弟も志願して出兵してしまう。かつて進学を応援し、自作の詩を贈ってくれた恋人は、大学なんて「温室」生活だと言って学問を否定する。そんな戦場からのラブレターを受け取るうちに、彼女は、彼らと同じように肉体労働に身を捧げたいと思うようになる（Brittain 1994: 140）。そして1915年、学業を中断して救急看護奉仕隊のボランティア看護師として従軍し、第一次大戦の主戦場となった西部戦線の塹壕などで、彼女は終戦近くまで働いた。

『若者の証言』には、戦中に婚約した恋人・弟・友人たちの戦死、遺された者の悲しみや憤りが克明に記されている。第一次大戦100周年となる2014年に同作は映画化されたが（日本語題『戦場からのラブレター』）、ヴェラの伝記作家で映画の監修を務めたマーク・ボストリッジの次の言葉には、映画制作チームの『若者の証言』の理解が端的に表されている。「ヴェラ・ブリテンと彼女が愛した4人の男たちの喪失の物語は、1世紀を経た今も、第一次大戦で愛する者を失った彼らが何を耐え忍んだのかを理解したいと願う私たちみなを代弁してくれている」（Bostridge 2014: 188 傍点引用者）。彼の言葉に示されるように、映画で強調されるのは、西部戦線のフランスで負傷兵を看護するなど、従軍看護師として働くヴェラの姿である。しかし、ボストリッジが述べるような戦争遺族の代弁者というのは、『若者の証言』の真意を一部しか説明していない。そもそも看護師と言ってもヴェラは正規の訓練を受けたわけではないし、彼女の夢は常に作家になることであり、看護師ではなかった。

映画監修者が考慮していないと思われるのは、第一次大戦後の大英帝国という視点である。大戦の結果、ドイツの旧領土を手に入れることによってイギリスの領土は拡大したものの、インド独立運動（1885年のインド国民会議派の結成など）やアイルランド自治危機（1912〜1916年）に示されるように、植民地の独立傾向はすでに大戦前に萌芽がある。大戦が終わる頃には、エジプトとインドに顕著に見られるとおり、植民地におけるナショナリズムおよび独立傾向は誰の目にも明らかであった。1930年代に入ると、ウェストミンスター憲章（1931年）が成文化され、イギリス本国と旧自治領は英連邦として対等関係となり、領土縮小傾向は加速していく。このように縮小していく帝国の国内経済は「政治指導者たちにイングランドには帝国を維持する資源がもはやなくなってしまう」ことを懸念させた（Esty 2003: 37-38）。後期モダニズムにおけるイギリス文化文学を研究するジェド・エスティが指摘するのは、戦間期のイギリスの英国性への関心の高まりである。帝国が縮小するにつれ、イギリス国内では社会をナショナルに全体化する傾向が見られ、ナショナリズムという内向き傾向は（旧）植民地だけでなくイギリス国内にも見られたとエスティは説明する。つまり、『若者の証言』が執筆されたのは、英国国内でナショナリズムが強まったとされる戦間期だった。

ヴェラは生涯に複数の「証言」を出版しているが、1957年に出版した『経験の証言――1925

〜1950年の自伝的物語』で、『若者の証言』の執筆の経緯と理由を説明している。1922年に、ヴェラの戦中の経験を知った出版社が彼女に自伝の出版を持ちかけたが、彼女は、自分の経験など「凡庸」だと言って執筆を断った（Brittain 1980: 76）。彼女が考えを変えたのは1930年代の「戦争本」の流行を知った時である。レマルク『西部戦線異状なし』（1929）、ロバート・グレイヴス『さらば古きものよ』（1929）、ヘミングウェイ『武器よさらば』（1929）などの、男たちによる第一次大戦の回想録を読んだヴェラは、「なぜ若者たちは戦争に自ら行ったのか。また、女たちには女たちの戦争の物語があるのではないだろうか」と自問する。

新しい種類の自伝が流行しているが、私ももしかしたら、その発展に寄与できるかもしれない。私は自分の物語を、歴史のように事実として、ただしフィクションのように読みやすいものを書こう。そして、政府高官の立場ではなく、無名の若い女性という私の世代の立場で語ろうと思う。

（Brittain 1980: 77）

「政府高官」とは当時の英国国内の経済的・政治的指導者を指すと考えられるが、そうした人々と異なる視点で語ることが、つまりは若い女性が自らの言葉で語ることが、彼女の文学的試みであった。彼女の物語は、女性ボランティア看護師という自分の経験を語るという意味では自伝であり、同時に「妻、母（…）売春婦」（Brittain 1980: 77）など銃後の女たち、恋人や弟らの男性若年志願兵の経験をともに記録するという意味で、ジェンダー包括的で集団的な語りでもある。

イギリスがナショナルなものへと回帰する中、ヴェラは、戦争の記録と記憶としてジェンダー非対称にならない若年女性の視点を入れた。その結果、編み出されたのが「証言」という彼女独自の文学である。

3　戦間期イギリスの若年女性の課題――「すべてをもつ」

ヴェラは生涯で29冊の書籍（うち小説は5冊）を出版している。本人も小説家として認められることを望み、『若者の証言』には新たな文学的試みがあったにもかかわらず、多くの場合、同書は第一次大戦の「戦争本」の枠内にとどまり、英文学史上の存在感が薄い。なぜか。このような位置づけは戦後の英文学の制度的枠組みに起因する。戦後長らく20世紀の英文学は、モダニズムという枠組みで語られてきた。モダニズムとは西洋各国で見られる文学および芸術運動であるが、英文学におけるモダニズムとは実験的・審美的な文体が特徴とされ、T・S・エリオットやエズラ・パウンドの詩、ジェイムズ・ジョイスやヴァージニア・ウルフの小説がその古典と称えられてきた。モダニズムという図式において政治や文化を切り離して読む傾向が欧米や日本において支配的であったことは複数の批評家が認めているとおりであり、このような文学動向において、反戦を主張して、政治的事柄を時系列かつ記録的に描くヴェラの批評的著作はマイナーな文学と見なされてきた。

このような20世紀初頭文学の理解に異なる視点を与えるのが、前述のエスティによる『歳をとれない若者』（2012）という教養小説（ビルドゥングスロマン）論である。教養小説は成長小説とも訳されるが、エスティはジョセフ・コンラッド『ロード・ジム』（1900）、ウルフの『船出』（1915）、ジョイス『若き芸術家の肖像』（1916）などの19世紀末から20世紀初頭のイギリスの教養小説の若き登場人物が、成長できぬままその成長譚が中断されることに注目する。これらの作品は植民地と非植民地とが交差する場に生きる若者の成長過程を描いている。その主人公は、植民地という新たな空間に移動することによって、社会的役割が分からなくなり、そのため――19世紀の教養小説の主人公のように立身出世しないという意味で――成長できず、ゆえに永遠の若者として、帝国と植民地という「時差」のある空間でどの時間で生きていくべきかに戸惑っている。

『若者の証言』に描かれる若者たちも、ヴェラの弟や恋人が若くして戦死するように、エスティが論じる意味で、歳をとることができない存在として描かれているかのようだ。ただし、ヴェラは、男性とは異なる問題を若年女性に見ている。ヴェラが結婚するところで締めくくられる同書の婚姻関係は、同時代のイギリス中産階級女性の結婚と比較すると革新的である。政治経済学者で社会問題に関心を寄せる夫宛の手紙で、彼女は次のように述べる。

> 私にとっての（…）フェミニズムの問題はあなたにとっての経済問題です。あなたが、どうすれば人々が低収入できちんとした文化の水準を保つことができるのかを探しているのと同様に、私は、巨万の富がなくても、既婚女性が、子どもを産んだとしても、知的かつ精神的独立と自分自身のキャリアを求めることができるのかという問題を解決したいのです。
>
> （Brittain 1994: 653）

結婚前のヴェラは反戦のために、ヨーロッパ各地で国際連盟（1920年設立）を支援する国際連盟ユニオン（1920年代イギリスにおける最大の反戦組織）で講義を行い、ジャーナリズムで執筆を始めるなど、キャリアを形成し始めていた。そこで二人は別居婚を計画する。それは、結婚して最初の1年は米国の大学に職を得た夫と暮らした後に、彼女一人が英国に戻って暮らすというものだ。このようにして彼女は、夫婦別姓を選択し、「半分離れた結婚」（Brittain 1994: 658）と彼女が呼ぶ実験的な婚姻生活を始めた。

　ヴェラが仕事と子育ての両立を既婚女性の課題と考えるのには、歴史的背景がある。戦前の中産階級家庭では、子育ては乳母（ナニー）に、家事は使用人に任せることが一般的だったが、１９３０年代以降、徐々に本格化する大量生産のオートメーション化によって、それまで家事育児を担っていた労働者階級女性が工場労働や事務職へと移行する現象が中上流階級の家庭で問題視され、使用人問題として認識されるようになった（Todd 2015: 21）。家事使用人の減少を危惧する戦間期の中産階級女性は、自分たちの母世代とは断絶した家事育児を想像するほかなかった。今日、キャリアとプライベートの両立は、英語圏で「すべてをもつ（have it all）」という表現で説明され、恋愛小説の『ブリジット・ジョーンズの日記』（小説１９９６／映画２００１）などでコミカルに描かれている。『若者の証言』は、作家というキャリア志向の女性の人生を描くことによって、早くも第一次大戦直後に、結婚では物語が終わらないという既婚若年女性の課題を示しているのである。

4　無名の兼業作家

　では、既婚女性作家の障壁は何か。ヴェラはそれを男性中心の文学サークルと考えていた。

　たしか『家系図の実り』を著した米国人アルバート・エドワード・ウィガムがこんなことを書いていた。世界の識者の半分はたった１パーセントの人口から生まれてきていて、何百万とうじゃうじゃいる凡人全員に求められているのはその残り半分になるよう努力することだ、と。しかし――私が

10代後半から考えていたように――ハクスリー、ホールデン、フライ、ダーウィン、アーノルドという家に生まれることによって得られる遺伝や幼少期の環境の、数値化できないほど大きなアドバンテージを考えてみると、本当に驚くべきは、優秀と言えない残余が人類の才能の半分しか生み出していないことではなく、残余に属する人が無名から勃然と起ち上がってきたという事実だろう。

(Brittain 1994: 31)

当時の優生学的な言説の影響が感じられる説明ではあるが、ここでヴェラが「何百万とうじゃうじゃいる凡人」と対比しているのは、生物学者や作家を多数輩出したハクスリー家、イギリスの知識人サークルとして知られるブルームズベリー・グループの一人ロジャー・フライ、チャールズ・ダーウィン、有力パブリックスクールの校長を父に持つマシュー・アーノルドなど、イギリスのそうそうたるエリートである。しかし彼女は、700頁近くの長大な『若者の証言』の後半で、男たち中心の文壇で書く困難を嘆くのではなく、無名でいることの可能性を強調する。

時々、文学において高名な親戚が多数いて世襲的な地位を占めるハクスリー家の人々をうらやましく思います。(…)でも、もし実現可能だとするなら、マキャベリが言ったように「無名から」出世する方がもっとわくわくすると思います。

(Brittain 1994: 593-594)

二つの引用が示すように、ヴェラは、自らを「何百万といる無名」の一人と見なして、文壇とは無縁の家に生まれた者が作家になる可能性を追求する。その時、彼女が重視するのがシスターフッドである。

食事や掃除を除いたあらゆる時間は、精力をかけて仕事に費やされた。何時間も何週間も延々と続けて私たちは、鼻を赤くして寒さに縮こまり、点滅を繰り返す居間の灯りの下にあるガスストーブの側で、自分たちの小説の最終稿を校正する合間を縫って、スピーチ原稿を書き上げ、授業の準備をして、子どもじみたエッセイを推敲し、そして投稿先のあてのない文章を何本も何本も書いた。表層的には、快適とは言いがたい生活だったけれど、それまで知らなかった居心地の良さを私は実感していた。というのも、私は生まれて初めてプライバシーという贅沢を知ったのだから。それは、誰にも管理も邪魔もされることなく自分が望むとおりに出かけるという穏やかな幸せだった。(Brittain 1994: 546)

結婚前のヴェラは、従軍ボランティアを志願した大学の学友ウィニフレッド・ホルトビー(1898～1935)と、作家になることをともに夢見て共同生活をしていた。戦前であれば、中産階級の未婚女性が付き添いもなしに移動することなど考えるべくもなかった。彼女が実現したのは、移動どころか作家を志す親友と暮らすという自由である。そうした暮らしの価値をかみしめながら、ヴェラが『若者の証言』の最終章で提示する作家像は、アルバイトをこなし、女友だちとつましい共同生活を送りながら執筆する兼業作家である。「ウィニフレッド、私はあなたと長期間離れるような暮らしは絶対にしません」(Brittain 1994: 658)。結婚直前にこのように述べた彼女は、夫を米国に残して英国で子育てをしながら、ホルトビーとともに執筆活動を続けた。二人の共同生活が終わったのは、『若者の証言』出版の2年後、ホルトビーが若くして病死したためだった。

既婚未婚を問わず、名門の家に生まれなかったとしても教育を受け、女たちがともに切磋琢磨しながら執筆し続ける兼業作家。これが『若者の証言』においてヴェラが探求した20世紀の女性作家像である。

5 むすびにかえて

20世紀初頭のイギリス女性が希求した『若者の証言』という解放物語は、保守的な中産階級の家庭から大学へ、ナショナルな空間から西部戦線へ、戦後は大西洋を越え、移動を繰り返しながら語られた。その語りの帰結は、プライベートとキャリアの両立というグローバル・ノースの女たちにつながる課題を示している。ヴェラの物語はイギリス以外の読者にとっては見知らぬ地の見知らぬ誰かの物語だろうし、彼女が見たのは、自らの意志で移動できるだけの財力を持つ旧宗主国の中産階級の異性愛女性の夢であるという意味で限定的な夢だったかもしれない。そもそも「すべてをもつ」など、世界的にみれば経済的特権を受けている者のみの夢だろう。旧植民地の独立は認識していたとしても、グローバル・サウスの女性たちとその夢を共有する未来を、書き手が想像していたかどうかも疑わしい。

しかし、無名の兼業作家というヴェラの夢は抑圧的な家庭への反発だけでなく、反戦を経由して自覚されたナショナルなものへの抵抗であった。また、彼女の「証言」という文体は自己と他者の経験をともに語ることを目指してもいた。キャリアの成功が個人の経済的成功の夢にすり替わったかのように思える今日、グローバル空間を生きざるを得ない私たちにとって、「すべてをもつ」という現代の課題を、フェミニズムだけでも反戦だけでもなく両者の文脈で歴史的に読み直すことは、今もなお意味あるものなのではないだろうか。

＊本研究はＪＳＰＳ科研費19K00403の助成を受けたものである。

歴史のプリズム5

異教徒への伝道を夢みて

山口みどり

はじめに

聖書を学んできた人ならば、ラクダとすれ違えばきっとうれしくてゾクゾクするでしょう。ラクダは貴い説話やたとえ話によく出てきますし、アブラハムやイサクやヤコブともかかわりがあるのですから。（Whately 1863: 8）

1856年の冬、イギリス人女性メアリ・ウェイトリー（1824〜1889）は転地療養のためにエジプトを訪れ、初めて見るラクダの姿に長旅の疲れを忘れるほど感激した。彼女は同行した友人にこうささやいたという――「見て、ラクダよ。私たち、本当にアフリカにいるのよ！」（Whately 1890: 17）。信心深い彼女が、憧れの聖書の世界に足を踏み入れたことを実感した瞬間であった。もちろん、エジプトは人口のほとんどをムスリムが占めるイスラームの国であり、当時の記録ではキリスト教徒（コプト教徒）は5パーセントに過ぎない（"The New Egypt Mission" 1883: 37）。しかし聖書には「約束の地カナンを除けば、エジプトほど頻繁に言及されている場所はない」（Whately 1879: 33）のだ。カイロで半年静養したのち、メアリは聖地エルサレムへの巡礼を果たし、帰途についた。

数年後、メアリは再び健康を害してエジプトに舞い戻り、静養の傍ら貧しい少女たちのための小さな女子校を始めた。そして30年後、カイロに骨を埋めた彼女は「イスラームのまさに心臓部に到達し、エジプトのムスリム家族に福音を植え付けた最初の伝道団」（Whately 1890: 149）と評されることになる。異教徒への伝道――イギリスで独身女性の海外伝道が依然タブーとされていた中、メアリは憧れの地でこれを追求したのだ。

キリスト教徒の対立の中で

　メアリ・ウェイトリーの活動の源流は、幼少期にさかのぼることができる。イングランド国教会（アングリカン・チャーチ）の司祭でオックスフォード大学教授でもあったメアリの父親リチャード・ウェイトリーは、１８４９年、アイルランドのダブリン大主教に任命された。人口の大半をカトリック教徒が占めるアイルランドにあって、プロテスタントのアングリカン・チャーチは「国教」の位置づけ（１８７１年まで）にあった。激しい対立の渦中で、ウェイトリー大主教は両者の融和に心を砕いた。ウェイトリー夫妻は貧しい隣人に食べ物を分け与えるよう子どもたちに促し、自宅敷地内に建てた学校では、妻と子どもたちも教壇に立った。１８４０年代後半、貧しいアイルランド人の主食であったジャガイモの大飢饉が起こると、家族は飢えた民を救うために力を尽くした。

　しかし救済に奔走する中、家族はしだいに分裂し始めた。ウェイトリー夫人と娘たちは、反カトリック色を強め、カトリック教徒のプロテスタントへの改宗を目的とする「アイルランド国教会伝道団」に加わったのだ。アイルランド国教会の一部の聖職者らが１８４９年に設立したこの団体では、イギリス本土からの多額の寄付を元手に大規模な救済活動が繰り広げられていた。例えばウェイトリー姉妹は貧民学校や孤児院の運営を担当したが、これは子どもたちに聖書を教えることで、個人が直接聖書を解釈することを嫌うカトリック教会から引き離そうとする取り組みであった。

　もちろん、大主教はこの伝道団に反対の立場にあった。一方で、アイルランド国教会伝道団への参加は、ウェイトリー家の女性たちに「より直接に他人の魂に触れる」（Whately 1890: 15）

経験を与え、宗教的な覚醒をもたらした。女性の聖職叙任が認められていない中、カトリック教徒への布教は、彼女たちにとって貴重な霊的経験を与えるものであったと言えよう。

この伝道団でアイルランドを揺るがすスキャンダルが表面化したのは、1850年代半ばのことである。一部の地域で、プロテスタントへの改宗を施しの条件とする行き過ぎた活動が見られたというのだ。「スープ改宗（スーパリズム）」と呼ばれるこの行為は、アイルランド社会に深い傷を残すことになったが、大主教ウェイトリーも伝道団への家族の関与を糾弾され、苦しい立場に立たされた。活動の疲れにストレスが加わったのだろう。家族は次々と病に倒れた。大主教は左半身の麻痺に苦しみ、メアリは胸を患った。そして1860年、妹と母は相次いで他界した。看病で体を壊したメアリは、傷心のうちに再びエジプトへ渡ったのだった。

異教徒の中へ

異教徒への伝道活動は、家族の苦悩と宗教的信念の葛藤の中でメアリが出した答えだったのだろう。カイロに居を構えた彼女は、それまでのイギリス人宣教師が力を注いだコプト教徒ではなく、貧しいムスリムの少女を対象とした学校を設立しようと努力した。これは当時のエジプトでは、例のない試みであったという。当時のエジプトでは、富裕層を除き教育への関心が低かったうえ、キリスト教徒はイスラームで禁じられた「絵画や十字架、図像を拝む人、あるいは飲酒ができる人」（Whately 1890: 97）として蔑まれる存在でもあった。メアリは周囲の反対を押し切ってこれに挑んだのだ。

メアリの処女作『エジプトにおける貧民の暮らし』（1863）は、シリア人キリスト教徒の女性と13歳になるその娘を助手に、メアリが学校を立ち上げる様子を生き生きと描くが、そこには彼女の――そしてイギリス人読者たちの

——人種的・宗教的優越感も仄見える。好奇心から集まってきたエジプト人ムスリムの少女たちを前に、メアリはさっそく授業を始めた。

> 一人ずつ名前を聞き、あなたの創り主は？と尋ねました。年長の子どもたちは「アッラー」と、小さな子どもたちの何人かは「ムハンマドです」と答えました。
> （Whately 1863: 52）

聖書の暗唱で始まり、アラビア文字の学習、讃美歌の練習、そして裁縫という日課は、おそらくアイルランドの学校での取り組みをそのまま移し替えたものだろうが、文字を学ぶ利点を知らない少女たちには、退屈なばかりだ。ところが裁縫の時間になると、空気は一変した。小さな指ぬきをもらった少女たちは嬉々として裁縫に取り組んだ。これを目当てに来ていたのだ。

メアリ・ウェイトリーの女子校　［Whately 1863］

> 実は子どもたちは午前中何度も〔アラビア文字の〕カードを投げ捨て「縫い物！　縫い物がしたいの！」と叫んでいたのです。少女たちはイギリスの針とハサミに大喜びで、外

人が子どもたちに何をするつもりか監視するためにやってきた何人かの母親とお姉さんたちも、しきりに針とハサミを使ってみていました。

（Whately 1863: 52-54）

生徒数は着実に増加し、ほどなく男子部も設立された。設立8年後の1869年、スエズ運河開通式に出席したイギリス皇太子夫妻は彼女の学校に足を運び、その進言により、メアリは時のヘディーヴ（副王）イスマーイール・パシャから事業拡大のための用地を与えられた。その地にメアリは学校と病院を建設している。学校は、男女生徒数それぞれ数百名の規模に成長し、病院では年間3000人が治療を受けたという。当時刊行されたブリタニカ百科事典第9版の「カイロ」の項目には、「イギリス人がとくに関心を寄せる」観光スポットとして「アッバースィーヤ通りのミス・ウェイトリーの施設」が挙げられている（"Cairo": 646）。

教育や医療は伝道を行う糸口となった。メアリは学校活動を通し、生徒の家族にも布教する足掛かりを得たのだ。ムスリムの家庭は――女性であっても――外国人が容易に入っていける場所ではなかったが、メアリは子どもたちの教師として招き入れられた。一方病院では、メアリは毎朝順番を待つ患者の間に座って聖書を読み聞かせ、教えを説いた。

メアリはさらに、ベドウィンにも布教したことで知られる。『エジプトにおける貧民の暮らし』には、エジプトに来て日が浅いメアリが、冬の砂漠で一群のベドウィンと心を通わせた経験が綴られている。隊から遅れた老人を保護したメアリ一行は、気がつくとベドウィンの一団に囲まれていた。家族の情に厚いベドウィン女性は、メアリが家族を亡くした話に眼を潤ませ、深い同情を示した。メアリはまだ拙かったアラビア語で神の国での再会の希望を語り、アラビア語聖書を取り出してエジプト所縁の預言者モーセについて会話を交わしたのだ。この経験は、「長く忘れられていた砂漠のアラブ人」にも布教が可能だと考える基盤となった。メアリはのちに自らナイル川を船で移動し、ベドウィンにアラビア語聖書を配布した。

しかし1881年、メアリの活動は一時休止を余儀なくされた。オラービー革命（1879～1882）の最中もメアリらはカイロに踏みとどまっていたが、とうとう退避勧告を受けたのである。満員の避難船に飛び乗り、メアリらは這う這う（ほうほう）の体（てい）でエジプトを脱出した。しかしエジプトがイギリス軍に制圧されると、メアリはすぐにまたカイロに戻ってきている。このの ち、増加するイギリス系やヨーロッパ系住人の子女、さらにはそれまで教育から排除されていた東方系ユダヤ人女性もメアリの教育対象に加わった。

実のところ、こうして大成功を収めた教育、医療活動を含め、30年間のメアリらの伝道生活で改宗した者はほとんどいないという。学校では、生徒たちが互いの宗教を非難したり、嫌がらせをしたり、同じ宗教で固まって行動したりすることが禁じられていた。また、改宗を申し出た者があった場合も、危険を考えて慎重に伏せたという。メアリは自分の宣教活動を「種蒔き」にたとえ、収穫は神の手にゆだねたのだ。

おわりに――「女性宣教師」という「収穫」

こうしたメアリの活動は、父ウェイトリー大主教にも受け入れられた。大主教はメアリからの手紙を心待ちにし、それを出版するように勧めた。それが『エジプトにおける貧民の暮らし』をはじめとする一連の著書である。そこには、それまでイギリスでは知られていなかった、貧しい異教徒の暮らしが綴られた。1863年、死の床にあった大主教は、メアリに自分の金のペンを与え、その活動を祝福したのだった。

メアリの蒔いた種は、あるいはこの執筆活動を通し、イギリスで実を結んだのかもしれない。メアリの手記は、宣教協会の報告書における記述では抜け落ちてしまう下層民の生活の細部を丹念に描き、海外伝道における女性のあり方を具体的に示すことで、本国の女性——とくに家庭役割を持たない独身女性——に手の届く夢として伝道という生き方を示したのだ。多くの宣教協会が、ムスリムやヒンドゥー女性への布教手段として女性宣教師の組織的派遣に踏み出したのは、ちょうどこの頃である。19世紀末には女性宣教師は世界に渡ったイギリス人宣教師の半数を超え、教師や看護師、あるいは医師として宣教運動の「新時代」を動かす原動力となっていた。メアリ・ウェイトリーは、その先駆けとなった女性の一人として記憶されている。

＊本研究はＪＳＰＳ科研費21K00812の助成を受けたものである。

歴史のプリズム6

植民地主義・性差別と闘ったエジプトの女性教師

千代崎未央

下エジプト、ナイルデルタの都市ザガージーグで生まれたナバウィーヤ・ムーサー（1886〜1951）は、女子教育の先駆者として著名な人物である。彼女は各地の女子学校や女性教師訓練学校に勤めながら、新聞・雑誌記事の執筆や女性の地位向上のための活動に従事する。そしてエジプト人女性として初めての校長となり、後には自ら女子中等学校を創立する。同時代の女性の知識人や活動家が裕福な家庭の出身であったり、上流階層の夫がいたのに対し、中流階層出身で生涯独身であった彼女は、自身の教育と職業のキャリアで知識人層に加わり、活躍した。

世界各地に女子教育の先駆者とされる女性が存在するが、19世紀末以降イギリスの支配下に置かれていたエジプトでは、ナバウィーヤは現地の女性差別だけでなくイギリスの植民地主義とも闘わなければならなかった。第一次世界大戦後、民族自決を求める世界的潮流の中で、エジプトでもイギリスからの独立を目指す全国民的蜂起が国内全土に広がった（1919年革命）。その翌年に出版されたナバウィーヤの著書『女性と労働』には、ナショナリストとしての彼女の立場が明確に示されている。エジプトをどのように改革すればイギリスから独立できるかという問題意識は当時のエジプト人の多くに共有されており、女子教育はその手段の一つと見なされていた。そうした中でナバウィーヤの独自性は、女性のための高等教育と女性が働くことの必要性を強く主張した点にある。

20世紀前半のエジプトの女性運動の指導者としては、上エジプトの大地主の娘であり、独立運動の指導的役割を果たしたワフド党の創設メンバーの妻でもあったフダー・シャアラーウィー（1879〜1947）が知られている。西洋の女性たちと交流があり、ヴェールを脱ぐことを女性解放の一つとして重視していたことから「西洋志向的フェミニスト」と批判されることもあるが、エジプトの独立運動において中・上流階層の女性たちのデモや署名活動を主導するなど、フダーも植民地主義と闘った。シオニズムによる侵略が明らかとなった1938年には、パレスチナ支援のための「東洋女性会議」をカイロで開催するなど、国内だけにとどまらない女性たちの反植民地主義運動を率いている。

1923年の「国際女性参政権連盟」のローマ会議への参加や、女性組織を設立するなど、ナバウィーヤとフダーは活動をともにしていた。しかし後述するように、1919年革命時の行動や『女性と労働』の主張など、二人の間には出身階層や体験から来る違いもあった。

ナバウィーヤの父親は陸軍将校であったが彼女が生まれる前にスーダンで亡くなった。母と兄とナバウィーヤは、兄の学校のためにカイロで暮らすようになるが、夏休みはカイロの北にあるカルユービーヤー県の農村で過ごしていた。兄の影響で学問に興味を持った彼女は初等学校に進学し、さらに上の学校に行くことを望むが、家族や親族の反対に遭う。しかし、彼女は家族に内緒で入学試験を受け、教師養成プログラムのある学校に進学した。

ナバウィーヤは教師養成プログラム修了後に初等学校の女子部の教師となるが、同僚の男性教師との間に賃金格差があることを知り、格差を解消するためにバカロレアの試験を受けることを決意する。当時の教育省のイギリス人顧問であったダグラス・ダンロップに妨害されながらも試験を受け、1907年にエジプト人女性として初めて合格した。著名なジャーナリスト

ナバウィーヤ・ムーサーの回想録的著作『我が筆による私の歴史』表紙

であったコプト教徒のサラーマ・ムーサーは、回顧録の中でナバウィーヤのバカロレア合格を「陰鬱な時代を照らす何筋かの光の一つであった」と記している（Musa 1961）。

中東近代女性・ジェンダー史研究者のマーゴット・バドランはナバウィーヤの自伝から、女性教師あるいは校長として、彼女が植民地主義と女性差別の両方に直面したことを明らかにしている（Badran 1995）。

１８３０年代以降、エジプトではイギリスやフランス、アメリカのミッションスクールが創立され、多くの外国人女性が教えていた。また植民地体制下の公立学校では、教師や校長は外国人（主にイギリス人）男女とエジプト人男性に限られていたが、そこにナバウィーヤが参入したのである。例えば、アラビア語教育は宗教的知識を持つ男性のみが担っていたが、ナバウィーヤは１９０６年に公立の女子学校でアラビア語を教える初の女性教師となった。このことでナバウィーヤは、男性教師らから自分たちの職を奪う者として敵視されるようになる。女子教育の継続には多くの障害があることを理解していた彼女は、エジプト人からは自分と女子学校が不道徳であると見なされないように、イギリス人からは反イギリスと見なされないように慎重に振る舞ったのである。

１９１９年革命時、フダー・シャアラーウィーらは女性によるデモ行進を呼びかけ、カイロの外からも女性たちが駆けつけた。女子学生や農民女性など、さまざまな階層の女性が各地で独立運動に参加し、イギリス軍の発砲により亡くなった女性もいる。

この時期、ナバウィーヤは地中海岸の都市アレキサンドリアで女性教師訓練学校の校長をしていたが、生徒や教師たちにはデモやストライキに参加しないように呼びかけている。エジプトにとって必要なのは学校でストライキを行うことではなく、教育を広めることであり、植民地体制に学校閉鎖の口実を与えないようにしたと、自伝に記している。学校の閉鎖や自らの職を失うことを強く警戒するのは、植民地主義の権力にさらされ続けた経験と、自ら働く必要のあった彼女の階層が反映されている。そのことは、革命の高揚期に出版された『女性と労働』にも表れている。

ナバウィーヤは著書で以下のように主張する。世界各地の女性たちの歴史を見れば、女性の地位と民族・国家の状況はつながっていることが分かる。エジプトの状況を改善するためには女性に教育を与えることが重要であり、また、男性保護者が不在の場合もあるため、女性は自ら生計を立てるために働く必要がある。エジプトの男女の間に、あるいは西洋の女性とエジプト人女性の間に知性の差があるのは、教育や労働の経験に差があるからである。

ナバウィーヤはエジプト人女性に教育や労働の機会を与えるべきだと主張したが、そこには、宗主国で女性たちが教育や労働の権利を求めて闘ったのとは異なる背景がある。例えば、外国人女性たちが運営する女子学校ではエジプトの歴史やアラビア語、宗教は教えられず、エジプト人としての誇りや愛国心が育つことはない。しかし、エジプト人女性教師であれば民族の発展を導くような適切な教育ができる。また、外国人女性たちに代わってエジプト人女性がさまざまな分野で働くようになれば、そうした職業に従事している外国人女性に賃金を支払う必要がなくなる。

このようにナバウィーヤにおける女性の教育と労働は、単に女性の個人的な権利としてだけでなく、愛国心の育成や労働の民族化など、エジプト全体の改革と結びついたものとして主張されているのである。

一方、教育を受ける対象がエジプトの全階層ではないことにも彼女の主張の特徴がある。民族は一つの身体であり、頭に当たる指導者層に高等教育が与えられれば、民族全体が良い方向に向かう。農民や大衆には教育は必要ないとし、裕福な人々は大衆への初等教育や貧困層の支援に関心を持つのではなく、指導者層のための高等教育に尽力すべきだと彼女は主張している。

前述のようにナバウィーヤはカイロに住んでいたが、休暇中は農村で過ごしていた。『女性と労働』の中では、農民女性について、男性と同等に働き、尊敬されており、顔を覆わなくとも慎み深い女性たちだと記述している。また、女性には働く能力がないと主張する男性知識人に対して、すでにエジプトには物売りやイギリス軍の洗濯人など、重労働をする女性たちが存在していると反論する。また、こうした女性たちが過酷で性的搾取に遭いやすい状況にあることを問題提起している。彼女は農村や都市で働く女性たちの実情を把握していた。

ナバウィーヤの主張の背景には、当時の植民地体制、女性差別、階層問題が交差するエジプトの歴史的状況がある。植民地体制下の教育制度は不安定で金銭的制約があった。そのことを熟知し、自ら生計を立てていたナバウィーヤには、自分も含む指導者層への高等教育こそが現実的な優先課題であった。

ナバウィーヤが創立した学校には、後に国内外で有名になる医師でフェミニスト作家のナワール・サアダーウィー（1931〜2021）が入学している。ナワールは自伝で、ナバウィーヤは非常に高圧的であったと厳しく批判している（El Saadawi 1999）。２００５年に筆者がナワールに電話で話を聞いた際にも、ナバウィーヤは裕福な家庭出身の少女たちを優遇し、差別主義者で独裁者のようだったと話していた。

エジプトでは１９２９年に女性の大学入学が許可され、ナワールの世代の女性たちは大学に進学し、高等教育を受ける権利を享受する。一方、エジプトは１９２２年に名目上の独立は果たしたものの、継続するイギリスの軍事占領体制や国内の階級的矛盾に対して社会主義・共産主義潮流が強まっていく。こうした運動に参加したナワールにとっては、直接に差別的な待遇を受けたこともあり、ナバウィーヤは模範とすべき先駆者ではなく打ち倒すべき支配階級を体現していたのかもしれない。ナバウィーヤに対するナワールの批判から、エジプトのナショナリズムやフェミニズムが次の段階に移行したことが分かる。

ナバウィーヤは１９２４年に教育省の女性教育監査官になるものの、１９２６年に同省の高官を批判したことで辞職を余儀なくされた。しかし前述のように私立学校を創立し、経営者となる。さらに１９３７年には雑誌『若き女性』を創刊するが、１９４２年２月にイギリス軍がエジプト王宮を包囲し内閣を交代させたことに抗議して逮捕・投獄され、公の職からは退くこととなった。

彼女は教育を受け働き続けたエジプトの第1世代の女性であり、キャリアの最初から最後まで女性差別、植民地主義と闘った。このような生涯を送ったナバウィーヤは、やはり被植民地のフェミニストとして、ナワールら次世代の女性たちの道を切り拓いた一人であると言えるであろう。

第6章

農民運動女性指導者の愛と闘争の人生

長沢栄治

1　近代エジプト女性活動家の群像
――リベラル・フェミニズムから国家フェミニズムへの流れの中で

シャーヒンダ・マクラド（1938～2016）は、1952年エジプト革命が作り出した政治の激流の中に身を置き、同志であった夫の死を乗り越え、農民運動の指導者として一貫して闘争の道を歩んだ。彼女は、百年に及ぶ近代エジプトの女性活動家の歴史の中で、一つの時代を代表する活動家であった。彼女の闘争の人生の紹介に入る前に、まず彼女がこの「女性たちの百年」の歴史の中でどのような位置づけを与えられるのかについて、最初に解説をしておきたい。

近代エジプトの女性運動については、本シリーズ第2巻（鷹木恵子編『越境する社会運動』）において後藤絵美がすでに概観を示している（後藤 2020）。また、ライラ・アハメドの『イスラームにおける女性とジェンダー』（2020）でも紹介があることから、以下では運動の担い手であった女性活動家の出身階層や思想の特徴に注目して、世代別の整理を試みてみよう。

　エジプト人女性が近代的な政治運動に本格的に参加し、また同時に女性運動の出発点ともなったのが、1919年革命である。この革命は、第一次世界大戦直後に、エジプトの独立を求めて立ち上がった民衆運動であった。この運動ではヴェールを着けた女性がデモを組織し、参加した女子学生の中には英軍の弾圧による殉難者も出た。こうした1919年革命への女性の参加を代表する人物が、近代エジプト・フェミニズム史上、最も著名な活動家、フダー・シャアラーウィー（1879～1947）である。大地主で有力な政治家の娘であった彼女は、若くして父の一族の従兄に嫁ぐが、この夫が独立運動（ワフド運動）の主要な指導者であったことから政治の表舞台に出ることになった（長沢 2019a）。革命後の1923年には、エジプト最初の女性運動組織、エジプト・フェミニスト連合を結成し、家族法の改正など女性の地位向上を求める運動を続けた。さらにアラブ諸国のフェミニズム運動の組織化にも努力したという（アラブ連盟が結成された同じ1945年にアラブ・フェミニスト連盟を設立）。フダー・シャアラーウィーと同世代のフェミニスト知識人・活動家としてはマラク・ヒフニー・ナースィフ（1886～1918）やナバウィーヤ・ムーサー（1886～1951）が知られている（ナバウィーヤについては本書のコラム〈歴史のプリズム6〉を参照されたい）。

　以上の1919年革命に始まるリベラル・フェミニズムの運動は、新世代のさらに急進的な指導者、ドリヤ・シャフィーク（1908～1975）によって引き継がれていく。ソルボンヌ大学で博士号の学位を取得して帰国した彼女は、1945年に『ナイルの娘（ビント・ニール）』誌を創刊する。さらに同じ名前の新組織「ナイルの娘連合」を結成したが、これはフダー・シャアラーウィーの死の翌年1948年のことだった。彼女の名を一躍轟（とどろ）かせたのは、1951年2月にエジプト・フェミニスト連合とナイルの娘連合の2つの組織のメンバー1500名を率いて、議会に対し女性の社会的政治的権利を要求する示威行動をとったことである。裁判沙汰となったこの戦闘的行動は、イギリスのサフラジェット（19世紀末から20世紀初頭の過激な女性参政権要求運動）を想起させるものだった。

しかし、ドリヤが目指した女性解放の道は、1952年革命後に成立した専制的なアラブ社会主義体制によって行く手を阻まれる。その背景として考えなければいけないのが、まさに彼女が運動を展開した時期に、立憲王制下のリベラルな政治体制を否定する新しい政治勢力が台頭してきたことである。大衆的動員力を誇ったムスリム同胞団と、大学生や知識人の間に勢力を拡大した共産主義運動である。

ムスリム同胞団系の女性活動家としては、ザイナブ・ガザーリー（1917〜2005）が著名である。彼女はムスリム婦人連合を結成したが、ナセル時代には長期の投獄を経験した（彼女が代表する「イスラーム主義フェミニズム」については前掲の後藤 2020を参照）。一方、後者の左派の女性活動家としては、ラティーファ・ザイヤート（1923〜1996）とインギー・アフラートーン（1924〜1989）が代表的である。二人ともファード1世大学（後のカイロ大学）で学び、1945年には「大学専門学校女子学生連盟」という女子学生の運動組織を結成している。ただし、ナセル政権による共産主義運動弾圧の後、二人とも活動から身を引き、ザイヤートは作家として（代表作は『開かれた扉』英訳（al-Zayyat 2000））、アフラートーンはシュールレアリズムの影響を受けた画家として活躍した。

これらの新しい世代の女性活動家は、リベラル・フェミニズムの旗手、ドリヤ・シャフィークの活動に対し批判的であった。ドリヤは、2回にわたるハンガー・ストライキにより、ナセルが進める強権的な上からの改革政策にまさに体当たりで抵抗した。1回目の1954年4月は、革命後の新憲法制定に女性が関与していないことに抗議し、2回目の1957年2月は議会政治を否定するナセルの専制体制を批判するものであった。しかし当時、1956年7月のスエズ運河国有化などにより、ナセルは大衆的人気の絶頂にあった。ナセル体制を支持する女性たちの中には、ドリヤの行動を、親欧米的で民族を裏切るものだと非難する人も数多くいた。左派の女性活動家によるドリヤ批判は、同時期、自らは苛烈な弾圧に遭いながらも、ナセルによるアラブ社会主義体制の支持に回った男性活動家たちと相似形をなしていたと言えるかもしれない（長沢 1990, 2012）。

ナセルの新体制は、女子教育の進展、女性労働者の保護や母子衛生など、いわゆる国家フェミニズムによる一連の上からの改革政策を実施していく。1956年の新憲法は、事前登録制などの制限はあったが初めて女性の参政権を認めるものだった。しかし同じ年に、エジプト・フェミニスト連合は解散させられ、官製の慈善団体となり、フダー・シャアラーウィー協会と改称された。ナセルはあらゆる社会運動の統制を強化し、1964年第32号法（社会団体法）により、女性団体などNGOの活動は厳しく規制されることになる。こうした動きの中で、1957年『ナイルの娘』誌は廃刊に追い込まれ、ドリヤ自身も自宅軟禁の状態に置かれるようになる。絶望の中、カイロの高級住宅地区、ザマーレクの自宅アパート6階のベランダから彼女が墜落死を遂げたのは、1975年9月のことだった。

さて、フダー・シャアラーウィーに始まる各世代の女性活動家の多くは、カイロやアレキサンドリアなど都市の中上流家庭の出身であった。これに対し、1952年革命後の時期になると、地方・農村部の中下層の庶民階級出身の女性活動家・知識人の世代が登場する。彼女たちの多くはマルクス主義の影響を受けていた。その最も著名な活動家は、1931年生まれのフェミニスト作家ナワール・サアダーウィーであるが、本章で取り上げるシャーヒンダ・マクラドも同じ世代に属する。彼女たちは、同じく左派の女性活動家であった1世代前のラティーファ・ザイヤートやインギー・アフラートーンとは、出身階層の点で明らかに異なる。これは1952年革命後の知識人の社会階層的背景の変化、いわば「出自の大衆化」という現象の一部であったと言ってよい。

2021年3月に89歳の生涯を閉じたサアダーウィーについては、『イヴの隠れた顔――アラブ世界の女たち』(サーダウィ 1988)など邦訳も多いので詳しく説明する必要はないであろう。彼女は、ナセルのアラブ社会主義体制や国家フェミニズムに対し、両義的な態度をとった。地方の庶民階級の女性に対し教育の門戸を開いたことなどには一定の評価をする一方、欺瞞的な社会主義体制に対しては、根強い家父長制の残存を厳しく批判した。これから紹介するシャーヒンダ・マクラドの例に示されるように、彼女たちは、地方の庶民階級の出身であるがゆえに古い社会のしがらみとの葛藤を抱えながら、またマルクス主義者として社会解放の理想を追求する活動の中で、ナセル体制の持つ明暗の両面に向き合うことになった。

2 闘争の人生の始まり――父の教えとサラーハへの恋

シャーヒンダ・マクラドは、1938年11月18日に、警察士官アブデルハミード・マクラドの長女としてナイル・デルタの中心都市タンターで生まれた。父の出身地であるデルタ南部のムヌーフィーヤ県カムシーシ村は、「封建地主」フィキー一族に対する農民の闘争が長く続いていた。彼女がこの農民運動に初めて接し、またそれがパレスチナ問題と共通点があることを学んだのは、父からだった。1948年の春、まだ9歳のシャーヒンダは、父方の従兄(伯母の息子)のサラーハ・フセインがパレスチナ戦争に義勇兵として参加した話(おそらくエジプト軍に編入されたムスリム同胞団部隊に所属したのであろう)に興味を覚えた。同時にカムシーシ村での農民闘争の話も聞いていた彼女は、父に次のような質問をした。

「なぜ、サラーハはパレスチナに行ったの？　シオニストって何？　植民地主義って？　……フィキー一族というのは、イスラエルなの？」父は答えた。「そうだ。イスラエル人も奴らも同じだ。それぞれがパレスチナ人の土地を盗み、農民の土地を盗んでいるからだ。」この父の答えは、パレスチナ問題についてのエジプト農民の理解を示していて興味深い（長沢 2019b）。

父は、1919年革命を率いた民族主義政党、ワフド党の熱烈な支持者だったが、1952年7月、自由将校団のクーデタが起きるや、警察の規則を破ってカイロの革命政権に祝電を送って歓迎した。さらに続いて実施された農地改革（同年9月）は、カムシーシ村の農民運動を勢いづけた。しばらくして地元のシビーン・コム高校に進学したシャーヒンダは、村の運動指導部と南部のバニー・スエフ市に転勤していた父との連絡役を務めることになった。ある日、村の指導部が発行した「農民たちよ、土地を〔鍬で〕耕（タシュック）すように、なぜ鍬で抑圧者（ザーリム）を粉砕（タシュック）しないのか」というビラを父に届けに行った。その時「お前は知らないうちに大人になっていたんだね」と言われ、父に認められたうれしさを噛みしめたという。

シャーヒンダは、高校時代にアブラ・ウィダード・ミトリー（1927〜2007）という女性教師に大きな影響を受けた。彼女は、前掲のザイヤートやアフラートーンの後輩に当たり、フアード1世大学を1952年に卒業後、7年ほど高校教師をしていた。学校の同僚から「共産主義のウィダード」と噂されていた彼女から、エンゲルスの『家族、私有財産および国家の起源』を借りて読んだが、一文字も理解することができなかった、と回想している。しかし、この出会いが、後に夫となるサラーハと思想的な基盤を共有するきっかけになったのは確かなようである。その後、二人はエジプト共産党に一緒に入党したという。

そしてちょうどこの時期に、シャーヒンダは、村の農民運動に加わっていたサラーハに対し、はっきりした恋心を抱くようになる。男女交際の問題について厳しい姿勢を見せる父に対し、ある日、サラーハが好きだと告白する。女性の教育や自立について理解のあった父は驚いたものの認めてくれた。しかし、母親ラーキヤは猛反対だった。逮捕ばかりされている男との結婚なんて御免だと言って、ある警察士官との縁談を押しつけてきた。その頃、父はシャーヒンダへの手紙の中で次のように述べた。「我が親愛なる娘よ、大小に関わらずすべてについて神を畏れよ。しかし、自分の考えを貫くためには怖いと思うことであっても身を隠すことなく正々堂々と行え。」

しかし、理解者だった父はそれから間もなく、この言葉を彼女に遺して、病気で急死する。そして母から、父の死による生活の不安を訴えられたシャーヒンダは、とっさに警察士官との結婚を承諾してしまう。その頃のサラーハは、ナセル暗殺未遂事件（１９５４年10月）後、事件に関与したムスリム同胞団への弾圧が続く中で嫌疑をかけられ投獄されていた（おそらくパレスチナ戦争時の義勇兵としての経歴から疑われたのであろう）。しかし、２年後、彼が釈放されると、シャーヒンダはすぐに彼と再会し、警察士官との結婚契約を解消して一緒になろうと誓いあった。だが、もちろん母親もまた夫もそれを認めてくれるわけがない。しかし、「服従の家（バイト・ターア）」（夫が妻を家の中に拘禁できるイスラーム法で規定された制度）に押し込めるぞ、と言われても屈しないシャーヒンダを見て、母親は、こんなに強情なのはきっと黒魔術をかけられているからだ、と心配になった。そこで黒魔術祓（ばら）いのため、娘をカイロの下町のシャイフ（イスラームの霊能師）のところに送った。ここでシャーヒンダは機転を利かせた。黒魔術祓いの護符や祈禱文の効き目が表れるまで、夫が訪ねて来ないように母親たちを説得してほしいとシャイフに頼み込んだのである。

こうして夫の支配から解放されて高校に復学した彼女は、女性教師ウィダードが組織した活動に積極的に参加していくことになる。1956年10月にスエズ戦争が勃発すると、ウィダードが結成した「民衆的抵抗のための女性委員会」に参加し、軍事訓練や看護のボランティア活動に従事した。サラーハも同時期、村の青年たちを組織して運河地帯で侵攻した英仏軍に対する抵抗闘争に参戦している。また、1956年憲法によって女性が初めて参政権を得た国民議会選挙が、1957年7月に実施された時には、ミトリーの指導のもと、彼女はシビーン・コム市の庶民地区の女性たちの選挙登録の支援活動を行ったという。

3　夫の死を乗り越え、解放の道を進む

このように水を得た魚のように活発な活動を続けていたシャーヒンダに、ある日、朗報が届いた。1957年3月、とうとうしびれを切らした警察士官の夫が結婚契約解消の書類を送ってきたのである。しかし、ほっとしたのも束の間、しばらく経つと母親は別の縁談話を持ちかけてきた。断ると、母からは「シャーヒンダを百の肉片に切り裂いて、犬たちに食わせてしまうよ。その一切れはサラーハにもあげるよ」と激しい言葉が返ってきた。それから間もなく、シャーヒンダは、母親の目を盗んで家を抜け出し、アレキサンドリアに住むサラーハの許へ走る。その時、何はなくとも結婚のために必要な出生証明書だけは持って逃げたという。彼女を優しく迎えたサラーハは、親族の男や友人に頼んで証人になってもらい、近くのマアズーン（結婚登記人：本シリーズ第1巻『結婚と離婚』を参照）を呼んで結婚契約を結んだ。こうして二人は晴れて一緒になれた。彼女は18歳だった。そして翌年には、結婚に猛反対だった母親もようやく認めてくれ、涙の再会を果たした。サラーハとシャーヒンダは従兄妹同士であり、同族内の伝統的なイトコ婚と思われるかもしれないが、熱烈な恋愛結婚であった。

それからのサラーハとシャーヒンダは、二人三脚の闘争の日々を送ることになった。カムシーシ村での「封建地主」フィキー一族との闘いは、ナセルが進めるアラブ社会主義体制の枠組みの中で行われた。すなわちそれは、国民動員組織である民族連合の地方委員会での選挙戦として展開した。地主側は、地方の警察権力に加えて、ムヌーフィーヤ県出身の有力者、アンワル・サダト（当時、国会議長）の権力も利用して、農民運動を押さえつけようとした。しかし、選挙不正や暴力を交えた圧力にも屈せず、地方委員会の委員となったシャーヒンダは１９６０年、農地改革法からの逸脱行為を告発する。そして翌61年に第二次農地改革（個人土地所有上限の引き下げ）が発令された後、ついにフィキー一族の土地は接収されることになった。ここで注意したいのは、拙稿（長沢 1990）で紹介したアメリカの政治学者が説明するように、フィキー一族に対する闘いは、彼女やサラーハが属するマクラド家などとのアーイラ（同族）間の抗争ではなく、基本的に階級闘争であったということである。農民運動の側には、多くのフィキー一族の農民も加わっていたことが資料に示されている。

さて、この間にもサラーハは、たびたび警察に逮捕されたが、１９６２年７月に新しく結成された国民動員組織のアラブ社会主義連合の地方組織に活動の場を得た。一方、シャーヒンダも１９６２年２月に公布されたアラブ社会主義の思想宣言、「国民憲章」で謳われている女性の権利の実現を県知事に訴えた。この頃が二人しての活動の絶頂期であった。しかし、65年９月にまたもサラーハは逮捕され（今度は共産党の反政府活動の容疑）、さらに翌66年３月になると、一度は村を追われたフィキー一族が親族の葬儀を名目に復権を図る動きが出て、再びカムシーシ村は緊張する。そして、ついに４月30日にサラーハ・フセインが殺害されるという事件が起きた。シャーヒンダは激しく抗議し、葬列においては、男のみの慣例に反して自ら棺を担いだという。その後、彼女は黒の喪服のまま一生を過ごした。

サラーハの殺害に抗議するシャーヒンダ
［Maqlad 2006］

サラーハの殺害は、地方の一事件ではなく、国政レベルの問題となった。ナセルは、6月15日に「封建地主」の残存を批判する演説を行い、封建制廃止委員会を組織させた。この委員会の目的は、農地改革法からの逸脱行為を捜査し、「封建地主」を告発することだった。しかし、野心家の軍総司令官アーメル元帥が委員長となるなど、委員会は権力争いの場と化し、その活動は拷問をはじめ軍の機関を使った暴力的な性質を帯びた。この委員会の活動によって、カムシーシ村は農民運動の「聖地」として「観光地化」した。1967年2月にはサルトルとボーヴォワールの夫妻がこの「聖地」を訪問している。同じ年のメーデー演説（5月）でナセル大統領は、革命後14年が過ぎたのにもかかわらずサラーハは殉難したと、再びカムシーシ村事件に言及した。しかし、その1ヶ月後に起きた第三次中東戦争の敗戦とその後のナセルの死（1970年）によって、政治潮流は大きく向きを変える。

ナセルの後継者のサダト大統領は、アラブ社会主義体制からの転換を図り、政治犯の投獄などその暗部を告発した。その非難の矛先は、彼自身が個人的にも親交を持っていたフィキー一族に対する封建制廃止委員会の活動に向けられた。サダト政権下でシャーヒンダは1975年、78年と逮捕され、さらに81年の大弾圧でも投獄された（サアダーウィーも投獄され、獄中体験記（サーダウィ 1990）を書いている）。

しかし、シャーヒンダは闘争をやめなかった。サラーハの後を継いで、農民運動を率いるとともに、1

９７７年設立の合法左派政党、国民進歩統一連合党の設立に参加し、農民運動部門での指導者となった。２０１１年１月25日革命に際しては、タハリール広場で若者たちと一緒に座り込みに参加した。筆者が彼女と初めて会うことができたのは、翌12年の春であり、カムシーシ村も訪問する機会を得た（長沢 2019b）。いずれも友人の農村社会学者、故ハサネイン・キシュク博士（２０１９年2月没）の紹介によるものだった。彼女は、その後もムルシー大統領を批判するデモに参加して大統領支持者から暴力を受ける（２０１３年12月）など、２０１６年６月２日に73歳で病没するまで徹底して闘争の人生を貫いた。

2012 年 3 月、シャーヒンダ・マクラドとともに。カイロ中心部・グロッピー喫茶店にて

　最後に、彼女の縁者のある女性に関するエピソードを紹介しよう。それは、サラーハの母、シャーヒンダにとって父方の伯母について家族に伝わる話である。結婚を控えた伯母が年上の女性と一緒に嫁入り道具の品々を買うためカイロに出かけた時、１９１９年革命に遭遇した。サアド・ザグルールたち代表団（ワフド）がパリ講和会議に出席するための旅費を資金援助するキャンペーンを知った彼女は、手元にあったすべてのお金を差し出し、何も買わずに村に帰ったという（『アハーリー』紙２０１２年3月28日付記事、リファアト・サイード「左派闘士列伝　シャーヒンダ・マクラド」）。伯母の革命に対する熱情は、息子のサラーハとともに姪のシャーヒンダにも受け継がれていたと考えるべきであろう。

第7章

大学モスクの女性活動家の先駆者

野中 葉

はじめに

小柄ながら身体からあふれるパワーを余すところなく使ってよく話し、よく笑う。40代で夫と死別したあとは女手一つで3人の子どもを育て、今も快活に大学で教鞭をふるう。ティナ・グスティナ・アムラン（1956〜）は、その人生を通じ、インドネシア社会のジェンダー問題に取り組んだわけではないし、女性の権利をことさらに強調したわけでもない。女性同士の結束を呼びかけたわけでもない。だが、インドネシアのムスリム女性の「今」は、彼女なくしては語れない。

1960年代後半に始まるスハルト権威主義体制下、開発と安定が最優先事項とされ、その達成のため国民統合が図られる中、学生運動をはじめ、社会と政権の安定を脅かす諸勢力、諸活動は厳しく制限され、また、家庭と社会における女性の役割も政権により規定された。一方で、この時代には、各地の国立大学で学内にモスクが建設され、そこを拠点に、学生たちによるイスラームのダアワの活動が盛んに行われた。

ダアワは、アラビア語起源の言葉でイスラームへの呼びかけを意味する。インドネシアでは、非イスラーム教徒への布教よりも、むしろ、自らがイスラームを学び実践しながら、同胞のムスリムに対し、より良いイスラームの信仰と実践を呼びかける活動を指すことが多い。バンドゥン工科大学のサルマン・モスク（以後、サルマン）では、大学ダアワ運動の拠点として全国の大学に先駆けて、ムスリム学生たちによる同胞のムスリムたちに対する活発な活動が行われた。

ティナは1970年代、このサルマンで、圧倒的多数の男子学生に交ざって活動した数少ない女子学生の一人である。2013年と2020年に、筆者がティナの自宅で行ったインタビューをもとに、ティナが「最初にヴェールを着用した女性」となる経緯を辿りながら、彼女のヴェール着用の意味と後続の女性たちに与えた影響について考察したい。

1　サルマン・モスクとダアワ運動の展開

バンドゥン工科大学におけるイスラームのダアワ運動は、1950年代後半以降、大学モスク建設運動からスタートした（野中 2008）。1920年に宗主国のオランダにより創立され、インドネシア独立後には国立大学となった同大学は、初代大統領スカルノの母校としても知られ、全国から優秀な学生が集まる国内最難関の大学の一つである。独立は達成したものの、50年代には依然、オランダ時代の名残で、学内にイスラームの礼拝スペースはなく、授業時間割も礼拝時間を配慮していなかった。最寄りのモスクに行くとしても、金曜礼拝参加のためには授業を欠席しなければならず、キャンパス内にモスクを求める声が高まり、1958年、賛同する講師と学生たちはモスク建設委員会を立ち上げた。1963年には大学組織から独立した財団となり、モスク建設のための大学や地域との交渉、資金集めなどが組織的に実施された。交渉の結果、学内の空き教室を日常的な礼拝スペースとして使えるようになり、日々の礼拝に加え、金曜礼拝やラマダーン月などには、多くの学生が集まって集団礼拝や説教、イスラームの勉強会などが行われるようになった。

サルマンというモスクの名称は、預言者ムハンマドの教友で多神教徒との戦いで塹壕を建設し勝利に貢献したサルマーンに由来する。同大学の卒業生で、大統領としてモスクの建設を承認したスカルノが、1964年に名付けたものだが、その翌年に生じた陸軍のクーデタ未遂を経て、スカルノは大統領の座を退くことになる。反帝国主義を掲げたスカルノが失脚し、第2代大統領スハルトが、反共・親米路線へと大きく方向転換する中、政治的に不安定な状況下で資金集めも困難を極め、サルマン・モスクの建設には長い時間がかかった。結局、キャンパスに隣接する敷地にモスクが完成したのは1972年のことだった。

現在のインドネシアでは、各大学にモスクが設置されており、学生たちが礼拝したり、イスラームの活動を行ったりすることは日常の光景である。しかし、1970年代のインドネシアの大学は、極めて世俗的であり、モスクを有する大学はとても少なかった。信仰心の篤い家庭に育った学生もいる一方で、ムスリムであっても礼拝の仕方も分からない学生や、クルアーンの読誦もできない学生も多かった。女子学生がイスラーム式のヴェールをまとうことも、今では当たり前の光景だが、当時の大学では大変珍しかった。ヴェールの着用はもっぱら、イスラームを専門に学ぶ私設のイスラーム寄宿塾（プサントレン）や、宗教省管轄のイスラーム学校（マドラサ）の生徒に限られていたのである。西洋教育を受けて育ち、自らを進歩的なエリートだと自認する大学生たちの間では、ムスリマのヴェールを「田舎者」とか「後進の象徴」と見る傾向が強かった。

このような中、国内最高峰の理系大学にモスクが完成したことは、その後のインドネシアにおける学生たちのイスラーム覚醒をもたらす大きな転機となった。サルマンでは、日々の礼拝だけでなくイスラームに関わる勉強会や講演会が実施された。中でも学生たちに対する影響が大きかったのは、1974年に始まるダアワ・ムジャーヒド・トレーニング（LMD）である。5日から1週間の間、モスクで合宿しながら集中的にイスラームを学び、ダアワを実践するリーダーを育成する講習会である。同大学の卒業生で、1960年代から同大学の講師を務めていたイマドゥディン・アブドゥルラヒムの発案で、彼自身が講師役も務めた。このLMDには同大学のみならず、全国の大学から志ある学生が集まるようになった。彼らはLMDを通して、イスラームの伝道師になることへの情熱を鼓舞され、そこで得たダアワのノウハウをそれぞれの地域に持ち帰り、サルマンの活動を手本に各大学あるいは各地域でダアワの活動を始める中心的役割を担っていった。

しかし1970年代後半には、開発を最優先課題に据えたスハルト政権下、学生たちの政治運動は徹底的な監視と弾圧の対象になった。スハルトの3期目の大統領再任に反対する学生運動の拠点の一つになったのがバンドゥン工科大学だった。1978年には政府の命を受けた軍隊がキャンパスを襲撃し、数ヶ月にわたり占拠、その後、学生運動は禁止された。一方で、逆説的ではあるが、学業以外のあらゆる活動を禁じられた学生たちにとって、モスクは唯一、比較的自由に集まり、議論し活動することができる貴重な空間となった。学生運動に対する締め付けが全国的に厳しくなるにつれ、サルマン・モスクにはさらに多くの学生たちが集まるようになっていった。この時期、地域の中高生や小学生、幼稚園児を対象にしたダアワの活動も始まった。LMDを通じてダアワの精神と手法を学んだ学生たちの発案で、自分たちが指導役を担い、下の世代にイスラームを教えながら、同時に一般教科の勉強を教えたり、遊んだりする活動が盛んに行われたのである。

サルマンの活動は完全に男性主導だった。バンドゥン工科大学の学生自体、当時は圧倒的に男子が多く、モスクに集まる学生やリーダー役の若い講師たちもみな男性だった。そのような中1975年に同大に入学したティナは、男子学生に交ざってLMDでダアワの精神を学び、小中高生対象のプログラムの創設メンバーにも名を連ねるなど、サルマンの活動家の一人となる。

2 ティナのダアワの活動とヴェール着用

ティナは軍人の父と、イスラームの信仰に篤い母の下に育った。両親とも教育熱心で、小さい頃から母にクルアーン読誦を教わったが、幼稚園から高校までカトリックの学校に通った。当時、初等中等教育では、キリスト教系の学校の方がより良い教育を受けられると評判だったこともあり、イスラーム教徒の子弟がカトリックの学校に通うことはそれほど珍しいことではなかった。1975年、ティナはバンドゥン工科大学の産業工学科に入学したが、同学科の100人程度の同級生の中で女子学生は10人ほどと、とても少なかった。

ティナは入学直後からサルマン・モスクで多くの時間を過ごした。男子学生ばかりのキャンパスでは居心地の悪さを感じることもあったが、モスクにいると安心できる気がして、授業の空き時間にはモスクで時間をつぶした。高校までカトリックの学校で過ごし、イスラームを学ぶ機会を持てずにいたため、初めてそうした機会に恵まれたことをうれしくも感じていた。当時のインドネシアは、独立後30年ほどの若い国家であり、バンドゥン工科大学に進学する学生は、今にも増して、社会の中で極めて限られた超エリートたちだった。ティナも含め多くの学生たちが、専攻する学問を修めながら、自由な思考と新しい考えを取り入れ、社会を牽引したいと考えていた。前節で述べたように、体制により学業以外の活動が大きく制限される中、唯一、比較的自由に活動できる場となったモスクに学生たちは集うようになった。ティナも毎日モスクに通い、クルアーンを読んだり、物理や数学など大学の勉強をしたり、男子学生と議論したりするのが日常だった。

1977年と78年に2度参加したLMDは、ティナの人生を変えるような出来事だった。LMDに参加して初めて、イスラームが人間生活のすべてを規定していることを理解した。もちろん礼拝や喜捨、斎戒や巡礼のことは知っていたが、大学で勉強し、社会に貢献することが神に感謝し、神を讃える一つのやり方なのだということに気づいたという。また、LMDで強調されたのは、唯一神への信仰、つまり、タウヒードの精神である。ただひたすらに唯一なる神だけを崇拝し服従することは、逆に言えば、地上の何物にもすがることなく人間を解放してくれる思考であり、現世におけるあらゆる権力や権威から自由になることだった。ティナはLMDを通じて、イスラーム教徒として、神の命令だけに従う人間になると決めた。そうすることで、より良い人間になれると思ったし、また自分が手本になってこれを広めていければ、やがてより良い社会を築くことにもつながると信じられるようになった。

1978年から79年のイラン・イスラーム革命のニュースもティナにとっては衝撃だった。ヴェールをまとった女性たちが男性とともにデモに参加し、世俗的な政権の打倒を実現したのだ。当時のインドネシアでは、ヴェールは一般に「時代遅れ」と見なされていたが、ティナはもはや、そのようには思わなくなっていた。そんな時、ヴェール着用に関するクルアーンの章句を読み、神が命じる服装をすべきだと強く感じた。こうして、ティナは、イスラーム式にヴェールで頭を覆うことを決意した。

1・2メートル四方ほどの正方形の布を三角に折り、頭と髪の毛と首元を完全に覆ってあごの下をピンで留め、登校した最初の日のことをティナは鮮明に覚えている。期末試験の初日で、300人くらいの学生が大きな教室に集まっていた。ヴェール姿のティナが教室に入ると、それまで騒々しかった教室が一瞬で静まり、部屋中の視線が彼女に集まった。同時に、誰もがティナを避け、混雑した教室の中で、彼女を中心とする数メートルの範囲だけ、ぽっかり空いた状態になった。ひそひそ声で「ティナ、どうしちゃったの」という声も聞こえてきた。テスト中ですら、ヴェール姿の自分を凝視する多くの友達の視線を感じたという。産業工学科の女子学生の中で、ヴェール着用者はティナ以外にいなかったし、「そんな格好して、本当にエンジニアの卵なのか」とか、「ティナはもう将来のキャリアをあきらめたんだね」と悪口を言われたりもした。ムスリマのヴェール着用に関連するクルアーンの章句を理解している人は本当に少なかったし、ヴェールに対するイメージはとても悪かったとティナは当時を振り返る。

しかし、ティナが後輩たちに与えた影響は大きかった。ヴェールを身につけて以降、ティナはサルマンでの活動により活発に参加するようになった。小中高生対象のプログラムを運営しながら、国内のさまざまな地域のモスクや大学にも派遣され、サルマンでの活動や自らの経験を話した。実践を通じて、後輩たちの手本になるようにと心がけた。率先して善行を行うこと、サルマンでの組織活動を通じて後輩たちをサポートすること、勉強し良い成績を取ること、卒業してエンジニアになることなど、すべてがティナにとってのダアワだった。

1980年代に入ると、ティナに影響を受けた後輩たちが、彼女と同じように大学や高校、地域のモスクでイスラーム の活動に参加するようになり、ヴェールを着用する姿が目立つようになった。ヴェール着用者の増加が、過激なイスラーム勢力の伸長や、ひいては社会の不安定化につながることを恐れた政権側は、1982年に公立学校での全国統一の制服規定を発布した。これにより、女子高校生の制服は、半袖の白ブラウスに膝下5センチ丈の灰色のスカートと短い白ソックスと定められた。同規定には、女子生徒のヴェール着用を禁じるという文言は含まれていないが、頭をヴェールで覆ったり、イスラームの教えに従い肌を隠すために長袖やくるぶし丈のスカートを着用したりすることは許可されないということは明確であった（野中 2015: 33-34）。これ以降、各高校では制服規定の遵守を理由に、ヴェール着用の女子生徒たちに対する圧力が強まり、授業参加を認めなかったり、イスラーム学校への転校を命じたり、卒業すら認めないといった事例が次々と発生した。

バンドゥンでヴェールを着用した高校生たちは、多くが進学校に通う優秀な女子生徒たちだった。またその多くが、サルマンのトレーニングやダアワ活動の参加者であり、ティナに憧れ、自らのロールモデルとして彼女を慕っていた。ティナをはじめサルマンの大学生たちは、女子高生たちを支え、彼女たちのヴェール着用が、決して過激な思想に洗脳されたからではなく、単に信仰心に基づく行動なのだということを、高校に、また時に市政府や州政府にまで訴え、社会に対して広く発信していった。こうした動きは新聞や雑誌にも取り上げられ、中には女子高生たちに共感する記事も見られるようになっていった。高校生たちのヴェール着用と、これを支えたサルマンのティナたちの尽力によって、インドネシア社会におけるムスリマのヴェール着用に対する認知度は高まり、それまでのネガティブなイメージが、徐々に薄れていくきっかけとなった。この後、1990年代にかけ、若い高学歴の女性たちの間で、ヴェール着用は全国的に広がっていく。ティナのヴェール着用は、こうした社会現象をもたらす最初の一歩だったのである。

3 女性をめぐる言説と議論

ティナがサルマン・モスクで活動した1970年代半ばから1980年代初頭は、スハルト体制により、家庭および社会における女性の果たす役割が公的に規定され、女性の地位に関する議論が盛んになった時期でもある。

ティナが大学に入学する1年前の1974年、婚姻法が制定された。婚姻に関する法としてそれ以前にあったのは、オランダ植民地時代からの民法典と、独立直後に制定された婚姻登録に関する法律のみで、婚姻法の制定は独立後初めてだった。この法では、「家庭生活と社会生活において、妻の権利と地位は、夫の権利と地位と同等のものとする」（31条1項）として男女平等の権利が謳われたものの、「夫は家長であり、妻は主婦」（31条3項）であり、夫が家族扶養の義務を、一方で妻が家事の義務を負う（34条1項、2項）として、家庭内の夫婦の役割が明確に規定された。

また、1978年には、開発5ヶ年計画の指針を提示する5年に1度の国策大綱の中で、「開発と国民育成における女性の役割」と題する項目が設けられ、①女性も最大限、開発に関わること、そのために、男性と同等の権利、義務、そして機会を有すること、一方で、②開発での女性の役割は、幸福な家族の育成、とくに若者世代の育成という役割を軽減するものでないこと、が謳われた（中谷 2010: 148）。インドネシア政府による女性への言及は、女性の地位をめぐる国際的な動向の影響もあった。国連が1975年を「国際女性年」と宣言して国際女性年世界会議を開催し、翌年以降を「国連女性の10年」と位置づけ、開発と経済分野に重点を置いて、女性を開発に参加させ、開発の便益を享受させる機運が高まっていった

（織田 2004: 20）。国内外のこうした社会情勢を背景に、インドネシアの女性たちは、母および妻としての家庭での役割を前提に、それに付け加える形で開発への動員が強く求められるようになったのである。

政府は、この国策大綱を実施する手段として、新たに全国規模の女性組織を編成し、開発と女性に関するプログラムの国家統制を強めた。全国の公務員の妻を束ねる「ダルマ・ワニタ」と、国軍関係者の妻のための「ダルマ・プルティウィ」の編成である。これらは首都ジャカルタに本部を置く全国組織で、全ての公務員と国軍関係者の妻に対し参加が義務づけられていて、組織内の職階は、夫の職階に応じて決められた（Suryakusma 2011: 20）。また、都市部および農村部の女性住民に対しては、地域ごとに婦人会（ＰＫＫ）が組織され、その地域の公務員の妻たちが指導役を担う形で、全国規模の開発プログラムや生活改善プログラムが上意下達で伝えられ、実践されていった（Ibid: 29-33）。政府による公的言説の提示を通じて、女性たちは家庭内の家事および子育ての役割を負わされながら、同時に、夫の職階に紐づけられた形での組織化によって、国家に管理され、また開発に効率的に動員させられる仕組みが整えられていったのである。

女性をめぐる政府の方針や施策に対して、サルマン・モスクで１９７０年代後半に発行されていた月刊の機関誌『プスタカ（書物）』は、１９７７年12月号で「女性性と母性――キャリアと女性としての本性の間で」というタイトルの特集を組んだ。そこには、イスラームの教えに基づき、女性の母としての役割を重視する主張がある一方、夫の地位に応じ、女性の社会的地位が自動的に決められるとするスハルト政権の女性政策には、明確な批判が見られる。

例えば序文では、インドネシア社会における西洋の個人主義の広がりによる家族の紐帯の弱まりへの懸念を表明し、東洋人である我々にとって母性は、女性の真の本性だと論じている。同時に、政府が推進する開発と女性政策を示唆しながら、女性が従事すべきは、経済的な開発でなく、文化社会的な開発であるとも提案する。その理由として、イスラームでは、次の世代を育てる母としての役割が、女性にとって極めて重要であるということを挙げ、この序文は「天国は母の足もとにある」というハディースで締めくくられている（『プスタカ』１９７７年12月号：2）。

また「イスラームは女性を自由にする」というタイトルの付いた記事では、ムスリムの女性指導者や女性英雄の活躍はクルアーンにも、インドネシアの歴史の中にも見られるが、インドネシアの独立後には、女性に対する教育の機会が奪われ、また女性が自分自身に足かせをはめてしまった結果、そういう女性は現れなくなってしまったと論じる。夫の地位に応じて、妻である女性の地位が決まってしまう現在の政府の女性政策を問題視しながら、こうした構造を受け入れ、その地位に安住して高慢に振る舞うエリート女性たちをも批判する。そして、クルアーン禁止章10節と11節を引用し、自らが行った不義から逃れられる者はいないとアッラーが警告していること、一方で、女性自身の行いが高貴であれば、夫のいかなる不義も、その女性に影響を与えることはないと論じ、最後に、今のインドネシアの女性たちに必要なのは、イスラームが保障する女性の権利と役割を理解し、夫である男性から自由になることだと呼びかけている（同：43）。

『プスタカ』でこの特集が組まれたのは、ティナがＬＭＤに参加し、神を見出し、ヴェールを着用し始める時期だった。サルマン内部での女性をめぐる議論には当然ティナも参加し、また強い影響を受けていたことが推測できる。イスラームを学んだティナにとって、ともに神の創造物である男女に優劣がないことは当然の理解だった。もちろん、女性は、出産や授乳という男性にない役割を神から与えられていることも理解していたが、それによって、女性が家に閉じこもり、夫に従属するだけの存在になることは、タ

ティナ・グスティナ・アムラン（右）と筆者
［2013 年撮影］

ウヒードの精神を侵すことだと考えていた。

　大学を卒業しサルマンを離れて以降も、ティナは、マレーシアで開催された世界ムスリマ会議にインドネシア代表として派遣されたり、アメリカでの10ヶ月間の留学を経験したり、後輩たちの憧れの的となるような活躍を変わらず続けた。そして１９８５年に同い年の男性と結婚した。夫は、エジプト・カイロのアズハル大学の卒業生で、イスラーム寄宿塾を主宰する宗教指導者だった。結婚後は、３人の子どもを育てながら、ジャカルタの有名私立大学トリサクティ大学で職を得て、現在まで大学教員を続けている。病気のため49歳で夫が早世した後は、夫の主宰してきたイスラーム寄宿塾の運営にも携わっている。人生の各ステージで、自らの持つ能力を最大限に発揮しながら自立して生きること、そうした実践を通じ、他の人にもイスラームと善行を呼びかけること、これがサルマンで学んだティナのダアワの実践であり、彼女の生き方なのである。

おわりに

　大学生たちのダアワ運動は、サルマン・モスクでの活動がモデルとなり、１９８０年代以降、全国各地のまずは国立大学から、その後は私立の大学にまで拡大し、サルマンの活動内容や育成方法を模倣した活動が展開するようになっていった。イスラームを学び、イスラームに基づく自己変革や社会変革を志向する学生たちの運動はその後、スハルトの長期権威主義体制に反対する1998年の学生たちの行動につながり、スハルト体制を終焉させ、民主化をもたらす一翼を担った。ティナの時代には稀少だった女性活動家も、その後着々と増加した。大学生のヴェール着用は、大学ダアワ運動に参加している女子学生のアイコンにもなり、ダアワ運動の拡大とともに、ヴェールの着用者も増加していった。

ティナは多くの後続の女性たちに影響を与えた。それまで男性の活動ばかりが目立ってきたダアワ運動の中にあり、ティナは女性も十分に活動が可能なことを示し、小中高生に向けた活動など新しい試みも先頭に立って実践した。ティナはまた、自身がダアワ運動に参加する中、イスラームを学び、その教えを理解してヴェールを着用した。ティナのヴェール着用は、神だけを崇拝するという自らの信仰心の表明であり、自立と自由を追求し、自分と周囲をより良く変えていこうとする自発的な行動だった。その後のティナは、夫である男性の地位に左右されることなく社会進出を果たし、キャリアを重ねた。スハルト体制後半から民主化期にかけ、女性の教育水準が上昇し、大卒の女性たちが増加していく中で、ティナの生き方は、後続の女性たちに対し一つのモデルを提示したと言えよう。

21世紀を迎えた今、インドネシアでは民主化の進展とともに、社会のイスラーム化も進んでいると言われている。かつて周囲から奇異の目で見られたヴェール着用者は、今やマジョリティになった。イスラーム的であることが社会の大きな価値基準となり、むしろヴェールを着用しない者に対する社会的な風当たりは大きく、「イスラーム的でない」と評されるものに対する忌避や排除の傾向も強まっている。「私のヴェール着用の意味は、神の教えだけに従うこと、つまり政府や男性や社会の風潮に依存することなく、自立した女性として生きることの表明だった」というティナの言葉が、後に続く女性たちにいかに理解され、引き継がれたかは、また別の検証が必要であろう。

第Ⅱ部

変身する女性と社会

――装いに映るジェンダー――

第8章

イラク◇路上で抗議するムスリム女性たち

酒井啓子

はじめに

イラクでは、2003年のイラク戦争で前政権が打倒されて以降、内戦、「イスラーム国」（IS）による制圧などで治安悪化と社会秩序の混乱が続いている。経済状況の悪化、暴力の蔓延、社会・政治的不安定、政治支配層の腐敗、国際社会や周辺国の介入など、山積するさまざまな問題に対して、2010年頃から、市民運動型の反政府抗議活動が発生しているが、事態は一向に改善していない。

そのような中で、2019年10月から全国的な反政府抗議活動（通称「10月革命」）が広がっていることは、イラク現代史の中で画期的なことだ。2020年後半以降は新型コロナウイルスの感染拡大によるロックダウンと、治安部隊による弾圧によって、デモの規模は縮小しているが、首都バグダードのタハリール広場をはじめとして、全国各地の主要都市で座り込みやデモが常態化し、多い時には数百万の民衆が路上に出て政府への抗議を叫んだ（酒井 2020）。

「10月革命」に参加する女性たち　［Alaa al-Ameri 提供］

デモ会場の壁に描かれた腕まくりする女性活動家の絵

［Ali. T. Alhammoud 提供］

この「10月革命」の特徴の一つに、反政府デモへの女性参加の「見た目の」多さがある。タハリール広場の壁に描かれた、腕まくりした女性の絵はイラク女性運動のシンボルともなったが、欧米の女性の権利要求運動の影響を濃厚に感じさせる。また「彼女は革命だ」のハッシュタグも、話題になった。

こうした傾向は、イラクにおける女性運動の歴史の長さ、とくに世俗系の運動の根強さをみれば、不思議ではないかもしれない。だが、ここで注目したいのは、ヒジャーブを脱いで西欧的な装いでデモに参加する女性の姿ではなく、ヒジャーブを着用し長袖、長いスカートの「普通の」女性たちの、一見したところの数の多さである。女子大生と思しき女性たちが、まるでピクニックにでも行くかのように手をつないでデモに参加し、携帯電話で自撮りしている。この姿は、10年前、「1月25日革命」（通称「アラブの春」と呼ばれる）が発生した時のカイロでも見られた光景だ。抗議運動の主人公は1960年代以来主流だった左派系西欧型知識人ではなく、老若男女、右派も左派も、信仰熱心なものもそうでないものも含めた、一般民衆である。

1　近現代史における世俗的フェミニズム運動の伝統

イラクにおいて女性による女性の地位向上、平等な権利を求める運動が見られたのは、古くは建国期までさかのぼる。1921年、英国の委任統治のもとでイラク王国が建国された直後には、最初の女性組織、女性覚醒クラブが設立されたが、同クラブ初代会長のアスマー（生没年不詳）は、オスマン末期からアラブ文芸復興を主導し、西欧近代化、女性の脱ヒジャーブを謳った詩人のジャミール・スィドキー・ザハーウィ（1863～1936）の妹である。また、イラク史上初めて法学部を卒業し弁護士となったサビーハ・シャイフ・ダウード（1912～1975）は、1920年反英革命の指導者の一人だった。この時期のほとんどの女性活動家は、政治エリートの親族だったと言える。

その後、王政後期に左派思想がイラクの若者を魅了すると、共産党など世俗左派政党で頭角を現す女性政治家も出現した。イラクのみならずアラブ世界で初めての女性閣僚となったナズィーハ・ドゥライミー（1923～2007）は、バグダード大学医学部卒業後、各地の地方病院に医師として勤務する傍らイラク共産党に入党し、1959年の世俗的民法導入や首都スラム地区の再開発事業に大きく貢献した。

一方、世俗志向以外の女性運動は、1970年代後半以降イスラーム主義政党の政治活動が活発化するまでは、大きな運動は展開されなかった。ダアワ党創始者であるバーキル・サドルは、その影響力を恐れたバアス党政権によって1980年に処刑されたが、その際、妹のビント・フダー（1938／9～1980）も一緒に処刑されており、彼女はイラク戦争以降に政府与党となった諸イスラーム政党が指導するイスラーム主義女性運動の間でアイコンとなっている。

このように見ると、次のような疑問が浮かんでくる。建国以来、女性運動といえば反ヒジャーブを掲げる世俗的なフェミニスト運動が主流だったイラクで、アメリカの軍事攻撃によって政権転覆が行われた2003年以降の現体制において、とくに近年の社会運動に参加する活動家の間でヒジャーブ着用者が増加しているのはなぜか、それはどういう意味を持つのか、という問いだ。

2　戦後の社会経済環境の悪化から増加する対女性暴力

この問いに対する答えとして、しばしば指摘されるのがイラク戦争後のイラクでの治安の悪化である。戦後社会に蔓延する暴力から身を守るために、信仰・思想的に同調するかどうかにかかわらず、ヒジャーブ着用者が増えた、と言われる。確かに、戦後しばらくは多くの女性が、内戦や、アルカーイダやＩＳなどのイスラーム武装勢力による攻撃を避けて、ヒジャーブやアバーヤで身を包み、外出を控えざるを得ない状況があった。

ただ注視すべきことは、女性が受ける被害はこうした「屋外」でだけ発生するのではないことである。むしろ、家庭内暴力（ＤＶ）など、家庭環境に由来する女性に対する暴力行為が増加した。体系的な統計はないが、２００３年以降2年間でレイプ件数は４００件超、うち半分がいわゆる「名誉殺人」による被害である（American Bar Association 2005）。年を経てもその数字は減少せず、２００８年調査では15歳から49歳の女性の５分の1がＤＶ被害を受けたという（Vilardo and Bittar 2018）。

だが、治安の悪化という要因によって女性に対する暴力を説明できるかといえば、そうではない。中央政府管轄のアラブ地域に比べて治安が良いと評価されるクルディスタン自治区でも、２００８年から２０

17年の間にDV被害件数は53・6パーセント増加、中でも2016年から17年には60パーセント強の増加となっており（Iraqi Women Network 2019）、政治的安定度の差やアラブ、クルドといったエスニック的差異にかかわらず、イラク社会全般で女性の人権迫害の実態を見て取ることができよう。政府は、内務省内にDV対策局を設置したり「女性に対する暴力根絶の国家戦略」を打ち立てるなどしているが（2009年）、効果は見られず、DV被害は増加の一途を辿っている。

女性に対するDV増加の背景には、家庭を取り巻く社会経済的環境の劣悪化があることは明らかだ。長引く失業状態により父親や夫が抱えるフラストレーションが高まっていること、家族で過ごす時間が増えたことで衝突の機会が増大していることなどがその理由である。そして、家庭環境の悪化は児童婚の増加を生む。家計の苦しさから女子を教育半ばで結婚させる例が多くなっていることは、そのことを示唆している。2013年時点でイラク女性の4分の1が18歳以下で結婚しているが、この数字は中東諸国の中ではスーダン、イエメンに次いで多い（Abed 2020）。

3　保守化する与党の政策

(1) 法のイスラーム化

こうした状況は、2020年の新型コロナウイルス感染症の蔓延によってますます深刻化した。同年4月にナジャフで20歳の女性が夫に焼き殺された事件は社会的にも大きな話題となり、政府は長年懸案だったDV禁止法案を閣議決定した。

だが、このDV禁止法案が国会で可決されることはなかった。国会内多数派の多くが法案に否定的な姿勢を示したためである。この事例にとどまらず、2003年以降、女性の権利や地位に関する法的整備の多くは、国会での審議過程で棚上げにされるか、改悪されてきた。その背景には、2005年に民選国会が設置されて以降、シーア派イスラーム主義政党が与党となり国会内で多数派連合を形成し続けていることがある。

イスラーム主義政党が政権を担ったことで法制度がドラスティックに変えられた最大の例は、憲法規定であろう。2005年の新憲法制定では、イスラームが主要な法源の一つとされ、イスラームの規定に抵触する法の制定が禁止された。そして、民事案件は宗教や宗派に基づいて民法を定めることができると規定された。

それまでイラクでは、1959年に導入された世俗的民法によって男女平等の原則が打ち立てられ、女性の相続権の承認、「名誉殺人」の禁止、一夫多妻制の制限などが定められていた。さらに続くバアス党政権時代には、労働法の改定によって女性の就業機会の確保や育児休業制導入が実現した（al-Jawaheri 2008: 17-20）。それに対して、2005年以降は新憲法のもとで宗派ごとに民法を導入することが可能となり、宗派によって女性の権利状況に差異が生じることになったのである。

この改変には、世俗派に限らず、多くの女性たちが反対した。この方法ではイラク全土に共通した民法体系が存在せず、国家としての法的統一性がとれないとして批判が相次いだのである。シーア派宗教界の最高権威ハウザもまた、宗派別民法の導入には反対の姿勢をとった。ハウザとは、ナジャフにある十二イマーム派（シーア派）の最高学府で、高位のイスラーム法学者が集う学界とも言える存在である。この反対の結果、選択肢の一つとして残された1959年民法は引き続き適用されている。

ハウザの反対からも分かるように、こうした「イスラーム法化」への試みには、必ずしも宗教界、あるいはイスラーム主義政党全体で一致した方針があるわけではない。法制度のイスラーム化は宗教的理念に基づくというより、むしろ各政党の政治戦略や支持基盤に応じて異なる方針が反映されていると言える。

典型的な例が、ファディーラ党だ。イラクのシーア派イスラーム主義を掲げる主要政党には、ダアワ党、イラク・イスラーム最高評議会（略称ＩＳＣＩ）系諸政党、サドル潮流があるが、ファディーラ党はこれらに比較して規模が小さく、国会での議席数もわずか2パーセント強に過ぎない（２０２０年時点）。だが、ダアワ党やＩＳＣＩが、元亡命政党として国際社会とのつながりを密に持ち、自政党内に女性組織を設置して女性の政治進出やエンパワメントを促進してきたのに対して、ファディーラ党は宗教活動を土台として国内の支持基盤を確立した。また、もう一つの主要政党であるサドル潮流は、国内由来という点でファディーラ党と運動の起源を一にする。しかし、サドル潮流は若者や都市貧困層など周縁化された層の代弁者として支持を集め、反米ナショナリスト政党的な人気を獲得したが、ファディーラ党は南部の封建的・保守的社会を中心とした自身の支持基盤や、出自母体である宗教的ネットワークに配慮する傾向にある。

そうした背景から、２０１４年、同党出身のシャンマリ法務相は、導入が棚上げになっていた宗派別民法の導入を提案し、閣議決定にまで至った。それにより、シーア派女性の結婚最低年齢が9歳まで引き下げられること、一夫多妻制を無制限に容認することなどが規定されたが、反対も大きく、最終的には２０１７年夏に国会で否決された。

（2）部族重視政策による社会の保守化

このように、女性の権利擁護や社会進出の障害となっているのは、必ずしも「宗教上の教義」それ自体ではない。むしろ、これらのイスラーム主義政党が保守的・封建的政策を推進するのは、地方社会の部族的封建性に由来するところが大きいと考えられる。そのことは、女性の地位後退と権利の縮小が始まったのが2003年以降のイスラーム主義政党による政権成立時ではなく、世俗的政策を基本としていたバアス党政権時代の末期においてだったことを考えれば、理解できよう。イラクでは、すでに1980年代半ば頃から部族社会の懐柔が積極的に行われるようになっていたからである。

バアス党政権時代、1970年代までは確かに女性の権利を推し進める法改正が続いた。前述した労働法の改正に加えて、70年代末には非識字廃絶キャンペーンが実施され、それまで非識字者の7割が女性だったのが、そのうちの75パーセントが87年までの間に識字教育を受け、女性の知的レベル向上に大きな影響を与えた（al-Jawaheri 2008）。

だが、こうした政策は、イラン・イラク戦争（1980〜1988年）で大きく後退した。さらに湾岸戦争（1991年）および国連による経済制裁（1990〜2003年）と、連続する戦時下で女性は、兵士を生むための道具に矮小化されたのである。女子教育にかけるコストは削減され、女性の非識字率は90年代には再度77パーセントまで上昇した。さらに90年代になると、制裁下の社会不安を克服するために政府は「信仰キャンペーン」を開始して大幅な宗教回帰政策を展開するとともに、地方社会の秩序維持のために部族的論理を重視するようになった。部族慣習法を復活させ、「名誉殺人」の容認などを行ったのである。

そもそも、イラクにおける部族的慣習は、英委任統治期から温存されてきたことが指摘されている（Efrati 2012）。イギリスは、イラクを統治する上で部族社会の歓心を得るために、地方社会には近代西欧法を導入せず、部族慣習法を維持した。イラクでイスラーム法、近代市民法、部族法が併存する全国統一的に適用される法制度を欠いた状態が長く続いたのは、イギリスの統治政策に起因するのである。

つまりイラクでは、イスラーム主義政党であろうと世俗主義政党であろうと、その統治能力の限界を補うために部族社会からの協力にしばしば依存してきた。その結果、部族的封建性とそれを利用する政党間の権力抗争、イラン・イラク戦争や対「イスラーム国」（ＩＳ）対策など祖国防衛を掲げた戦争体験を背景とする、マチスモ的な暴力行使母体の政治的台頭といった要因が相まって、女性の権利剝奪が進行する結果が生まれた。２０１２年に20歳の女性が立ち上げたFacebookのページのタイトルが、そうした状況に対する女性の反発を如実に表している——それは「男尊女卑社会に対する革命」というものだ。

4　路上で殺される女性たち

冒頭、および第1節の最後に提示した問題意識に戻ろう。これまでイラクの批判勢力は脱ヒジャーブを主張してきた世俗系フェミニズム運動に先導されてきたのに、なぜ現在、政府に対して反旗を翻している女性たちの間にヒジャーブ着用者が目立っているのか。２０１８年9月から２０２０年10月までの間で反政府抗議活動への参加、協力が原因で攻撃を受けた女性活動家は、報道で確認できただけでも15人に上るが、うち明確にヒジャーブを着用していない者はキリスト教徒1名を含む3名のみで、また1名が顔を覆っているのがセキュリティー上の理由なのか宗教上の理由なのか判断できなかった。つまり、反政府活動が原因で政府治安組織からの弾圧被害にあった女性のうち、実に3分の2がヒジャーブを着用していたのである（筆者調べ）。

彼女らを標的にしているのは、政府治安部隊である。２０１４年以降、治安部隊は、ＩＳ掃討作戦のために結集したシーア派民兵勢力によって担われてきたが、これら元ＩＳ掃討部隊ＰＭＵ（人民動員機構）が２０１８年の選挙でＩＳ後の政治的生き残りをかけて政界に進出、2番目に多い票を得て権力を確立した。ＰＭＵの中心はバドル組織という民兵系のイスラーム政党で、もともとＩＳＣＩの軍事部門であったのが、イラク戦争後独立した政治組織となった。バドル組織は、ＩＳＣＩが１９８０年代に亡命先のイランで設立されたことを反映して、イランで徹底的な武力活動を訓練されてきた「戦争体験者」であるとともに、封建的部族的ネットワークを駆使してＰＭＵを組織してきた。

　こうした旧民兵からなる治安部隊は、歴代の政権が行ったのと同様に、反対勢力に対してレイプや誘拐といった手法をとった。女性を庇護することを男性性の証とする部族社会の伝統を踏まえて、男性の名誉を傷つけるために女性を攻撃対象としたのである。レイプに遭った女性も、戻った後に家族の「名誉」のために殺害されることになるので、男女ともに懲罰の対象にするには効率的な手法だったと言える。

デモ会場の絵にも、ヒジャーブを着用した女性活動家の姿は多い ［Ali. T. Alhammoud 提供］

　抗議活動開始初期においては、治安部隊による催涙弾の直接攻撃を受けてデモ参加者が死亡、といった偶発性の強い被害が目についたが、それは徐々にデモ会場への往来途中での脅迫、誘拐、暴行といった、反政府活動への参加に対するあからさまな脅しへと変化していった。２０２０年にはさらにエスカレートし、デモ会場であるか否かにかかわらず、活動家をピンポイントで狙撃する殺害パターンへと変化した。

　換言すれば、現在イラクで女性は、ヒジャーブ着用者であれ反ヒジャーブ派であれ、共通の「課題」に直面している。つまり、部族的封建性と、それを利用するイスラーム主義政党の権力抗争、祖国防衛を掲げた戦争体験を背景とするマチスモ的な治安組織による暴力という存在への抵抗である。イスラーム主義であろうと世俗主義であろうと、女性たちは部族性を超克し、戦争由来の暴力主体に抗わざるを得ない環境に置かれている。

こうした状況について、アフマド・ラーウィ（al-Rawi 2020）やザフラ・アリー（Ali 2018）は「イスラーム主義でも世俗主義でもない」ヒジャーブを着用した女性活動家が台頭していることを指摘し、これをムスリム・フェミニズムと位置づける。グラースとアレクサンダーの定義によれば、ムスリム・フェミニズムとは、「イスラームに執着しつつ女性の権利を主張」することである（Glas and Alexander 2020）。完全にシャリーアに抵触する世俗法を導入することは受け入れられないが、そのことは女性の権利要求を放棄することにはならない、イスラームと女性の権利要求は矛盾しない、と考える。その思考を推し進めれば、女性を抑圧するさまざまな制約がイスラームゆえのものと理解されているのは誤解に他ならず、ゆえにイスラームのより自由な解釈が必要だ、とする発想に至る。

この柔軟さが、ヒジャーブを被った女性たちの反政府活動への積極的な参加を説明できる、とアリーは主張する。イラクで政権を担うイスラーム主義政党が、法制度面でイラクを宗派で分断する現実をもたらしている現在、宗派ではなく「イラク人ムスリム」としての自己主張をしようとした時、信仰深いムスリマには何ができるか。政治的イスラーム主義が主導する宗派政治に巻き込まれることを回避するには、ムスリマであることとイラク人たることを矛盾なく体現できる「ムスリム・フェミニズム」の枠組みで、活動を展開するしかない。

そこでアリーが着目するのは、共通の土台としての「イラク的文化」である。イラク的文化にはイスラームが含まれると同時に、イラクで培われてきた世俗的フェミニズムによる女性運動の伝統が含まれる。

世俗派もイスラーム派も同席する女性問題にかかわる集会では、前述した王政期の脱ヒジャーブ派の世俗派フェミニストの先駆者たちの名前が語られる。街中の文学カフェには、歴代のフェミニスト政治家、文学者の写真が飾られている。アリーは、ムスリム・フェミニズムの中には、ヒジャーブを被ろうが被らなかろうが、ともに「イラク人ムスリマ」としてイラクの女性運動の歴史の流れの中に生きている、という文化の継承があると指摘するのである。

最後に、一つ興味深い傾向を指摘して終えよう。先に挙げた２０１８年以降の反政府抗議活動での被害者女性の多くが、医療従事者だったという事実である。２０２０年８月にバスラで殺害されたスポーツ医療専門家のリハーム・ヤアクーブがその一例だが、彼女同様スポーツ関係者も被害者の中には存在する（同年1月にナースィリーヤで殺害されたスポーツ選手のナヴァハンド・トゥルキー）。

このことは、女性活動家への襲撃が本格化した２０１８年頃に、美容業界で活躍する女性起業家やモデルが次々に不審な死を遂げたことと関連させて考えると、一つの方向性が透けて見える。自分たちの身体を自分たちでケアするのだと決意した女性たちと、それへの攻撃だ。

バグダード市内のブック・カフェに掲げられたイラク知識人の写真。女性文学者の写真も多い
［Mahmoud al-Qaysi 提供］

男社会の名誉のために生殺与奪の権を握られてきた女性たちは、今、「装い」以上に身体そのものの奪還を求めている。その意味では、ヒジャーブの有無だけが女性の解放を象徴してきた時代は、終わったのかもしれない。

現代のプリズム1

西サハラ◇メルフファと解放闘争

新郷啓子

北アフリカの西端に、「アフリカ最後の植民地」と呼ばれる地域、西サハラがある。そこにはサハラーウィと呼ばれる人々が暮らしている。サハラーウィは、この地域の原住民と言われるベルベル人と、11世紀にアラビア半島からやってきたアラブ人、そしてサヘル以南のアフリカ人が混じりあって形成された民族だ。

西サハラは、1884年にスペインの植民地となる。しかし20世紀半ばあたりまでは、悠久の遊牧民としてのサハラーウィの生活様式に、さほどの変化は起きていない。

女性たちの着衣は、黒色に近いインディゴ染めの綿布を頭部からまとう出で立ちで、メルフファと呼ばれる。着方には、つま先までを一枚布ですっぽりと覆う形と、それに加えて下半身にイザールと呼ばれる群青色か白のスカート型の布をまとう形があった。頭部を覆うスタイルはイスラームの習慣による以外に、砂嵐や強烈な日差しといった厳しい気候条件から身を守るためのものだ。裁断や縫合のないメルフファは、臨機応変、自由自在に女主人の必要に応えてくれる不思議な着衣だ。

さて20世紀半ばを過ぎると、サハラーウィの伝統的な生活様式にも変化が起きる。この地域が繰り返し大旱魃(かんばつ)に襲われて、人々は財産である家畜を失った。折しも宗主国スペインは、発見間もないリン鉱石開発に乗り出し、労働力を必要としていた時で、サハラーウィの中にはそれまでの遊牧生活を断念し、町に定住せざるを得なくなる人々がいた。

女性たちの中には入植者スペイン人の家で家

事労働に就く者もあり、住まいや日々の労働のありさまも当然変わっていったが、メルフファは依然としてサハラーウィ女性たちを包み守っていた。

1970年代に入ると、さまざまな色彩や模様入りのメルフファが登場して、布の質もソフトな綿や合成繊維が主流になってゆく。現在着用されているメルフファはこの頃生まれたスタイルで、長さ5から6メートル、幅1から2メートルの布を、巧みに結んで体にゆったりと巻きつける。隣国のモーリタニアは1960年に独立した、人種的・文化的に西サハラの兄弟国だが、当時この国が外国から輸入するメルフファ布が、西サハラにも浸透していった。

スペイン植民地時代の末期1970年代半ばには、独立を求めるサハラーウィ住民による街頭デモがたびたび行われていた。女性たちの中には子連れで参加する人々もあり、子どもたちが、迷子にならないように母親のメルフファをしっかり摑んでいる光景が見られた。

アフリカ大陸の植民地は1960年から70年代に次々と宗主国からの独立を果たしたが、スペイン領サハラの場合は、ハーグ国際司法裁判所や国連が西サハラ住民の自決権行使を求めていたにもかかわらず、スペインが脱植民地化のプロセスを放棄して、1975年11月に隣国モロッコとモーリタニアに分割譲渡してしまう。このため領土は両国軍の侵攻を受け、多くの住民は東のアルジェリアへと逃れ、そこに難民キャンプを築き、翌76年2月にはサハラ・アラブ民主共和国の建国を宣言する。

西サハラの人民解放軍であるポリサリオ戦線は、モロッコとモーリタニアの両軍に対して解放闘争を展開し、モーリタニアは1979年にポリサリオ戦線と和平協定を結ぶに至る。

一方モロッコは、ポリサリオ戦線のゲリラ攻撃から主要地点を守るために、西サハラに防護壁の建設を着工。1981年に完成した西サハラを南北に走る壁は、長さ2700キロメートルに及び、サハラーウィの領土を東西に分断してしまう。

以来、西サハラの住民は、モロッコの占領地と難民キャンプに完全に二分されたまま、40年以上が過ぎている。難民キャンプのサハラーウィは、夏場の最高気温が50度を超す苛酷な自然条件下で難民生活に耐え、かたや占領地のサハラーウィは、表現の自由などの人権を剥奪された占領体制下で二級市民の生活に耐えているのだ。モロッコという国は、自国内で深刻な人権問題を抱える国だ。そんな国が占領地ではどれほど横暴なことをするか、それを推測するのは難しくない。

メルフファは、難民となったサハラーウィにも役立つ布だった。1975年末から翌年にかけて、モロッコ軍の空爆を徒歩で逃げ延びた人々は、夜にはメルフファを敷いて野宿した。占領を拒み、これを逃れたサハラーウィが集まるキャンプ地では、国際機関からの援助テントが到着するまで、古いメルフファをつなぎあわせて張られた仮のテントが並んでいた。

砂漠の大海原に浮かぶ孤島のようなサハラーウィ難民キャンプだ。ここへやって来る外国人ジャーナリストたちは、サハラーウィの男性たちが戦場で解放闘争を担う一方で、キャンプ社会を築き、その運営を担う女性たちを取材する。例えば、幼い子どもを抱いて露天の食料配給所を仕切りながら、インタビューに答える母親。やがて子どもが腹を空かせて泣き始める。すると母親が両腕を右左に動かしたかと思うと、造作なくその子は優しいメルフファの布の奥で、安らかに乳を飲んでいる。

メルフファは、誰の眼にもサハラーウィ女性の闘いのシンボルとして映り、カメラに収められ、語られていく。

一方、防護壁の西側、モロッコ占領下の西サハラでは、１９８０年代から国連和平案の生まれる１９９２年まで、メルフファは占領者にとって好ましからざる民族衣装だった。というのは、西サハラの領有権を主張するモロッコにとって、領土を軍事的に掌握した後の次の手は、住民のモロッコ化だったからだ。

当時の国王ハサン2世は、国連演説で自ら西サハラ住民投票の実施を約束したように、この紛争が、国連憲章に謳われた民族自決権の行使を抜きにして解決しえないことを知っていた。したがって、投票に臨んだ住民が、独立ではなくモロッコへの帰属を選択するように仕向けるには、住民の意識からサハラーウィ性を抹消し、モロッコ人意識を植え付けねばならない。

サハラーウィ住民をモロッコ化させる顕著な試みは、名字の義務づけだ。サハラーウィ社会ではかつてのアラブ社会がそうであったように、自分の名の後に父親そして祖父の名を連ねて名字とする。この伝統的氏名に対してモロッコは、かつてフランス宗主国が自国をはじめとする植民地住民に課したように、名字登録をサハラーウィ住民に義務づけたのだ。

このようなモロッコの同化政策は、教育をはじめ社会生活のさまざまな面に及び、学校や役所などの公共機関で働くサハラーウィ女性は当時、メルフファをまとうことを禁じられていた。

モロッコが西サハラに侵攻してから16年後の１９９２年、当事者双方が受諾する国連主導の和平案が成立する。西サハラ住民投票のための国連派遣団ＭＩＮＵＲＳＯが発足し、停戦。住民投票の有権者を認定する作業委員会が設けられ、認定作業が開始する。

すると西サハラの主要地には、モロッコ国内から大量の住民たちがトラックで送り込まれた。送り込まれたモロッコ人女性たちはメルフファをまとわされる。占領16年を経ても、サハラーウィのモロッコ化が成功していない現実に直面したモロッコは、モロッコ人を有権者として登録させるために、モロッコ人のサハラーウィ化に戦略転換したのだ。

国連の有権者認定委員会は、モロッコ側のあの手この手の妨害工作に遭いながらも、結局10年近くを費やして2000年に有権者名簿を発表。ところがこの内容を不服としたモロッコは、およそ8万人の申し立て者リストを提出して、和平の歯車をストップさせてしまう。

それ以降、国連による調停努力はかろうじて続行しているが、当事者のモロッコはこれに背を向けて時間を稼ぎつつ、リン鉱石や水産物など占領地の天然資源の収奪に猛進している。

占領地では、和平案が暗礁に乗り上げた状況を危惧して、サハラーウィ住民が街頭に出て、占領を拒否し住民投票の実現を求める示威行動を展開する。占領体制の風景の中では、サハラーウィの女性たちのまとうメルフファは、まるで女主人の声を肩代わりしているかのように雄弁だ。

モロッコ当局は純然たる平和デモに対しても、容赦なく襲いかかる。そして力に訴えることしか知らないモロッコ当局部隊は、目障りなメルフファを剝ぎ取ろうとする。ある日、モロッコ当局のこの手口を逆手にとって、ある女性がメルフファの下にサハラ・アラブ民主共和国の国旗を縫い付けた服を着てデモに参加した。罠にかかったモロッコ警官は、図らずも国旗の除幕行為に及んでしまったのだった。

このように、メルフファはサハラーウィの解放闘争に絶えず存在し、その精神に寄り添ってきた。

国連が和平案を成立させる以前、メルフファは、占領国モロッコにとって、西サハラのモロッコ化政策のもとで、抹消すべきサハラーウィ性の端的な例だった。ところが住民投票に際し、モロッコが有権者水増しで乗り切る段になると、モロッコ人女性にメルフファをまとわせた。しかし実際のところ占領地では、有権者認定とは無関係のところで、入植してきたモロッコ人女性が便宜性などの利点から、自発的にメルフファをまとう風潮まで生じている。

そして現在、和平案を棚上げにしているモロッコは、かつては抹消の対象としたサハラーウィ文化さえもモロッコ文化の多様性の中に組み入れ、豊かな自国文化を標榜する方向に転じている。メルフファがその代表的な材料となっていることは言うまでもない。

しかしモロッコによるこうした占領の既成事実化がどれほど拡大しても、サハラーウィの抵抗と闘いは揺らぐことなく存在している。解放を求める闘いを開始してから50年にもなろうとしているが、この歳月が物語るのは、自由を取り戻すためにひと塊となった人々の精神だ。占領国モロッコはこの塊を切り崩そうと幾度も分裂を仕掛けてきたが、皮肉なことに、サハラーウィはまるで分裂する自由さえ手にしていないかのように一体のままだ。3世代にわたって抵抗を続けてきたサハラーウィなら、この先どれほど歳月を要しても、必ずや自由をつかみ取ることだろう。

かつてモロッコ当局により連行され、3年7ヶ月の間、外部とのコンタクトを一切断たれる強制失踪者となったサハラーウィ人権活動家たち。右からアミーナートゥ・ハイダル（ライト・ライブリフット賞受賞）、サールカ、ガーリーヤ・ドゥジーミー（ピメンテル・フォンセカ賞受賞）。メルフファをまとう身体は、今も拷問の後遺症を引きずっている ［Michèle Decaster 氏撮影］

現代のプリズム2

日本◇ネヴロス
クルド人の装いと思い

中島由佳利

3月21日、昼と夜の長さがほぼ同じになる春分の日に、在日クルド人たちが埼玉県内の広場に集まり、新年祭を祝う。日本では2004年に初めて屋外で実施されるようになったこの祭りは、ネヴロス（Newroz）と呼ばれる。これはクルド人の祝日というだけではなく、西アジアから中央アジア、中東に至る広い地域で行われているもので、一般的にはペルシャ起源のノウルーズ（Nowruz）がよく知られている。トルコではネヴルーズ（Nevruz）と言う。

埼玉県の蕨市民公園で行われた最初の新年祭で、クルド人たちはある声明文をクルド語で読み上げた。

「我々クルド人のネヴロスは、ネヴルーズでも、ノウルーズでもありません。ネヴロスなのです。」

2021年現在、日本には約2000人のクルド人が居住している。2020年と21年のネヴロスはコロナ禍で中止となったが、2019年には数百人の在日クルド人が荒川の公園広場に集まり、賑やかに開催された。色とりどりのクルド民族衣装をまとった女性たちが小指をつなぎあい、クルド語でゴーベントと呼ばれるダンスを踊る。色鮮やかなロングドレスの上に、華やかな刺繍が施された柔らかな布地の前開きドレスを重ねて羽織り、ウエストをベルトでキュッと締める。キラス・ウ・フィスタンと呼ばれるこの民族衣装は、結婚式などのお祝いでもよく着られている。彼女たちの動きに合わせて、袖先にあしらわれた細長い布がひらひらと舞う。この特徴的な細長い布はレヴェンディと言われ、腕を振り上げた時に、踊りに豪華な雰囲気が加わる。腕にくるくると巻きつける人もいる。

2019年3月、埼玉県秋ヶ瀬公園でのネヴロス。クルドの民族衣装で踊る女性たち ［筆者撮影］

クルド人のネヴロスはただの新年祭ではなく、かなり政治的な意味合いが含まれており、1990年代ほどではないにしても、トルコでは現在でも軍や警察車両に囲まれて、警戒されながら実施している場所もある。トルコでは1923年の共和国建国以来、長いことクルド語の使用や、クルド文化の表現が禁止されてきた。そのような中で、ネヴロスはクルド民族団結の旗印になってきた。

クルド人たちのネヴロスには、次のような神話がある。

紀元前7世紀頃、中東の帝国にデハックという暴君がいた。デハックは人民を奴隷化し、残虐の限りを尽くしていた。ある時デハックは不治の病いにかかり、その両肩からは凶暴な蛇が生まれた。その2匹の蛇をおとなしくさせるために、毎日、町からふたりの若者を連れてきて殺し、その脳みそを蛇に食べさせた。若者たちを気の毒に思ったデハックの家臣は、ふたりのうちひとりを山に逃し、代わりに羊の脳みそを暴君に差し出し続けた。山には命を助けられた若者たちがだんだんと増えていき、彼らはやがて自分たちをクルド人と名乗るようになった。その中の鍛冶屋のカワという若者がリーダーとなり、デハックを倒すため、クルド人たちを率いて蜂起した。カワが仕事で使っていたハンマーをデハックの頭に振り落として殺すと、両肩の蛇たちも息絶えた。クルド人たちは火を焚いてのろしを上げ、町の人々に、圧政を倒し自由と平和を取り戻したことを伝えた。紀元前612年の3月21日に起こったその出来事がネヴロスの起源だ、という神話である。

実際の歴史を紐解いてみると、メソポタミアの地を治めていたアッシリア帝国がバビロニアとメディアによって滅ぼされたのが紀元前612年となっており、多くのクルド人は自分たちのことをメディア人の末裔だと言っている。

つまりクルド人たちのネヴロスは、他の地域の新年祭とは大きく異なり、圧政と暴力から解放され、自由と平和を願う祭なのである。トルコ共和国内において、母語であるクルド語を取り上げられ、自分たちの文化も禁止され、そして自らの名前もトルコ名に変えられた上に、多くの命を奪われてきたクルド人たちにとって、ネヴロスはクルド民族としての団結と連帯を確認するための、大きな力となっていった。

しかしトルコ政府は、クルド人による国家分離主義活動にあたるということで、ネヴロスの集まり自体に激しい弾圧を加えた。とくに酷かったのは1992年のジズレにおける弾圧であった。多くの死傷者が発生し、クルド人たちの反発は、自らの居住地域であるトルコ南東部全体に広がっていった。これに先立ち、トルコ政府は1991年、新年祭を解禁するとともに「ネヴルーズ祭は中央アジアに起源を持つ伝統の行事であり、トルコ人の新年を祝う祭である」（1991年3月13日付『ジュムフリエット』紙）と発表している。これに対してクルド人たちは怒り、あるいはあっけに取られた。その年、ジズレでは大規模なデモが実施され、トルコ治安部隊との衝突が起こっていた。女性たちの華やかな装いとはかけ離れた、弾圧と混乱の中でネヴロスは実施されることとなっていった。

最初にクルド人が来日したのは、1992年から1993年頃のことであるが、まさにこのネヴロスでの激しい弾圧、またトルコ南東部全体で村を無人化するためのトルコ軍による攻撃が行われていた時代のことである。この第1世代は、自らが実際に弾圧、逮捕、拷問を経験したり、目の前で親や兄弟が惨殺されるのを見てきた人たちである。彼らはネヴロスでクルディスタンの旗を掲げて、あるいはクルド民族解放運動のリーダーの名を叫んで逮捕されたり、クルド人を弾圧する軍への兵役を拒否して来日した人たちが多く、日本政府に対して難民申請を行っていた。2000年代初頭になると、日本には約400人から500人のクルド人が居住し、埼玉県の蕨市、川口市におけるクルド人の割合が増えていった。

彼らが日本で初めて行ったネヴロスで、蕨市民公園に集まったのは成人のクルド人男性ばかりがおよそ200人。彼らは、クルディスタンの旗を自由に掲げられることを喜び、クルディスタン労働者党のリーダー、アブドゥッラー・オジャランの顔写真を飾り付けたテントの前で、小さな缶に火を焚き、小指をつないで踊り、ピースサインを高らかに掲げて、自由と平和を口々に叫んだ。この頃の在日クルド人たちの装いには、男性用の民族衣装などは見受けられず、ほとんどがTシャツとジーンズ、祭の主催者たちはスーツ姿といったもので、女性の参加も少なく、華やかさのかけらもなかった。当時は、数少ない女性も民族衣装を着用することはなかった。なぜあの素敵な装いをしないのか、とクルド人女性に訊ねたところ、「故郷から持って出ることはできなかったの。今も、取り寄せることは難しいわ」と答えていた。

その後、毎年回を重ねるごとに、少しずつクルド人らしい装いで祭に参加する人たちが増えていった。その一方で、難民申請が却下されて自主「またすぐ来日できるから」と説得されて自主帰国を受け入れた若いクルド人が、イスタンブルの空港で逮捕されるという事態も起こっていた。逮捕の理由は、日本で開催されたネヴロスで国家分離主義活動を行ったというもので、その証拠というのが「写真」であった。新年祭でオジャランの肖像とともに写真に収まり、またピースサインをしてクルディスタンの旗の前でも記念写真を撮っていた、それがトルコ国外で国家分離主義活動を行っていた証拠だというのである。彼は裁判で有罪判決を受け、刑務所に収監される前に、ふたたび日本に逃げてきた。

クルド難民申請者の数は年々増加し、家族や婚約者を呼び寄せ、女性や子ども、また日本生まれの子どもたちもどんどん増えていった。それに伴い、新年祭の様相も華やかで賑やかなものに変化したが、当初のようにクルディスタン労働者党の旗やオジャランの写真を掲げることはできなくなった。埼玉でのネヴロスの様子は、SNSや大使館などの監視を通じて本国へも当然伝わっており、帰国後に実際に逮捕される人も多かったため、人々が自主的に掲げなくなったこともある。が、むしろ問題だったのは、新年祭を行ってきた公共の公園が2015年以降、クルド人たちに会場を貸さなくなったことである。ようやく許可が下りた広場や河原の公園でも、公園管理所から「政治的なアピールは禁止」という制約が課せられ、雰囲気はすっかり無難な「民族のお祭り」となった。

初期の新年祭から比べると華やかで、日本人も中東の雰囲気が手軽に味わえるようなものに変化したが、これはクルド人が日本でも自由にネヴロスを開催できなくなったということに他ならない。それでもクルド人左派政党の人民民主主義党（HDP）や、シリアでISとの戦いに勝利したクルド人民防衛隊（YPG）／クルド女性防衛隊（YPJ）の旗がまるで運動会の万国旗のように飾られ、その下を子どもたちが楽しそうに駆け回っている。

日本育ちや日本生まれのクルドの若者や子どもたちは、小学校から日本で教育を受けており、日本語がかなり達者である。日本語が苦手な親たちの通訳として、病院や出入国在留管理局（入管）に付き添う。彼らの多くはトルコ語と日本語を話すが、クルド語を子どもたちに伝える親は少なく、日本でクルド語が継承されるのはかなり難しい状況だ。親自身、クルド語がしゃべれないという場合もある。本来であれば「クルド」に対する抑圧のない国でこそクルド語で話し、クルド文化を伝えていくことが可能となるはずだが、日本ではなかなかそうはならない。難民として認定されず在留資格も与えられずに、収容だけは免れる「仮放免」状態の親たちは、生きていくだけで精一杯という面もある。子どもたちは地域で日本の学校へ行くが、成長するにつれ目の前に制度の壁が立ち塞がるようになり、そこで初めて現実にぶつかると、中には親との関係が崩壊し、母の手料理も食べず、自分はトルコ人だと平気で言う若者も出てくる。

子どもたちはクルド語が分からないし、クルディスタンの大地も知らない。日本人が持つ当然の権利が与えられない中で、自分自身を「取るに足らない存在」だと投げやりになる場合もある。ヨーロッパやアメリカ、オーストラリアなどで、移民や難民としてコミュニティを形成しているクルド人たちの世代間でも、同じような現象は起こっているというが、圧倒的な人数の多さで在留資格が与えられたクルド人たちの集団の中では、その文化やアイデンティティは守られやすいだろう。

日本のネヴロスでも、クルドの民族衣装をまとい、踊るたくさんの若者たちの姿が見られる。男子の中にも幅広ズボンに上着、広帯を身につける本格派もいる。女子はもちろん、キラス・ウ・フィスタン。踊りながら、隣の人とつないだ手を振り上げれば、袖先のレヴェンディがひらひらと舞う。

できれば故郷に戻りたいと願う親世代と、もはやクルディスタンを故郷だと感じることが難しい子ども世代との間をつなぐものが、日本ではネヴロスで着るクルドの民族衣装、そしてクルド音楽と踊りなのかもしれない。

第9章

ウズベキスタン◇ヴェールを捨てたその後に

帯谷知可

はじめに

ウズベキスタンは、1924年にソ連統治のもとでウズベク・ソヴィエト社会主義共和国として誕生し、1991年にウズベキスタン共和国として独立した中央アジアの一国である。

住民の大部分がムスリムであるウズベキスタンのこの百年間の女性の装いの変化に着目すると、社会主義的近代化が始まった1920年代以降、以下の3つの流れを確認できる。まず、ソヴィエト共産党主導による上からの女性解放運動「フジュム（攻撃）」により、パランジ（この時代のウズベキスタンでは「イスラームのヴェール」はもっぱらこの名称で呼ばれた）の根絶が目指された（Northrop 2004; Kamp 2006）。第二に、洋装の導入および伝統衣装の洋風スタイルへの変化という洋装化の現象が見られた。第三に、多民族国家ソ連において各民族を分かりやすく表象する「伝統的民族衣装」の定型化が生じた。これらは相互に絡みあいながら進行し、その間に女性の装いをめぐる規範も少しずつ変化していったのである。

1920年代のパランジ根絶キャンペーンを経験したウズベク人女性たちは、なぜ、どのようにパランジを捨てたのだろうか。そしてその後にどのような運命が待ち受けていたのだろうか。社会主義的近代化が進む中での女性のありようと、その装いの変化に目を向けながら、3つの事例をたどってみよう。なお、以下、パランジに特化せず一般的な意味でイスラームのヴェールを含意する場合は「ヴェール」と表現する。

1 舞台を夢見て暴力の犠牲となる――トゥルスンオイとヌルホン

ウズベキスタンで1920年代以降、根絶のターゲットになったのは、正確に言えば、すっぽりと頭から被るように着用する、背中側に飾り袖の付いた長衣「パランジ」と、馬毛を編んだ黒い顔覆い「チャチヴォン」(「チムマト」とも呼ばれる)のセットであった。「パランジを着けた女性」とは、概してこれらにより顔を含めて全身が覆われている女性を指し、それはウズベク語でもロシア語でも「閉ざされた女性」と言い換え可能である。

このパランジとチャチヴォンのセットは、捉えようによってはいかにも女性の身体に対する抑圧や拘束をイメージさせる、分厚く全身を覆うものだった。ウズベキスタンに限らずソ連では、ムスリム女性の身体の覆いとしてのヴェールの根絶は、理念的にはマルクス゠レーニン主義的な進歩史観と科学的無神論のイデオロギーに基づいて実行された。ヴェールは、イスラームと家父長制による女性に対する抑圧や搾取という「前近代性」の象徴と見なされ、女性をそれらの影響から引きはがし、家での「隔離」状態から社会へ解き放ち、自立的な労働者にすることが目指されたのである。

例えば、ウズベキスタンにおいてパランジ根絶キャンペーン開始の日とされた１９２７年３月８日（国際婦人デー）付の新聞『東方のコムソモール（共産主義青年同盟）員』は、ソヴィエト「東方」の女性に対し「チャドラ（当時ロシア語でイスラームのヴェールはしばしばこう呼ばれた）は君を世界から閉ざし、君の健康を害し、君の労働を妨害する！」と呼びかけている（ソ連ではウラル山脈以東を非ヨーロッパ系の「後れた諸民族」が暮らす地域という意味も込めて「東方」と呼んだが、ムスリム諸民族は概して居住地域に関わらず「東方」に括られた）。パランジ根絶キャンペーンでは、女性たちがいっせいにパランジを脱いで火にくべるパフォーマンスが各地の広場などで繰り返し行われた。

パランジとチャチヴォンを着用した女性

[「識字学校へ」M・ペンソン撮影、1927 年。D. Khodzhaeva 氏提供]

しかし、ウズベク人の当時の規範からすれば、パランジは女性の貞節の証であり、女性のヴェール着用は地域コミュニティの中での家族の信頼と名誉の証と考えられていた。したがってパランジの根絶は一朝一夕になるものではなかった。実際に、規範を固守しようとするウズベク人男性の側から根絶キャンペーンに対する猛反発が起こり、それはしばしばパランジを捨てた女性に対する男性からのさまざまなハラスメントや凄惨な暴力に、ひいては親族男性による女性殺し（フェミサイド）にまで結びついた。その犠牲者の数は１９２７年から１９３０年までの間に２５００人を数えたという（Kamp 2011: 57）。

　このような犠牲の象徴的存在ともなったのが、パランジを着けずに顔をあらわにして舞台に立った最初のウズベク人女性に数えられる、トゥルスンオイ・サイドアズィモヴァ（1911～1928、通称トゥルスンオイ）とヌルホン・ユルドシュホジャエヴァ（1913～1929、通称ヌルホン）である。いずれも若くして家族と故郷から離れ、舞台を志した。トゥルスンオイは1925年、わずか14歳で、当時ウズベク民族劇場設立準備のためモスクワに設置されていたウズベク演劇スタジオに派遣され、当時のソ連（ロシア）演劇界の最先端であったヴァフタンゴフ劇場やメイエルホリド劇場の俳優らによる演劇教育を受けた。そこで培われた演技力と、「ウズベクのナイチンゲール」と讃えられた歌声により名声を博した。一方、ヌルホンはウズベキスタン各地を巡る舞踊団に所属することとなり、そこで磨きをかけた舞踊により有名になった。だが、それも束の間、いずれも20歳にも満たない若さで、トゥルスンオイは夫の、ヌルホンは兄の手にかかって命を奪われたのである。

ヌルホンの場合、1928年より舞踊団に加わって巡業するようになり、同年3月8日の国際婦人デーには、舞台上でパランジを脱ぎ捨てるパフォーマンスも行ったという。やがて舞踊団がヌルホンの故郷近くの町で公演することになると、そこへヌルホンのおばが訪ねてきて、彼女と舞踊団のメンバーたちを実家へ招待した。実家にはヌルホンの親族男性たちも集まっており、話があるからと彼女一人を別室へと誘った兄は、扉を閉めるやヌルホンに刃物を突き立て、何度も刺し、死に至らしめたのである。後に判明したところによれば、これは町のミンバシュ（警察長官）、ムッラー（宗教指導者）、ヌルホンの父親の3人による計画殺人であり、父親が息子（ヌルホンの兄）に命じて実行させたのであった（Kamp 2006: 205-206）。

トゥルスンオイとヌルホンの殺害事件は、女性解放運動推進のばねとして利用すべくソヴィエト政権によって象徴的に取り上げられ、現地のマスメディアで広く報道された。ソヴィエト的女性解放の賛同者でもあり、トゥルスンオイの才能を見出したソヴィエト・ウズベク文学黎明期の詩人・作家ハムザ（188

9〜1929）はトゥルスンオイを悼む詩「トゥルスンオイ挽歌」を詠んだが、やがてある地方の町で、彼が主導したパランジ放棄の催しに立腹した男たちからの投石を受け、彼もまた命を落とした。詩人チュルポン（チョルパンとも。1897〜1938）らによって、トゥルスンオイを主人公とする戯曲『フジュム』も創作された。後にソヴィエト・ウズベキスタン人民作家の称号を得ることになる作家・脚本家コミル・ヤシン（1909〜1997）は1940年に音楽劇『ヌルホン』を書いた。トゥルスンオイとヌルホンの名は、自らの意志でパランジを捨て、そして女性解放に殉じた悲劇のウズベク人女性として、これらの作品によってもウズベキスタンの人々の記憶に刻まれることとなったのである。

当初のソヴィエト政権のパランジ根絶計画は、同じ年の5月1日（メーデー）までに完遂することを目指していたが、女性に対するあまりにも壮絶な暴力をウズベク社会の中に呼び起こしたため、頓挫せざるを得なかった。しかし、その後も機会をとらえてはパランジ根絶のプロパガンダは継続され、日常生活の規律強化の観点から共産党員の家族内にパランジ着用女性がいるかどうかが点検されるようにもなった。やがて、多くのウズベク人成人男性がソ連兵として出征した第二次世界大戦を契機に、パランジの着用は大幅に減少していった。パランジが日常生活からほぼ消えたのは1960年代末頃のことだった（Northrop 2004: 355）。

2　ソヴィエト・ウズベク女性として王道を行く——女優エショントゥラエヴァ

トゥルスンオイと同じ年の生まれで、同じく舞台への道を選んだ女優ソラ・エショントゥラエヴァ（サラ・イシャントゥラエヴァとも。1911〜1998）は、幸運にも上述のような凄惨な暴力の犠牲になることなく、ソヴィエト的ウズベク人女性として、そして舞台人として、いわば王道を行き、大きな成功を手にした人物である。彼女はロシア帝政期、ソヴィエト期、独立期と3つの時代を生きた。

エショントゥラエヴァは、幼い頃に父親を亡くし、里子に出されて成長した。9歳の時、里親が彼女にパランジを着用させ始めると、結婚仲介人が訪ねてくるようになり、すでに4人の妻がいた老人が500ルーブルと引き換えに彼女を求めたというエピソードが伝えられている。彼女は結婚よりも何かを学ぶことを望み、親しくしていた年上の女友達から学校へ行くことを勧められた。里親は必ずパランジを着けることを条件として学校へ通うことを許可した。件の女友達に誘われて初めて演劇を鑑賞して以来、エショントゥラエヴァは演劇の魅力に取りつかれ、舞台に上がることを夢見るようになった。夢中になっておとぎ話を読み、それらを台本風にしてノートに書き溜めていったという。11歳でウズベキスタンの首都タシュケントの女子寄宿学校（インテルナト）に入学し、後にそこにスカウトにやってきた劇場の指導者によって歌唱団のメンバーに選ばれて、舞台に立つようになった。やがて、トゥルスンオイとともに、モスクワのウズベク演劇スタジオで3年にわたって演劇教育を受けた。このスタジオの卒業生がソヴィエト・ウズベキスタンのハムザ記念ウズベク国立アカデミー劇場の創成期を支えるメンバーとなったのである。エショントゥラエヴァはこうして、同劇場のトップ女優の一人となった（*Pravda Vostoka* 紙1935年3月5日）。

エショントゥラエヴァは生涯を通じて、上述の演劇作品『フジュム』のトゥルスンオイ、ヴァフタンゴフ脚本による『トゥーランドット姫』の女奴隷アデリマ、『ハムレット』のオフィーリアなど、多様な作品で重要な役を演じた。ウズベキスタン人民芸術家、さらにソ連邦人民芸術家という芸術家として最上級の称号を得たうえ、演劇界での活躍にとどまらず、ウズベク共産党中央委員会メンバー、ソ連最高会議議員という政治的にも少なからぬ影響力をもつ地位にまで上り詰めた。

スターリンの大粛清の嵐が吹き荒れる少し前の1937年2月、スターリン憲法の共和国版が採択されたウズベキスタン臨時ソヴィエト大会における演説で、彼女は芸術界を代表して、ウズベキスタンの演劇、映画、オーケストラ、オペラなどの著しい発展を讃えた後、次のような言葉を発した。「ウズベキスタンの芸術発展への道が平坦だったということはできません。階級敵はウズベク芸術の最良の代表者を手にかけ、私たちはトゥルスンオイや劇作家ハムザといった友人たちを失ったのです。しかし、階級敵は私たちを脅すことはできなかったし、社会主義芸術の勝利に満ちた前進を止めることもできなかったのです。（…）形式において民族的、内容において社会主義的なウズベク芸術、万歳！」（*Pravda Vostoka* 紙 1937年2月16日）。「形式において民族的、内容において社会主義的」とは、スターリンによるソ連の「民族文化」に関する有名な定義だが、エショントゥラエヴァはいわば模範的なソヴィエト・ウズベク文化人としてスターリン時代をも生き抜いたのである。

ソラ・エショントゥラエヴァ
［M・ペンソン撮影、maxpenson.com］

さて、このエショントゥラエヴァについてたいへん興味深いのは、頻繁にメディアで取り上げられた際の彼女の装いである。彼女は多くの写真で洋装に民族帽ドゥッピを着けている。成人女性のドゥッピ着用は実はソ連時代になってからの新しい現象であり、それ以前はもっぱら男性と子ども（男女とも）が被るものだった。パランジ根絶キャンペーンと並行して1920年代に女性用ドゥッピを製作する工房が各地に作られ、急速に普及した経緯がある（Sodiqova and Gaybullayeva 2014: 237-243）。アルテリと称されたそのような工房はソヴィエト的な生産協同組合と位置づけられ、主に女性が手工芸品、絨毯、織物などの生産に携わる集団労働の場でもあった（宗野 2019）。

ドゥッピは、パランジに代わる最も簡便な形態での頭部の覆いと位置づけることも可能であるが、同時に重要なのは端的にウズベク性を示すことのできるソヴィエト政権推奨のアイテムだということだろう。しかも、エショントゥラエヴァは、しばしば濃色地に白いペイズリー模様の付いた男性用のドゥッピを着用した。男性用ドゥッピも従来多様で、また実にカラフルでもあったが、「チュスト（フェルガナ盆地北部の地名）風」と呼ばれるこのタイプのものに代表されていくプロセスがソ連時代に生じたと考えられる（Sodiqova and Gaybullayeva: 2014: 226-236）。成人女性の男性用ドゥッピ着用は、1920年代から1930年代のプロパガンダやセレモニーにおいて珍しいことではなかったようだが、それは、多民族国家ソ連における ウズベク性の提示と社会主義的な男女平等の象徴という、いわば二重のソヴィエト的価値を体現したスタイルだったと見ることもできるだろう。

「女性たち。ピオネール宮殿（旧ニコライ・コンスタンチノヴィチ大公宮殿）前の庭園にて」前列左2名が男性用ドゥッピを着用している［M・ペンソン撮影。タシュケント、1930年代末。maxpenson.com］

代表的なデザインの男性用ドゥッピ
［Sodiqova and Gaybullayeva 2014: 250］

3　ノムスを守る――女医サリマホン・トゥラホジャエヴァ

トゥルスンオイやヌルホン、エショントゥラエヴァのようにウズベキスタンの百科事典に載るほどの知名度はないが、サリマホン・トゥラホジャエヴァ（1910～2002）は、首都タシュケントから200キロメートルほど離れた農村部において名士となった女性である。彼女もまた3つの時代を生きた。14歳の時に近隣の地方都市ナマンガンに嫁いだが、しばらく後に夫の横暴に耐えかねて子どもを連れて実家に戻り、1926年から集団農場（コルホーズ）でロシア人女性看護師の助手をするようになった。その看護師がトゥラホジャエヴァの両親を説得し、彼女は首都で医学を学ぶことになった。同年、トゥラホジャエヴァは村の女性の中で初めてコムソモール員ともなっている。医師となって故郷に戻ったトゥラホジャエヴァはナマンガンの病院に15年以上勤務し、その間に再婚もした。1955年にかつて働いていた集団農場に戻ったときには、共産党員として党の地方組織の要職にも就いており、「ドクトル・オパ（お医者姉さん）」の通り名を持つに至った（Babadjanov 2014: 213-214）。

彼女は共産党主導の女性解放運動の推進者でもあり、地方農村の医師として男女を問わず周囲からの尊敬を集める立場にあったため、近隣のいくつもの集団農場の集会に招かれては、パランジ根絶の必要性を説いた。興味深いのは、彼女が、自身もキャリア形成においてその恩恵を受けたところのソヴィエト的な女性解放政策と、故郷のローカルな宗教性や価値観との調和を積極的に模索したことである。トゥラホジャエヴァの集団農場でも上からの性急な女性解放キャンペーンには反発が強く、パランジの放棄を進めるのは容易ではなかったらしい。集団農場上層部はその困難さゆえに女性解放推進をあきらめかけていたが、トゥラホジャエヴァはいくつかの妥協案を提示した。とくに、彼女はいかなるヴェールも着けないのは聖なる規範「ノムス」に反すると主張する一方で、伝統的な女性の頭部の覆い「ルモル」がパランジの代替になりうると人々を説得しようではないかと提案したのである（Babadjanov 2014: 230-231）。ルモルとは、中央アジアの定住民女性が着用する大判のヘッドスカーフのことで、三角形にたたんでふわりと頭にのせて両端を垂らしておくか、首の後ろや額の上などで結ぶものだが、トゥラホジャエヴァの地元では結ぶスタイルが一般的であったらしい。トゥラホジャエヴァのこの提案は結果的に集団農場の人々に受け入れられ、ルモル姿での女性の外出は急速に広まり、そこではルモルは「トルコ風ヴェール」「ソヴィエト・ヴェール」とさえ呼ばれたという（Babadjanov 2014: 231）。

トゥラホジャエヴァが守ろうとしたノムス（他のテュルク系言語ではナムス、ナームスとも）とは、ウズベキスタンの研究者によれば、イスラーム的な「恥」「良心」「貞節」などの教えの遵守も含む、共同体内の人々の関係性にかかわる概念と規範のことであり、「行動規範、倫理コードを指し、礼儀や作法といった言葉とも入替可能な概念」（Babadjanov 2014: 229-230）と説明される。トゥラホジャエヴァの村周辺では、住居の女性居住部分（「奥」にあたる部分、一般的にはイチカリと呼ばれる）も、パランジやチャチヴォンもノムスであると理解されていた（Babadjanov 2014: 230）。

ロシア帝政期からソヴィエト革命期にかけて活動したロシア人民族学者ナリフキン夫妻は、まさにトゥラホジャエヴァの出身地があるナマンガン近郊の農村に暮らした経験をもとに、貴重な現地女性の日常生活についての民族誌を残している。そこではルモルについて次のような記述が見られる。「朝、目覚めて床から起きると、サルト人〔ロシア帝政期にロシア人は中央アジア定住民をこう呼んでおり、ほぼ現在のウズベク人に相当する〕女性は手のひらで髪を撫でつけるだけで、頭にスカーフを着けるが、それなしでいることは礼節を欠くだけでなく、罪であるとさえ見なされている。女性にとってとくに大きな罪と見なされるのは、クルアーンのある部屋でスカーフを着けずにいることであり、またクルアーンの朗誦の時には多くの者はスカーフをしっかりと頭に巻きつけて、スカーフの中で顔を輝かせるのである。（…）守護天使は、もし女性が頭にスカーフを着けずにものを食べるなら、彼女のもとから飛び去っていく」（Nalivkin and Nalivkina 1886: 92-97：帯谷 2022: 89-91）。ナリフキン夫妻はここでノムスという言葉自体は用いていないが、ルモルの着用がイスラーム的な意味も含めた行動規範の一部であったことが理解できる。

トゥラホジャエヴァ自身、党や議会の活動中でさえ人前で頭部の覆いなしでいることはなく、常にルモルか、医師としての仕事中には医師帽を着用しており、ルモルと医師帽の着け替えも男性の前では決して行わなかったという。彼女にとっての正装とは、彼女自身が提案した妥協を反映して、「ソヴィエト的ユニフォーム」としてのロングスカートとジャケットを着用し、胸には議員バッジ、そして頭にはルモルというものだった。また、家庭においては、礼拝や断食は行わなかったものの、自分の息子にはムッラーによるアゾン（本来は礼拝を呼びかけるアザーンを指すが、ここでは新生児の耳元で呼びかけの言葉を唱える儀礼のことで、その時から新生児はムスリムとみなされる）を行い、割礼を施し、息子の結婚の際にはニコフ（イスラーム的結婚契約）を実施した（Babadjanov 2014: 231-232）。つまり、日常のイスラーム的実践はしなかったが、人生儀礼については、ソヴィエト体制のもとでは一部は非合法だと知りながらも、従来の慣習を守ったことがうかがえる。

実際、「解放されたソヴィエト的近代的ウズベク人女性」の表象において、積極的に共産党の活動家となった既婚女性や比較的年配の女性の中に、数多くのルモル着用者を見出すことができる。ソヴィエト政権にとって重要だったのは、女性の覆いを完全になくすことよりも、パランジを抑圧の象徴と位置づけて排除すること、そして何よりも女性が顔をあらわにすることだったのである。それに対して、ノムスを解釈し直すことによって、女性がパランジなしで顔をあらわにすることをソヴィエト政権が強く要請する状況下であっても、頭部（の少なくとも一部）を覆うことは維持するという形で、男性側からの過剰な反応をかわしつつ、女性たちをヴェールありからヴェールなしの生活へ、いわばソフトランディングさせる役割をルモルは担ったのである。

「〔タシュケント〕旧市街革命委員会婦人部副部長アブドゥラフマノヴァ」

［"Odna iz mnogikh," *Pravda Vostoka* 紙 1928 年 3 月 8 日］

おわりに

1920年代の性急なパランジ根絶キャンペーンがおびただしい数の無辜（むこ）の女性たちの犠牲に結びついてしまったことは忘れ去られてはならない事実であり、その暴力のメカニズムについて考察することは今なお、現地社会にとっても、研究の上でも現代的な意味を持っている。その一方で、ルモル着用での外出という選択に見るように、凄惨な暴力を回避しつつ、ソヴィエト政権の要請とローカルな規範の双方に応えるための交渉や妥協もあった。

そしてソヴィエト政権がパランジ根絶を推し進め、社会が「いびつな形ではあれ、新しい時代に入った」（Tokhtakhodzhaeva 2000: 70）長期的な結果として、20世紀中にウズベキスタンに広く浸透し共有されるようになったのは、「進歩的な女性は顔を覆ったりしない」という認識に集約されるように思われる。これはまさにソヴィエト政権が意図したところでもあったし、同時にウズベキスタンで伝統とされるスンナ派ハナフィー法学派の教えが、ムスリム女性に覆いは必要だが必ずしも顔を覆うことは求めないとしていることにもある意味で合致するものだった。ルモルの着用は現在のウズベキスタンにおいても既婚女性や農村部の女性の間に見られるもので、おそらくはソ連時代に信仰と結びついた意味は限りなく薄められ、今では伝統的かつ民族的な（極端な場合には宗教性のない）日常服の一部と捉えられている。

ドゥッピやルモルといった頭部の覆いは、その後の時代の流れの中で都市部の若年層などの日常生活では用いられなくなっていった。同時に、女性の装いも、一定程度の肌の露出が許容されるようになったことがうかがえる。１９８０年代にはすでに、女性が夏には半袖、膝丈の軽やかなワンピース姿で通りを闊歩することも、都市部では当たり前となっていた。

1980 年代初頭頃のタシュケント国立大学の学生たち
［*Toshkent 2000*, Toshkent: O‘zbekiston nashriyoti. 1983: 143］

最後に、ポストソ連期についても一言触れておこう。こうした洋装化の流れは、やがてソ連解体によってウズベキスタンが開かれた独立国となると、２つのグローバリゼーションに直面することになる。一つは、Ｔシャツにジーンズに代表されるようなカジュアル・ルックや有名ブランド品など、資本主義世界から発信される現代洋装のグローバルな市場への接続である。多種多様な衣料品がウズベキスタンにもたらされるようになった。そしてもう一つは、これもまたグローバルな展開を見せるイスラーム的装いの世界への接続であり、その結果として現在では、パランジへの回帰ともルモル着用とも異なる、新たなスタイルのヴェール（ウズベク語で「ヒジョブ」と呼ばれるヘッドスカーフ）の着用が広まっている（帯谷 2022: 209-237）。装いの規範をめぐって、今まさにさまざまな交渉や妥協が試みられており（帯谷 2020）、かつてのパランジ根絶キャンペーンの時代に比するほどの大きな変化の時を再び迎えている。そこでは今度は、ヴェールなしの社会からヴェールがあってもよい社会へ移行することの是非が問われているのである。

現代のプリズム 3

アメリカ◇信仰とお洒落だけではない
——ムスリムファッション最前線

高橋 圭

近年欧米では、イスラーム的な規範や価値と西洋のファッションを融合させたブランドが次々に誕生し、「信仰」と「お洒落」の両立を追求するムスリムたちの需要を満たしている。この現象はしばしばモデストファッションと呼ばれるグローバルなトレンドの一部をなすが、中でも欧米においては、西洋のファッション文化に囲まれて暮らすムスリムならではの問題意識や志向を読み取ることができる。以下では、2018年にシカゴに誕生したブランドである「ムブディアーン（Mubdian）」を例に取り上げながら、ムスリムの新たな装い——ここではムスリムファッションと呼ぶことにする——がアメリカに暮らすとくに若い世代のムスリムたちにとって持つ意味について考えてみたい。

アメリカでムスリムファッションがビジネスとして本格的に展開するようになったのは2010年代に入ってからである。それまで、イスラーム的な衣服というと、主に中東や南アジアなどから輸入された伝統的な民族衣装が想起された。これらの衣装は、イスラーム団体が開催するイベントで販売されたり、ムスリム向けの食品や雑貨などを扱う商店で扱われていた。しかしながら、こうした民族衣装は欧米に暮らすムスリムたちの生活様式や嗜好には必ずしも合うものではなかった。例えば、寒冷地での着用が想定されず薄手の生地が使われていたり、欧米の既製服に比べて縫製やデザインの点で見劣りするものが多かった。また何よりも、こうした衣服はムスリムの他者性をことさらに強調し、とくにアメリカに生まれ、その生活様式に慣れ親しんで育ってきた第2世代のムスリムたちにとっては、もはや自分たちのアイデンティティを表現しえない異質な衣服として捉えられるようになっていた。

　こうした状況下で、2000年代頃から若い世代の間では、欧米の既製服をアレンジしたり、さらには自分で服を製作して着こなす人々が現れ、その中にはブログなどで積極的な情報発信を行ってムスリムファッションの牽引役を担う存在も登場するようになる。そして2010年代になると、イギリスやアメリカを中心にして、若いムスリムたちの需要に応えるべくムスリムのファッションブランドが誕生し、主にオンラインで販路を拡大している。

　シカゴに暮らす若い夫婦、北アフリカ系のアラーと南アジア系のオスマーンが2018年に立ち上げた「ムブディアーン」も、オンライン上で販売を展開するファッションブランドである。彼らのウェブサイトを見ると、自分たちのアイデンティティを表現しつつ、かつアメリカで違和感なく、また心地よく着ることのできる衣服を求める若い世代のムスリムたちの思いが込められていることが分かる。当時アメリカにはすでに多くのムスリムのファッションブランドが存在していたが、二人はとくに若者向けの衣服の品質が低いことを問題視し、自らのブランドの立ち上げを決意した。二人ともファッション業界で働いた経験はなかったものの、それまで趣味でTシャツなどを作って家族や友人に配り、好評を得ていたことも、新たなビジネスへの挑戦を後押ししたという。

　ムブディアーンの主力商品はTシャツ、トレーナー、パーカーといった若者向けのストリートファッションであり、また洋服以外でも、マグカップや枕カバー、スマホケース、そしてコロナ禍になってからはモザイク柄をあしらったマスクなども手がけている。他方で、2022年春現在、グローバルな市場でイスラーム的な衣服としてまず想定されるヴェールはラインアップには並んでいない。現状では製作を外注しており、そこでヴェールを扱っていないことがその最大の理由とのことであり、さしあたり技術的な問題によるところが大きいようである。実際、ヴェールに関する問い合わせも多いという。ここではヴェールがなくてもビジネスとして成り立っているという事実に注目したい。すなわち、ムブディアーンのように若者のストリートファッションに特化し、ヴェールを扱わないブランドが存在する事実からは、アメリカのムスリムファッションがそれだけ多様化している現状も窺うことができる。

この事実はさらに、「イスラーム的な服」という定義そのものを考える際にも重要な視点を提供する。すなわち一口にムスリムファッションといっても、何が「イスラーム的」なものであるかは多様に解釈されうるのである。実際、ムブディアーンの立ち上げに当たって、創設者の二人が共有していたのは、自分たちの信仰や文化をより「創造的（creative）」に表象したいという思いであり、この理念はブランド名にも反映されている。ムブディアーンはアラビア語の言葉で、日本語に訳せば「創意工夫に富む二人」といった意味になる。ブランド名にこの言葉を選んだ理由について、アラーとオスマーンは、イスラームが美の追求や芸術といった人間の創造性と相容れない宗教ではないことを示したかったと述べている。そして、これ

ムブディアーンのウェブサイトのトップページ

はムブディアーンの核となる理念でもある。

ただしイスラーム的規範と「創造性」とをどのように両立させるかは試行錯誤の段階にあり、例えば新しい服を製作しても、慎みを表現できていないと二人で判断した場合は廃棄することもしばしばあるという。ここで重要なのは、彼らがイスラーム的な価値や規範を確固として存在する決まったものと捉えていないという点であろう。それは企画やデザインを通じて、絶えず解釈され続けているのである。

ムブディアーンが手がける衣服の形状は一般のアメリカの若者向けのものと変わらない。そこにアラビア文字のロゴやイスラーム的なメッセージ、あるいは中東風の装飾などがプリントされていることが、ムスリムファッション・ブランドであることを示す特徴となっている。こうしたデザインには明確な意図を読み取ることができる。まずあえてアラビア文字やイスラーム的な表現を用いることで、ムスリムとしてのアイデンティティを発信しようとしている点である。

スウェットのイメージ写真。アラビア語で「女性の声は革命である」と書かれている
［ムブディアーン・ウェブサイトより］

ただし、イスラームがテロと結びつけられ、アメリカ的な価値と相容れないイデオロギーとして語られる近年のアメリカで「ムスリム」であると表明することは、単なる信仰の表現にとどまらず、それだけで強い政治的な意味を持つことになる。この文脈を踏まえると、ムブディアーンのデザインにアメリカの主流社会からの眼差しへの抵抗という性格も読み取ることができそうである。実際、政治的なメッセージ性の

強いものもあり、例えば「ウイグルの人々に自由を」や「ブラック・ライブス・マター」といったメッセージのプリントされた衣服も販売されている。

　もう一つ注目したいのは、ムブディアーンのデザインの特徴が、こうしたムスリムであることに込められた政治的な意味や他者性をユーモラスに表現している点である。例えば「禁止されたTシャツ（The Banned Tee）」と名付けられた製品にはカラカス、ダマスクス、サナア、トリポリ、テヘラン、モガディシュ、ピョンヤンといった、アメリカから危険視される国々の首都名が列挙されている。また、別のTシャツには「世界でも最も大丈夫なムスリム（World's Okayest Muslim）」と大きく書かれている。いずれもイスラームをテロと結びつけるイメージを逆手に取ったユーモアと言えるだろう。

Tシャツのイメージ写真。「世界で最も大丈夫なムスリム」
［ムブディアーン・ウェブサイトより］

　またイスラームやムスリムの文化自体をユーモラスに表現する視点も見られる。例えば「痛みなくして得るものはない（No pain no gain）」をもじって「痛みなくしてガインはない（No pain no ghain）」と書かれたTシャツがあるが、ガインはアラビア語で発音が極めて難しいことで知られる文字であり、アラビア語を学んだことのある人なら思わずニヤッとするメッセージとなっている。「水もダメ」というセリフに小さくラマダーン入門（Ramadan 101）と付記されたメッセージは、イスラームの断食についておそらくムスリムがよく尋ねられるであろう質問への答えとなっている。

このようにムブディアーンの製品には、アメリカの主流社会からムスリムに投げかけられる眼差しを意識しつつ、同時にそうした眼差しをアメリカ内部から相対化する視点を見出すこともできる。すなわちアメリカにおいてムスリムが他者と見なされている現状を踏まえつつ、むしろそのようにムスリムを他者として意識すること自体の滑稽さを表現していると言えるだろう。

以上で見てきたように、ムブディアーンによるムスリムファッションは単に西洋のファッションと親和性を持つイスラームの衣服にとどまらない。そこには、西洋とイスラームとの二項対立の図式そのものを問題化しつつ、ファッションを通じてその境界線を乗り越えることを目指す、現代アメリカの若者ムスリムたちの問題意識を読み取ることができる。彼らにとってムスリムファッションは、信仰に適ったお洒落というだけではない。それはアメリカの主流社会と交渉をしながら、自らのアイデンティティを守って生き抜くための戦略が展開される場の一つでもあるのである。

第10章

中国◇回族女性のヴェールの意味

松本ますみ

はじめに

中国には約2300万人のムスリムがいるとされる。しかし、その信教の自由は、70年以上に及ぶ社会主義政権下、十分に保障されてきたとは言えない。

社会主義国家の中国の「民主」や「自由」の概念は、西側諸国の自由な市民による「自由主義的民主」のそれとは異なる。中国の「法治」も、国家権力が定めた法に従って国家が統治されることを意味する。ここが国家権力を縛る法としての憲法の存在を認める西側諸国の「法の支配」の概念とは異なる。「中華人民共和国憲法」第36条は「宗教自由」を標榜しているが、実際には拘束力はないということになる。

したがって、中国では「信教の自由」は制限付きである。それどころか宗教は1949年の人民共和国成立以来、常に無神論を奉ずる中国共産党（以下、共産党または党と略す）の監視と指導下に置かれてきた。根本的には「無神論は科学的、文明的、進歩的。宗教はアヘンで迷信に近く愚昧で消滅すべき」（朱

2018）、神を信ずるのは迷信で間違いである（李 2021: 311）という無神論優越の考えが存在する。それに基づき、毛沢東時代の文化大革命（以下、文革。1966〜1976年）での宗教消滅路線は正当化された。現在（2022年）でも根本的にそれに変更はなく無神論がデフォルトであって、絶対者、すなわち神を信仰する者は社会規範の逸脱者扱いされるか、潜在的制裁の対象となっている。

ところが凄惨な暴力が繰り返された文革の後遺症を癒やす意味もあって、改革開放（1979年〜）から約30数年間は宗教に対する圧力が比較的緩やかな時代が続いたこともあった。本章では、資料と筆者による現地でのインタビュー、アンケートをもとに、「イスラーム復興」（「文化自覚」）が盛んだった1990年代から2000年代当時の回族の女性のヴェール（中国語では盖頭（ガイトウ）、面沙（ミエンシャー））言説を読み解き、中国のムスリマの生き方とヴェールの意味について考察する。

1　複合差別の中のムスリマ

中国のムスリムで最大の民族集団である回族は、『中国統計年鑑二〇二一』によれば人口約1137万人、中国中に散らばって居住し、漢語を話すが宗教はイスラームという「少数民族」である。しかし、世俗化が進み、豚肉を食べないだけ、宗教の内容は分からない、という回族も多い。その中で信仰心を持つ回族女性（以下、中国のムスリマ）は長い間、複合差別を受けてきた。第一に、女性差別の犠牲者として、第二に貧困層として、第三に非識字者・半識字者として、第四に、無神論優越社会における信仰者としてである。自分たちが主流社会で差別される存在であることを本人たちは日々痛感しており、差別状況を改善するための努力を惜しまない人も多い。

しかし、多数派の漢人側の無理解や蔑視は激しい。それは、民族差別的言辞に実際上、罰則がないからでもある。例えば、「豚を食べないのは先祖が豚だからか」「イスラームはテロの宗教なのか」「神を信じるとは回族は党や国家に対して忠誠を誓っていないのか」という心ない言葉を、漢人の同級生や同僚に日常的に浴びせかけられるのが現実である。

これらは、当事者にとって多数派によるハラスメントや差別事案である。ただし、体制側はそれを看過するか助長している。インターネットで差別的言辞が拡散されても、削除されず長時間放置されたままのことが多い。ハラスメントに対するムスリム側からの抗議は、検閲、監視や法律で抑え込まれ、彼ら／彼女らの苦しみの言葉は外部には漏れない。「回民能喫苦（フイミンノンチークー）（中国ムスリムは我慢強い）」ということわざがあるとおり、中国のムスリム／ムスリマは数世紀にわたって沈黙を強いられてきた。歴史をさかのぼれば、清代に彼らは多数派による差別と暴力に憤慨し何度も決起して、かえって徹底的に殲滅させられ、からくも生き残った者は、条件の厳しい土地に強制移住させられるか国外に逃れるかして差別と極貧の中で辛酸をなめた。その艱難の歴史と、信仰を守ることの重要さは、脈々と子孫に語り継がれている。だからこそ「一時的に耐えきれず波風を起こせば、却って大禍を引き寄せる。官憲にからだは凌辱され、財産もなくなる。ことの是非が分かるならば、（決起でなく）我慢せよ」（「能忍自安」佚名 n.d.）、「我慢をして主（アッラー）の道を伝えればその人の人柄は最高のもの」（「忍耐高」佚名 2017）と語り継がれ、諭されてきた。

2　ヴェールを着けるムスリマたち、その歴史的経緯

中国には清代から女性のためのモスク（清真女寺）が存在する。この世界史的に珍しい現象の原因につ

いて、次のような説がある。すなわち、中央アジアや東南アジアから来た移民ムスリムは男性が多く、中国沿海部や内陸部に住み着き、現地の非ムスリム女性と結婚せざるを得なかった。自分の信仰と生活様式を守るため、配偶者を改宗させる必要があり、それら女性のための教育の場所として女寺が必要となったというものだ（水 1996）。女寺の伝統は、現在まで２００年以上続き、ムスリマたちが自主管理の上、信仰を守り仲間と集う場所として機能してきた。それは「知識（イルム）を求めることは男女全てのムスリムの義務である」「男女とも死ぬまで学ぶべき」「天国は男性だけでなく女性にも開かれている」といったハディースに基づいている。これらは清代の『清真指南』（馬注著、１６８３）の記述にも表れ、女寺設立の根拠となった。

女寺は中華民国時代（１９１２~１９４９年）、とくに１９２０年代から40年代に多種出版されたイスラーム雑誌にも記事として頻出する。また、日本の華北占領期（１９３７~１９４５年）に、日本軍部と関係者はイスラームに興味を持ち、北京の牛街清真女寺のヴェールを被った女性の広報写真を撮っている。女性だけが集い、女性だけが宗教指導者（師娘《シーニャン》）となる女寺では、ムスリマはその敬虔さ、慎み深さ、仲間意識を表すシンボルとしてヴェールを被っていた。

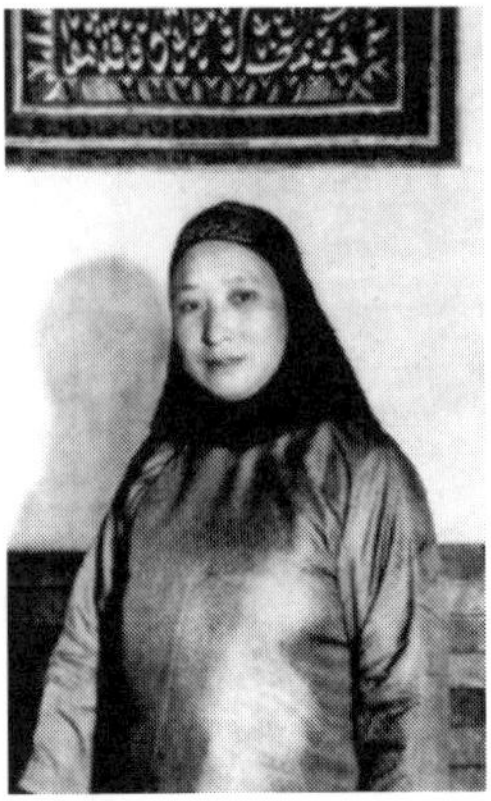
日本占領下北京牛街清真女寺の女性　［『北支』4(9), 1939］

ほぼ同時期の１９３０年代、内陸部の西北のムスリマたちもヴェールを被って日常生活を送っていた。西北の寧夏では、女寺はなかったが、クルアーンをそらんじているムスリマが多く、「各家庭に二人の阿訇《アホン》（宗教指導者）がいるようだ」と言われた。これは、モスクでクルアーンを学んだ父や兄から女性が教えてもらっていたからであるという。礼拝もウドゥー（礼拝前に体の一部を水で洗う清めの行為）もきちんと行う彼女たちは、思春期になるとヴェールを被り、髪の毛を外に一本も出さぬようにしていた。マッカ巡礼に赴く女性もいた（孫 1937）。

中華民国時代の1920年代から30年代には、女子教育の必要性がムスリム男性知識人から建議された。そこでは、イスラームの教えに忠実な妻と、将来のよきムスリム／ムスリマの母（賢妻良母）とを養成するための女子教育の振興に関心が注がれた。慣習的に被っていたヴェールから、イスラームの知識に基づきゆるぎない信仰の証として自覚的にヴェールが着用されるようになった。

ヴェールを被る西北の女性（1936 年）
［Pickens Collection, Harvard-Yenching Library of Harvard College Library, Harvard University］

しかし、人民共和国（1949年〜）になって劇的に変容を強いられたのは宗教であった。とくに58年の宗教制度改革から文革終了時まで約20年間、イスラームは根こそぎ破壊された。社会主義「革命」とは封建の残滓の一つである宗教を消滅させることであり、そのためには「封建反動」である宗教指導者を打倒することが求められた。モスクは粉々に破壊され、あるいは家畜小屋に転用され、ムスリムは養豚を強制された。ヴェールは禁止、若い紅衛兵男女は「反動分子」の高齢の宗教指導者を公開の場で糾弾し辱め、ややもすれば集団的暴力や殺人にも加担した（松本 2018）。

改革開放で、宗教自由が説かれ始めると、暴力をふるったものは深い自責の念を抱き、傍観者は暴力の時代が終わったことで胸をなでおろした。ムスリムたちは労働改造等で各地に散らばった元宗教指導者や宗教学生を探し出し、大甕（おおがめ）に入れて地中に隠したイスラーム関連写本を掘り起こし、なけなしのお金を献金し、モスクを再建し、イスラーム学校とイスラーム女子学校（以下、女学）も新たに作った。ムスリマたちは、約20年ぶりにヴェールをまとい、そのイスラーム的な意味を問うようになった。ヴェールを被ることで、文革時に失われていた倫理性を再び獲得し、その身体性と他者からの可視化でイスラーム的エンパワメントを図ろうとした。その理由は、第一に、改革開放のおかげで他国のイスラーム復興におけるヴェール言説が入ってきたこと、第二に、イスラームとは世界宗教であり、世界中に同じ信仰を持つ仲間がいる事実を知り、外国のムスリム／ムスリマとの連帯感を抱くようになったことが大きい（水・雅紹克 2002: 321-324）。

１９８０年代はじめ、最初は一間からはじまった民間の女学であった甘粛省の臨夏中阿女校は、80年代後半になると、立派な校舎を持った「中等専業学校」（日本では中卒で入れる専門学校にあたる）として全国から学生を受け入れ、アラビア語やイスラームの知識のほか、一般教養も教えるようになった。89年に政府教育部門の批准を受け「知識、理想、道徳、文化、紀律、自尊、自愛、自信、自律、自立」を掲げ、ムスリマの育成を行った（馬 1999）。集まった女性たちはヴェールを信仰の証として着用した。この臨夏中阿女校の卒業生たちの多くはイスラーム圏の大学に留学するか、中国全国の草の根の女学の教師として赴任していった。

3　ムスリマ、ヴェールを語る

１９８０年代以降、社会の自由度が若干増したといっても、文革時代の暴力の徹底的な原因究明も暴力加害者の適切な処罰もなく再発防止策もなされず、権力者やその追随者によるハラスメントがいつ起こるか分からない不安な社会状況は続いた。イスラームに関する活動は「慈悲深い共産党」の許可のもとでのみ可能であり、党の方針が変わればすぐにでも吹き飛ぶ、という類のもので、いつ風向きが変わるか分からない恐れの中に中国のムスリム／ムスリマがいたことは確かである。

ハラスメント被害の救済がほとんど望めない、かつ無神論優位の社会において、ムスリマがイスラーム信仰を宣言する、すなわち自分の意思を表明するということは、並大抵のことではない。そしてそれが初めて可能になったのは1990年代のことである。この時代、「イスラーム復興」（中国国内では「文化自覚」）のもと、ムスリム／ムスリマ向けの雑誌や新聞も発行されるようになった。ここで初めて女性が自分の言葉で被差別体験とイスラームへの回帰の理由を発表することになる。

例として、ある新聞の記事から、若い女性の信仰への道をかいつまんで紹介しよう。

蘇金子（スージンズ）という16歳の回族女性はムスリムが少ない安徽省に生まれた（1979年）。金子の父は回族であるが、文革の影響でイスラームがよく分からない。母は非ムスリムの漢族である。金子は、社会主義時代以前にイスラームを学んでいたイマームで、改革開放後マッカ巡礼を果たし「ハッジ」と呼ばれていた祖父からイスラームを教わった。ところが父母が離婚し、金子は母に連れられ上海に移り住んだ。上海の狭い部屋で、母の作る豚肉料理をめぐりいさかいが絶えない。結婚に失敗したので、母は回族のことを恨みに思っている。敬虔なムスリマの娘を嫌がり、娘のことを「宗教狂、極端分子」と蔑んでいる。

上海の学校では同級生も教師も彼女の信仰をあざ笑った。とくに、豚肉のタブーに関してクラス中の嘲笑の的となった。宗教に関する哄笑はだんだんエスカレートした。同級生は校内唯一の少数民族の自尊心を傷つけることを「快感」とし、彼女のヴェールをあざ笑った。我慢しきれなくなった彼女は、クラス全員の前で握りこぶしを挙げて「これから私の信仰を侮辱したら、刺してやる。私も返す刀で自殺する」と言い放った。それから誰も笑わなくなった。「弱きをくじき強きを恐れる者にはかくの如くしなければならない。信仰を守るために、すべてを犠牲にできる。」（蘇 1995）

また、次のように偏見に抗い、ヴェールを身につけ続けることの決意を表す詩もある。作者は公立学校の教師である。

ヴェールを着けて賑やかな教室に入ると／数十の黒い瞳が向けられる／ざわざわとした運動場にヴェールを着けて行くと、舌打ちの音が広がる／彼らはいう「あんたら普通じゃない」……／ヴェールを着けて街の中を行くと、好奇の目に晒される／おばあさんなの？　尼さんなの？　アラブ人なの？／無知と誤解が／民族の自尊心を汚すのか／それとも我らの魂を奮い立たせるのか／心に信仰があれば／多くを語るまい／我らはイスラームを信仰する／我らムスリムなり／我らはアッラーの命令を遵守する（姚 1996）

中国における少数民族／宗教への偏見やハラスメントが当事者からこのように赤裸々に語られ、活字として記録されるのは珍しい。これが公式の「民族団結」「民族差別禁止」という建前の裏に隠されたことがらだからである。信仰心をヴェールで表現すると、家庭でも学校でも社会でも四面楚歌、どこにも居場所がない、という孤立した状況が1990年代から2000年代でもあった。

中国にはほぼ公立学校しかなく、ヴェールは原則禁止である。寧夏回族自治区銀川市の郊外のある新設高校では、山間地の回族の青少年を宗教から引き離す目的もあり全寮制で集め、男女共学である。筆者が訪問した2011年当時、ヴェールを被る女子生徒はただ一人であった。公教育の目的は、愛国心、党への忠誠心、有名大学に進学できる学力の涵養である。その一方で宗教は「封建思想」として教育の段階で消すことが望ましいとされる。

信仰と無神論や被差別のはざまで苦しみ、結局公立学校を中退したり教壇を去ったりする人もいる中で、ヴェールを着け続けるムスリマもまた存在した。そんな彼女たちを精神的に奮い立たせるのは、信仰の「正しさ」を服装によって可視化することである。これは、信仰を外見から可視化しにくい男性との大きな違いである。社会の多数派の無理解があるからこそ、多数派からのねめつけるような目を見返し、心を強くし、ヴェールを身につけ続ける女性もいた。

銀川市郊外の新設高校。山間地の回族の生徒を集め、男女共学。右端の少女がヴェールを身につけている　［2011年筆者撮影］

4　ひそやかな抵抗

このように1990年代から2000年代、中国のムスリマのヴェールは地上の支配者や主流社会からの偏見差別への無言の抵抗という意味を与えられていた。クルアーンの、女性は「美しいところを隠すべし」（24章31節）という教えを遵守し、ヴェールを身につけてイスラーム的慎み深さを体現していた。人に親切にせよ、誠心誠意生きよ、嘘をつくな、この世に生きる意味を学び続けよ、よき人を育てよ、来世で永遠のいのちを生きよ、という教えを学び実践する彼女たちは、イスラームの倫理性を一身に代表する存在であった（松本 2010）。ヴェールを身につけることで得られた生きる意味の獲得と使命感は、例えば、筆者が2005年に西北部の女学で実施したアンケートの次のような回答からも分かる。「今まで手にしたものの中で一番貴重なものは母がくれたヴェール。ヴェールは暗黒の中から私を救い出し、真実の中に生きるように導いてくれた。」(松本 2010: 82)

あるいは、回族の出稼ぎの多い義烏(イウ)では次のような話も聞いた。

私はイスラームなんて何も知らない回族だった。豚肉を食べないだけ。精神的にもからっぽだった。でも、食べ物で不便しないと聞いてやってきた出稼ぎ先の義烏で会った敬虔なムスリムを観察しているとその人たちの精神が充実しているのが分かった。それでイスラームに興味を持った。その理由を知りたくて、イスラームを学び始めた。そして、1年たってヴェールを身につけることにした。自分が生きている意味が分かりかけてきた。それにヴェールを被っていると、ムスリムの多いこの町ではみな私のことを尊重してくれる。(2008年12月、浙江省義烏におけるインタビューより)

このような実感がある限り、どんなに信仰が体制に抑圧されても、イスラームは何度でも復活する。なぜならば、非は暴力と差別とハラスメントで押さえつける側にあることを知ってしまったからである。

5 習近平体制下の「宗教中国化」の現在

しかし、ここで書き添えておかなければならないのは、習近平体制(2012年～)になって、「宗教中国化」(2015年～)の方針が出たことである。「宗教中国化」とは、宗教を党の厳しい管理下に置くことである。党の優位性と愛国主義を教義内容に入れ、未成年に対する宗教教育の禁止、ドーム型モスクの破壊と中国風建物への改築、国旗掲揚、インターネットを含む宣教への厳しい制約などがその内容である。そのあおりを食って、１９９０年代から２０００年代に多数設立されたイスラーム学校の多くが閉校を余儀なくされ、海外での宗教留学経験者は監視対象となった。「過激派、テロリスト」予備軍との嫌疑からである。海外経由の宗教知識は党の指導の無謬性を揺るがし、海外から内政干渉・政権転覆の陰謀を受けかねないというのがその論理である。２０２１年からは、公式スローガンとして「愛党愛国」が出された。従来の「愛国愛教」からの大きな転換である。社会に蔓延するイスラーム嫌悪の中で、ヴェールは一番やり玉にあげられる危険な服装となった。そして、多くのムスリマが暴力とハラスメントを恐れてヴェールを脱いでいるというのが２０２２年の現状であると思われる。

しかし、嵐のような弾圧はいつかやむ。地上の権力者の横暴は永遠に続くわけでない。次の文章は筆者が２０１１年３月に雲南省Ｘ市のあるモスクを訪問した時、掲示板に書かれていたことである。

政治家は政治信仰でその他の信仰に代替させようとする。政治信仰の対象は神でなく、主義であったり人間の指導者であったりする。（…）どんなに強大な政党や政府や神格化された指導者もすべての社会問題や不公正を解決できない。しかし宗教と神は全能であり、この世でできぬことも来世でできる。その他の信仰はこれにとって代わることができようか？

（匿名 n.d.）

雲南省Ｘ市のイスラーム学校　［2011年筆者撮影］

痛烈な体制批判と人治への拒否である。このような心情があるからこそ、彼らの信仰は何度弾圧にあっても息を吹き返す。社会主義政権はこれを一番恐れている。

おわりに

本論では、中国のムスリマが置かれてきた生きづらさと信仰を持つ者の誇りの象徴としてのヴェールを取り上げた。1930年代にイスラームを学ぶ機会を得た彼女たちはヴェールを意識的に被り始めた。習慣から自覚への変化である。しかし、1949年に社会主義政権になってほどなくその自主性は否定されることになる。党が示す価値観以外の存在するスペースがほぼ壊滅したのが文革だった。弾圧、そして改革開放以降の緩和とイスラーム復興、さらに2015年以降の「宗教中国化」という名のもとでの再抑圧の現在へと続く。信仰者はただその時々の嵐が通り過ぎるのを忍耐強く待つしかない。

社会主義政権下で「消滅すべき」とされる少数派の信仰者がヴェールを被り続けることは難しい。異文化に対する無知と「異物」に対する排斥、多数派の根拠なき優越感、そして差別の放置はどの社会でも解決すべき問題として残っているが、とりわけ民族問題や宗教問題は社会主義中国のアキレス腱であり続けてきた。単一の価値を強制力をもって課してくる党からの命令に服従することが選択肢なき道というのが現状である。

しかし、権力からの圧力によってヴェールを一時的に脱がざるを得ない時期があっても、決して彼女たちの内心の自由を取り去ることはできないであろう。そして、いつの日か伏流水のように信仰心が噴出し、ヴェールを自主的に被る女性が再度出現するに違いない。

現代のプリズム4

パキスタン◇罪深き女たちの詩

須永恵美子

3世代の白いサリー

2020年5月、Instagram上に、白いサリー姿の3人の女性の写真が公開された。パキスタンの人気メイクアップアーティスト、ナターシャ・アリー・ラーカーニーが投稿したもので、自身の写真と、同じサリーを着た母と祖母の在りし日の写真がコラージュされている。彼女の祖母は国民的歌姫ヌール・ジャハーン（1926〜2000）で、メロディークイーンとして長らくパキスタン映画界・音楽界の頂点に君臨していた。

サリーとは、長い一枚の布を体に巻き付ける南アジアの装束である。通常、ブラウスと呼ばれる丈の短いインナーシャツを着た上に、幅1・2メートル、長さ5から8メートルの長い布を腰から肩に巻き付ける。この布は縫製されないため、巻き方次第で体型を問わず長く着ることができる。ヌール・ジャハーンの白いサリーも娘へ、さらに孫へと受け継がれた。

ヌール・ジャハーンが活躍した1950年から60年代は映画産業の最盛期で、ヌール・ジャハーンやシャミーム・アラーといった銀幕女優をファッションリーダーに、パキスタンの女性はシルクやシフォン、綿のサリーを普段着にしていた。この時期、サリーは女性に必須のワードローブで、貞淑さと気品を象徴する衣装であった。国の経済成長とも重なって、仕立屋はサリーのブラウスやペチコートを縫うのに大忙しだったという。クリスチャン・ディオールをはじめ、多くの高級ブランドがサリーのデザインを手がけていた。

ところが、現在のパキスタンでサリーを見かけることは稀だ。サリーと言えばインドの民族衣装であり、ヒンドゥー文化と結びつけられているためである。

社会主義政権とシャルワール・カミーズ

現代のパキスタンで一般的に着られているのは、サリーではなくシャルワール・カミーズと呼ばれるツーピースの衣服で、ゆったりとしたズボンと、丈が長めのチュニックを組み合わせるものである。男女とも基本の形は共通で、女性はさらに頭や胸をドゥパッターというヴェールで覆う。都市部では洋服が浸透してきているものの、今も全国的にシャルワール・カミーズが好まれ、とくに女性の着用率は高い。パキスタンは民族衣装が日常的に着用されている国の一つなのである。

シャルワール・カミーズを着た女性
［2012年筆者撮影］

パキスタンでシャルワール・カミーズが広く用いられるようになったのは、1970年代、ズルフィカール・アリー・ブットー政権下であった。ブットー率いるパキスタン人民党は、1971年の国民議会選挙で「パン（ローティー）、服（カプラー）、家（マカーン）」というスローガンを掲げていた。このうち衣服に関しては中国にならい、労働者の着る簡易な普段着であったシャルワール・カミーズを国民服に定めた。

着付けが必要なサリーとは異なり、シャルワール・カミーズは機能的で、簡単に着ることができる。1973年、パキスタン国営テレビの連続ドラマ『キラン物語』で、主演のローヒー・バーノー（1951〜2019）が着用すると、一気に人気が広まり、男女の平服として定着した。

イスラーム圏では、女性が頭部を覆う布をヒジャーブと総称し、南アジアではドゥパッターがその役割を担ってきた。ドゥパッターは幅1メートル、長さ2メートル程度の大判の布で、これを頭から胸まで緩やかに巻くスタイルが一般的だ。丈が長いため体の線を隠しながらも、前髪や顔の輪郭、首元は見せたままにする。軍や警察など、動きやすさを重視する制服の場合は、東南アジアで見られるような、短いタイプのヴェールを着用する。

髪を覆うのが本来の目的でありながら、南アジアのヴェールは頭部にしっかりと固定しないことが特徴である。ちょっとした動作で頭からずり落ちるドゥパッターは、日に何十回もかけ直す必要があり、礼拝を呼びかけるアザーンが流れてきた時や、客人を迎える際にもあらためて整えることが多い。ドゥパッターを頭にのせる所作には、慎み深さや相手への敬意が込められている。こうしたヴェールにまつわる規範や、女性が他所の男性の目に触れないよう壁や仕切りで囲う習慣を総称して、パルダ（カーテン）と呼ぶ。

イスラーム化と黒いサリー

1977年、ズィヤー・ウルハック陸軍参謀長が軍事クーデタにより政権を掌握すると、急激なイスラーム化政策が敷かれた。飲酒や賭博が禁じられ、ナイトクラブやバーは閉鎖された。宗教上の義務とされる断食月の斎戒を破ることに刑罰が科された。姦通・強姦罪のハッド刑（クルアーンに基づく刑罰）を立証できるのが男性に限定されたため、女性はレイプされても立証できず、逆に姦通罪で処罰されるようになった。テレビの女性アナウンサーはヴェール着用が義務づけられ、1985年には、非イスラーム的、インド的との理由で公務員のサリー着用が禁止された。

進歩主義の国民的詩人ファイズ・アハマド・ファイズ（1911〜1984）は、ズィヤー政権下で反体制的と糾弾され、彼の詩をテレビやラジオで放送することが禁止された。1979年、ファイズは出国を余儀なくされ、ロンドンやモスクワ、アメリカ、ベイルートなどを転々とした。軍事政権に対抗する民主化運動が盛り上がりをみせる中で、4年ぶりに帰国したが逮捕され、翌年心臓発作で亡くなった。

ファイズの投獄に抗議し、彼の詩にメロディーを乗せて歌ったのが歌手のイクバール・バーノー（1935〜2009）である。古典声楽の権威であるウスタード・チャーンド・ハーンに師事したバーノーは、早くからオール・インディア・ラジオでその歌声を響かせていた。1952年にパキスタンに移住してからは、新古典派のガザル（恋愛抒情詩）歌手として名を馳せ、映画界でも活躍した。

1985年、禁止されていた黒いサリーを着たバーノーは、スタジアムで開かれたファイズの追悼集会で、彼の革命詩を唄った。

我らは見るだろう／必ずや見るだろう／約束されているその日を（…）神の地のカーバから／すべての偶像が持ち出されて行く時／我ら清廉潔白な者　宮殿より追われた者が／坐るであろう　王座に／打ち捨てられるだろう　王冠は／打倒されるだろう　すべての王権は／そして掲げられるだろう　神の名だけが／見えないけれど　必ずおられる

（ファイズ 1994）

「打ち捨てられるだろう　王冠は」の歌声に会場の興奮は最高潮に達し、「革命万歳」の叫び声が鳴り響いた。検閲により会場のマイクは引き抜かれ、電気も消されたが、5万人の熱唱はやまなかった。

このあとバーノーは公共の場で歌唱することを禁止された。しかし、彼女の歌声を録音したカセットテープは出回り、ファイズの詩と黒いサリーは抵抗のシンボルとなった。

罪深き女たちの抵抗

カラーチーでは、女性に不利な強姦罪の導入に抗議すべく、1981年、女性アクション・フォーラムが立ち上げられた。続く1986年にはイスラマバードで女性の人権を擁護するアウラット財団が創設された。アウラットはウルドゥー語で「女性」を意味する。

これら女性の権利を啓蒙する運動を思想面から支えたのが、フェミニスト詩人と呼ばれるキシュワル・ナーヒード（1940〜）やファハミーダー・リヤーズ（1946〜2018）であった。

キシュワルもファハミーダーも英領インドで生まれ、後にパキスタンに移住した。どちらも女性をテーマにしたガザルや自由詩、小説を扱う、パキスタンを代表する女性詩人である。

キシュワルは若い頃サリーも着ていたものの、現在はほぼシャルワール・カミーズ姿で活動している。キシュワルの自由詩「わたしたち、罪深き女」では、男性によって女性の言葉が刈り取られてきたことを諷刺する。

ああ、わたしたちは罪深き女／ジュバを着た聖職者どもに恐れることはなく／魂を売ることはなく／頭を垂れることはなく／哀願することもない（…）

ああ、わたしたちは罪深き女／たとえ今闇夜が追ってきても／この目を閉じてはならない／その壁が崩れさった今／再び積み上げようとせがむのはやめて（Kishwar 2001）

ファハミーダーの自由詩「ヴェールと四方の壁」に歌われる目隠しのようなヴェールや、女性を長年押し込めてきたパルダの壁は、その内側から少しずつ打ち砕かれようとしている。

裁判長　この黒いヴェールをどうしろというのですか／あなたはなぜこのような恩寵をわたしに与えるのですか／悼みを世に示すために　覆う必要はないのです　喪に服しているのではありませんから／恥を隠すために　その暗い襞（ひだ）の中に潜り込む病ではないのです　わたしは罪深くなく罪人でもないのですから　（Fahmidah 2011）

女性たちはその身を閉じ込めてきた「罪深き女」という称号を、自らの声で打ち消そうとしている。

2018年以降、パキスタン各地で盛んになった国際女性デーの「アウラット・マーチ」でも、キシュワルの詩句が取り上げられている。街頭を練り歩くデモ行進には、「わたしの身体はわたしのもの」「家父長制の葬送」「食事は自分で温めて」など、英語やウルドゥー語で書かれたプラカードが並ぶ。宗教的・社会的な通念である「女性は男性の管理下にある」という価値観を真っ向から批判する姿勢や、女性がデモ行進を行うこと自体が、宗教団体や政治組織から批判され、デモの中止を求めた裁判も起こされている。

アウラット・マーチを主催するメンバーには、都市部に住む高学歴の女性が多い。洋装でドゥパッターをせずに素顔をさらした姿がメディアで盛んに映し出されてきたが、大半の参加者は、ドゥパッターを身につけることを選んだ「普通の」主婦や学生であることにも留意したい。

第11章

イラン◇帽子とヘジャーブ
――服装の国家規制が導いたもの

藤元優子

はじめに

現代のムスリム女性の装いについて語る時、必ず取り上げられるのがヘジャーブ（ヒジャーブ）の問題である。とくにイランの場合、半世紀に満たない間に、ヘジャーブの廃止（1936年）、その撤回（1941年）、その後のヘジャーブの義務化（1980年）と、政治によって女性の装いが振り回されてきた。そして、1979年のイスラーム革命後40年以上を経た今でも、ヘジャーブ問題が体制と女性たちの間に軋轢を生じさせているという現実がある。実際、西洋指向の強いテヘラン北部で見られる、髪にお愛想程度に細いスカーフを引っかけただけの派手なファッションの娘たちだけでなく、穏健な装いの女性たちからも、服装を国家に強制されることへの不満の声が聞こえてくる。[註]

こんなヘジャーブ問題の陰に隠れているが、人口の残り半分を占める男性の服装にも制限がある。革命以来、ネクタイ、破れたジーンズ、半ズボンの着用などが西洋かぶれや不真面目という理由で禁止されているし、後になって規制が緩められたとはいえ、革命後しばらくは、半袖シャツも不可とされた。だが、男性の服装も伝統回帰を、という流れにはならず、社会に深く根を下ろした洋装が保持されている。

このような服装規定のジェンダーギャップがいつ頃どのように生じたのかを考えると、両大戦間の１９２０年代から30年代に行き着く。この時期、イランだけでなく隣国のトルコやアフガニスタンでも近代化が急ピッチで進められ、各政府は男女の服装の西洋化に向けて深く関与しようとした。イランは、トルコと同様、男性の服装、とくに帽子の統一から規制を始めたが、他国と異なり、女性のヘジャーブ廃止に踏み切って、社会に多大な影響を与えた。そしてその後、男女ともにいったん規制が取り払われたものの、服装問題はイラン社会の矛盾と分断を孕みつつ残り火となって燻（くすぶ）り続け、革命後、女性のヘジャーブ問題として一気に燃え広がった感がある。

そこで本稿では、とくに両大戦間に起こった男性の帽子と女性のヘジャーブへの国家統制に注目しながら、この百年のイラン人の装いの変化の意味を考えてみたい。なお、服装問題には地域差が大きいので、検討の対象は首都を中心とする都会にとどめる。

1　イランの被りもの文化

被りものはイラン人にとって、イスラーム以前の遠い昔から装いに欠かせない衣類であった。ペルシア語では帽子をコラーフ（kolāh）と言い、頭に被るもの一般を指す場合もあれば、幅の狭い長い布を頭に巻き付けるターバン（ʻammāmeh, dastār）と対比して用いる場合もある。帽子もターバンも、時代や地域によって多種多様の用いられ方をしてきたが、イランでは18世紀頃からターバン愛好者が徐々に減り、宗教関係者や教師、薬屋といった特定の職種に結びつくものとなっていった。帽子もヴェールも、幼少時から常に被っているべきもので、その人の品性や慎み深さ、敬虔さを示し、それを人前で脱ぐことは自分だけでなく相手の名誉も傷つける行為とされた（古代ペルシアでは、戦士が戦いに勝つと、相手の帽子と帯を取り上げたという（Dabīr Siyāqī 1993: 38））。出産準備の品には、ラチャクと呼ばれる三角形の小さい布が必ず含まれ、新生児はそれで頭を守られた。男子が生まれた場合は、それに重ねて帽子を被せた。そこから男性を「帽子頭」、女性を「ラチャク頭」と象徴的に呼ぶこともある。帽子が男の心意気のシンボルであったのに対し、ラチャクはか弱い性としての女性の代名詞で、男性が約束をする場合には、「もし約束を違えたら、帽子を脱いでラチャクを被る」などと誓ったものだという。

このように、帽子とヴェールは一対を成す被りものであったが、イスラーム期以降、ヴェールには宗教的意味が付与される。有名なクルアーンの章句によって、女性は自らの美を帳（とばり）によって隠すべきと解釈された結果、ヴェールが女性の個性を隠し、匿名化するための衣服となったのである。

これに対し帽子は、被り手の出自、身分、職業、財力、趣味などを他に明示する小道具であった。ガージャール朝期（1779～1925年）、帽子の素材には、毛皮、羊毛、綿など各種あり、形状もさまざまで、庶民はフェルト製や布張りの廉価な帽子を、裕福な人々はカラコル（アストラカン）と呼ばれる幼い

註　テヘランのファッション事情については、（シャハシャハーニー 2010）に興味深い論考がある。ヘジャーブ強制への抵抗運動には、例えば「白い水曜日運動」がある。これは2017年からインターネットを通して広がった女性たちの抗議運動で、当初は毎週水曜日に白いヴェールを被って外出する、という静かな行動だったが、街頭でヘジャーブを外す女性が続出し、当局の厳しい取り締まりに遭っている。

羊の毛皮の高価な帽子を競って身につけた。興味深いのは、洋装を始めた人々も、多くが伝統的な帽子を被り続けた点である。帽子は、近代に至ってもイラン人男性のアイデンティティの印として手放せない必需品だったのである。

2　ガージャール朝時代の装い

イランで最も早く洋服を着用したのは、ガージャール朝の王たちであったと言われる。国家の近代化に着手した第3代のモハンマド・シャー（在位1834～1848年）以来、歴代の王が洋装を取り入れ、徐々に廷臣たちに広がっていった。宮廷外では、エリート層、とくに欧州滞在経験のある男性たちが洋服の着用を始めた。だが、このような特権階級の装いは、異教徒の真似をする「えせ西洋人」とか、フランス語の付け襟（faux col）から「フォコリー（付け襟野郎）」と揶揄された。洋服愛好者は、西洋人風に髭を剃ることが多かったが、そのツルリとした顔や、下半身のシルエットが露わになる様子が、伝統的な同性愛の対象者を連想させたことも具合が悪かった（Najmabadi 2005: 137-146）。そんな事情で、男性の洋装はなかなか一般に広がらなかった。

　一方、当時の都会の女性は家庭外での活動そのものを奨励されず、外出時にはチャーグチュールと呼ばれ

フォコリーと古風な女たち
［Tanāvolī 2014: 135］

ガージャール朝期の女性の外出姿と家庭内のチャードル姿
［Rāvandī 1978: 720］

るだぶだぶのズボンをはき、身体全体を覆うヴェールであるチャードルに白い面紗をつけるのが一般的であった。時代によって面紗の形状や長短などに変化はあったが、一般女性の外出着が様変わりすることはなく、当時のイラン女性の洋服姿は、ごく一部の王族女性の記念写真として残されている程度である。

3　レザー・シャー期の服装統制

(1) 時代背景

1925年にパフラヴィー朝を興したレザー・シャー（在位1925～1941年）は、近代化政策を矢継ぎ早に打ち出した。イランは、植民地化こそ免れたものの、不平等条約や列強に買われた各種利権など、前王朝の負の遺産に苦しんでおり、解決すべき問題が山積していた。国内的には、部族勢力や宗教層の力を削いで国家統合を進め、近代的な中央集権国家を作り上げるために、王は独裁的な権力を発揮して司法の近代化や公教育制度、徴兵制の整備などを実行に移した。

洋装の第4代ナーセロッディーン・シャーの愛妾アニーソッドウレ（1890年前後）

洋装の推進は、そのような流れの中で必須事項と見なされた。イランは多民族国家であり、地方色溢れる民族衣装の宝庫でもあったが、そのような多様性はレザー・シャーの目には田舎臭い後進性の証としか映らなかった。「文明化された国際的な」服装を手に入れることで、国民が西洋人と肩を並べるだけの「文明の水準」（Chehabi 2004: 225）に達したことを示したいという切望が、王を時に過激な手段へと突き動かしていった。

（2）服装規制の始まり

そこでまず行われたのが、男性の帽子の画一化であった。1927年8月、レザー・シャーは、フランス陸軍の制帽に由来するケピ帽を真似た、眉庇（まびさし）付きの円筒型の帽子を公式帽とし、全男性国民に着用を義務づけた。「パフラヴィー帽」と名付けられたこの帽子は、庇が邪魔をして礼拝に向かないとして宗教勢力にも不評で、人々は「無理帽」とあだ名してこれを嫌った。時を同じくして開始された徴兵制度と司法の世俗化に対する強い反発も重なって、宗教勢力や商人を中心とする人々が、バスト（聖域避難。イランとアフガニスタンの社会慣行で、謀反人や犯罪人でも、モスクや聖廟、近代では外国公館などに逃げ込むことで官憲から守られた）やストライキを行ったが、抵抗は数ヶ月しか続かなかった。

パフラヴィー帽で記念撮影（1930年前後）
［Damandān 1999］

翌1928年の秋からは、公務員を手始めに洋装キャンペーンが繰り広げられ、年末には統一服法が国会を通過した。統一服とはパフラヴィー帽と洋服のスーツで、特定の制服がある者を除いて、男性は他の服装の着用を禁止された。違反者に対する官憲による取り締まりは厳しく、帽子を取り上げて踏みつけたり、伝統的な長衣を切り裂いたり、暴言を吐き暴力を振るったりと、違反者を容赦しなかった（Shahrī 1992: 458-463）。

1934年6月、レザー・シャーは隣国トルコを訪問した。生涯唯一の外遊であったが、数歩先を行くケマル・アタチュルクの近代化路線に強い影響を受けて、自国の改革のピッチをさらに上げた。同年7月には、内外で評判が芳しくないパフラヴィー帽に代えて西洋式の縁あり帽（シャポー）を男子の帽子と定めた。「国際帽」という呼称のこの帽子とともに、靴も洋式の革靴を履くことを定めた法律まで成立させた。

注目すべきは、宗教関係者の処遇をめぐっての対応である。さすがのレザー・シャーも宗教指導者層の全面洋装化にまでは踏み切れず、善後策として学識や職能を基準に関係者をランク付けし、許可証が発行された有資格者にのみ、ターバンに長衣、マント、帯といった「聖職者服」の着用を認める例外規定を設けた。許可証は高位の法学者からの推薦や資格試験合格がなければ発行されなかったため、貧弱な学識しかない多くの坊主たちが宗教的権威の象徴である装束を失い、生業に支障を来すこととなった。

وزارت داخله
ورقه تصدیق
در پوشیدن لباس روحانیت مجاز خواهند بود

聖職者服着用許可証（1929年）　［Devos 2006］

イスラーム勢力の弱体化を狙った露骨な政策への不満が昂じる中、1935年7月に東北部の聖地マシュハドで大事件が起きた。シーア派のイマーム・レザー廟に隣接するゴウハルシャード・モスクでの虐殺事件である。男性の洋装令や近々実施が噂されるヘジャーブ廃止に反対する集会に、聖域であることを無視して治安部隊が攻撃をかけたのだ。敷地内に逗留中の参詣者たちも被害を受け、翌日、騒ぎは市全体に広がった。軍が出動して暴動は鎮圧されたが、少なくとも150人以上の死者が出る事態となった（死者を2000人から5000人とする資料もある）。

こうして反対の声は圧殺され、男性の洋装令は1941年のレザー・シャー退位まで有効であった。

（3）ヘジャーブの廃止

女性のヘジャーブ廃止はレザー・シャーの服装改革の本命であったが、その困難を見越して徐々に地ならしが始められていた。1928年に王族女性がシーア派の聖廟をヘジャーブなしで訪れたことに象徴されるように、王族、軍人、続いて公務員に対し女性親族の脱ヘジャーブが推奨され、学校でも女性の教員、生徒に洋装での登校を促すなどして国民的な流れ作りが試みられた。だが、ヘジャーブを脱ごうという庶民は少数だった。ヘジャーブに慣れ親しんだ女性にとって、それを着けないで人前に出るのは裸体をさらすのに等しいと感じられたためである。

しかし、トルコ外遊で女性たちがヘジャーブを捨て、男性と肩を並べて働く姿を見せつけられた王の決意は固く、ゴウハルシャード事件の半年後、ついに女性のヘジャーブ廃止が実行に移された。1936年1月8日、王は洋装の王妃と2人の王女を伴って師範学校の卒業式に出席した。王妃が卒業証書を手渡し、王は式辞で、女性がヘジャーブを取り、社会参加することの意義を強調した。公式の場に女性がヘジャーブなしで現れた記念日として、この日は「女性の自由の日」または「ヘジャーブ廃止の日」と名付けられた。だが、洋装での臨席を強要された大臣や将軍の夫人たちの中には、自分の姿を恥じて式の間、壁の方を向いていた者もいたという（Bāmdād 1968: 94）。

一部の西洋指向の女性たちには歓迎されたものの、ヘジャーブ廃止は国内に大混乱をもたらした。市中ではこの日以来、男性の統一服法の時に匹敵するヘジャーブ着用者の取り締まりが始まった。町中で髪を覆っている者はヘジャーブを剝ぎ取られ、ズタズタにされて罵倒される、逃げれば家の中まで追いかけてきてヴェール類を没収される、バスの乗車を拒否される、教師が出勤を拒まれるといった事例が後を絶たず、外出自体を取りやめた年配の女性や、思い余ってアフガニスタンやイラクに移住する者まで現れた。

だが、ゴウハルシャード事件で政府が不満分子への対応に手段を選ばないことを思い知った国民からは、表立った反発は見られなかった。

政府は、街区ごとに女性の集会や祭りを開いてヘジャーブを脱いだ女性たちを集めるなどして宣伝に励んだが、ある女性は、「皆泣く泣く参加しただけで、ムスリムにヘジャーブを脱ぐという苦しみを与えた政府を呪ったものだ」と回想している（Behnūd 2019）。

トルコに倣って進められたレザー・シャーの服装改革だったが、実はトルコにはアタチュルク以前に、マフムト2世（在位1808〜1839年）が近代化政策の一環として行った服装改革以来の100年の歴史があった。それに比べ、わずか10年余りで強引に進められたイランの改革は性急に過ぎた。とくにヘジャーブの着用禁止は、ムスリム女性にとって信仰と深く結びつく衣装の否定であり、女性家族を人前にさらすことになる男性からの猛反発も不可避だったため、女性の洋装化を強く推進したアタチュルクさえ開けなかった「パンドラの箱」だった。案の定、この政策はレザー・シャーから人心が離れる最大の原因となったが、それと同時に、良くも悪くもイラン人の服装に劇的な変化をもたらすきっかけにもなっていった。

ヘジャーブ廃止記念日に王宮を出る王妃と王女たち（1936年）

4　帽子とヘジャーブのその後

1941年、イランに連合軍が進駐した結果、親独政策をとっていたレザー・シャーは息子に王位を譲って祖国を去った。第2代のモハンマドレザー・シャーは、近代化政策を継承・発展させたものの、不満の多かった服装への介入は取り下げた。そのため、多くの女性が元のチャードル姿に戻り、男性も統一服を気にする必要がなくなった。ただ、兵役で庶民にまで軍服としての洋服が浸透したこともあり、都会の男性の標準的な服装が伝統衣装に戻ることはなかった。

1950年代から60年代にかけて、男性の帽子姿を街角で見かける機会がめっぽう減った。ある研究者はその理由を、「西洋の異教徒の帽子と見なされたパフラヴィー帽を認めるくらいならと、人々は無帽で外出するようになった。無帽は醜悪という常識が覆り、おしなべて帽子に囚われなくなってみると、帽子が男らしさやムスリム・非ムスリムの区別をつける印だというわけでもないことに気づいたのだった」と述べている（Shahrī 1990: 462）。世界的にファッションとしての帽子の存在感が薄くなっていったことの影響を考慮に入れても、イランの場合、政治化された帽子騒動が男性を帽子崇拝から目覚めさせたと言うことができるだろう。

おわりに

19世紀以降激しくなった西洋文化の流入を契機に、イラン社会が自分たちの生活様式を国際水準に合わせようとする「国際感覚派」と、あくまでも伝統的な暮らしを守ろうとする「地域派」に分裂し、社会文化的に二重構造を持つようになったとする論がある（Chehabi 2008）。この論に沿えば、レザー・シャー期に繰り広げられた服装の国家規制は、少数派に過ぎない前者が近代化を焦ってとった政策であると言え、後者に苦い経験と不信感を残した。第二次世界大戦後、米国と急接近し、莫大な石油収入による経済の拡大にも後押しされて、社会は西洋化の度合いを深めたが、地域派の人々には、それは自分たちのアイデンティティを殺す行為にしか見えず、両者の分断は深まっていった。

１９７９年に起こった王政打倒の革命は、当初イスラーム一色に染まったものではなかったが、社会の表舞台に立つ国際感覚派によって反動的で古臭いと軽視されてきた地域派勢力が、とくに社会を下支えする庶民の支持を相変わらず得てきたことを実証し、聖職者服とヘジャーブに象徴されるイスラーム革命へと発展していった。

地域派の巻き返しは、装いの面ではヘジャーブ着用の義務化という形を取り、「無理帽」ならぬ「無理ヘジャーブ」が女性たちに押しつけられることになった。生活様式に深く関与するイスラームの性質上、そして「法学者の統治」という政治体制上、ヘジャーブを快く思わなくても、それを拒絶するのは至難の業である。そこで、国際感覚派の若い女性たちは、見る人の度肝を抜く派手なヘジャーブ姿で街を闊歩する。それは、自分を他者の視線から隠して匿名化するというヘジャーブの基本をひっくり返す反逆行為であり、自分を主張する、いわば現代版の「女の帽子」なのだと言っても過言ではなかろう。

第12章

エジプト◇女優たちの神学
――ヒジャーブ、フェミニズム、イスラーム

後藤絵美

はじめに

2018年8月、エジプトの女優ハラー・シーハ（1979〜）が自身のSNS上で、ヒジャーブを脱いで芸能活動を再開すると宣言した。ヒジャーブとは「覆い」を意味するアラビア語で、クルアーンに用いられる語彙である。当時のエジプトでは、肌の露出を避けた衣服と頭髪を覆うスカーフというスタイルが一般にヒジャーブと呼ばれていた。スカーフを取り去ったハラーは、翌年、ラマダーン（イスラームの断食月）に1ヶ月間放映される連続テレビドラマへの出演によって芸能界に復帰した。

エジプトでは1980年代以降、多くの女優や歌手、ベリーダンサー、アナウンサーらが、ヒジャーブの着用を選択し、肌の露出が求められる芸能活動から引退を決意したり、活動の場や内容を変えたりしてきた。彼女たちは、宗教的な語彙を使って自らの行動を説明し、積極的に宗教的な活動へと参加したことから、「悔悛した芸能人女性たち」と呼ばれた（後藤 2014）。

ハラーがその一人に加わったのは、著名なサッカー選手である最初の夫と離婚した後、２００６年のことである。映画『完全な描写』でヒジャーブをまとった清廉な女性を演じた後、彼女は芸能界から姿を消した。再び、その消息が伝えられたのは２０１４年である。カナダ人の改宗ムスリムと再婚したこと、カナダに移住し、子宝に恵まれ、一時はニカーブ（顔覆い）をまとったこと、そしてモスクで説教師として活動を始めたことなどが報じられた（cf. *al-Shurūq* 紙 ２０１４年5月10日）。

それから4年後、ハラーが単身で帰国し、芸能活動を再開した理由をめぐっては、さまざまな憶測がささやかれた。またとくにヒジャーブを脱いだことについて多くの批判的なコメントが寄せられた（cf. *el-Barad* 紙 ２０１９年11月4日）。２０００年代に入った頃から、エジプトでは「ヒジャーブの着用はムスリム女性の義務である」という考え方が定着し始め、素肌を露出したり、頭髪をあらわにしたりするムスリム女性の数は少なくなっていった。ハラーの前にも、ヒジャーブをまとって引退し、後に再び脱いで復帰した芸能人女性はいたが、彼女たちは一様に、宗教上の義務に従うことを放棄した、罪深い人物として非難にさらされた。ヒジャーブを脱いだ芸能人女性たち自身は、「自分の心が弱かった」「事情があった」などと、言葉少なくその理由を説明するだけだった。ところが、ハラーの態度はそれとは明らかに違っていた。なぜヒジャーブを脱いだのかという問いかけに対して、彼女は自身のイスラーム理解や、神への想いを雄弁に語ったのである。

以下では、20世紀から21世紀にかけてのエジプトを舞台に「女優たちの神学」と呼びうるものの系譜をたどってみたい。ハラー・シーハに至るまで、エジプトの女優たちはしばしば、イスラームや神に関する自分自身の考えや想いを言葉にしてきた。ヒジャーブを脱いで、ヒジャーブをまとって、あるいは再びヒジャーブを脱いで、彼女たちが何を伝えようとしてきたのかを見ていくことにしたい。

1　女優の誕生

エジプトで西洋式の演劇が行われるようになったのは、イタリアやフランスの劇団が興行のためにやってきた1830年代のことである。人々はそこで初めて、舞台に立つヨーロッパの女優たちを目にした。19世紀後半には、エジプト人らによる劇団の活動も始まった。当初は男性が女性の役を演じていたが、1870年代になると、シリア系キリスト教徒の女性が舞台に立つようになり、やがてエジプト人女性もそこに加わった（Farrugia 2002: 96-97）。

19世紀から20世紀はじめのエジプトで、女性が舞台に立つことや、人前で演技をすることが難しかったのは、一つに、装いの規範がそれを許さなかったからである。当時、エジプト人女性の大半は、外出する際、伝統的な衣服や覆いで身体や顔を隠していた。状況が変化し始めたのは、宮廷や上流階層の間でヨーロッパ式の装いや振る舞いが採用された19世紀後半以降のことである。19世紀末になると、カイロやアレキサンドリアなど、エジプトの都市部では外国人人口が増加し、また外国の文物に接する機会が増える中で、エジプト人女性の間でも、顔覆いを外したり、伝統的な外套や覆い布をヨーロッパ式の衣服に替えたりして、出歩く者の姿が見られるようになった（Baron 1989; Russell 2004）。

服装をめぐる開放的な動きが進む中で――しかし、その一方で根強く残る抑圧的な視線にさらされながら――エジプト初の長編映画を製作し、同時にその主演女優となって人々の目を釘づけにしたのが、アズィーザ・アミール（1901～1952）である。ナイルデルタの港湾都市ダミエッタで生まれたアズィーザは、幼少時に父を亡くし、残された家族とともにアレキサンドリアに移住した。若い頃の彼女が

『ライラ』出演時のアズィーザ・アミール

どのように暮らしていたのかは明らかではない。ただ、18歳でヨーロッパに渡り、同地の演劇や映画に触れる機会を得たことや、19歳でフランスでの映画オーディションに合格したこと、それでもエジプトに戻り、地元の劇団に入ったことなどが知られている（Farrugia 2002: 98-103; Dickinson 2007）。

アズィーザは1927年に『ライラ』を、1929年に『ナイルの娘』を、それぞれ発表した。これらのサイレント作品で描かれたのは、当時のエジプトで社会現象にもなっていた、「外国文化」や「外国人女性」に憧れるエジプト人男性の姿と、彼らの裏切りに遭うエジプト人女性たちの苦悩だった。その後のエジプト映画の中で、女性の視点から社会問題に切り込むというスタイルが主流の一つをなしたのは、こうした始まりと関係しているのかもしれない。

2 社会を動かす女優たち

1920年代半ば以降、女性の権利や地位向上を求める運動が活発になった。同時に、都市部の中上流階層の間では、伝統的な覆いの着用は「時代遅れ」と見なされ、髪をあらわにするスタイルが普及した。その後数十年間、流行の洋装を身にまとい、ファッションにおいても、女性の地位向上を求める運動においても、先導者として活躍し続けた一人が、女優のファーティン・ハマーマ（1931～2015）である。

ファーティンは1940年代以来、半世紀の間に、100本に上る映画やテレビドラマに出演した。当初は、監督に言われるがまま従順な女性を演じていたが、しだいに社会の中の不公正や、女性の権利について、作品を通して訴えるようになった。

名誉を汚したとして親族に殺された姉の復讐を誓う上エジプトの女性を演じた『ナイチンゲールの祈り』(1959)や、1952年革命と同時期のエジプトで家父長制に反発する女性が主人公の『開かれた扉』(1963)に加えて、1975年に公開された『解決策がほしい』は彼女の代表作である。これはファーティン自身が立案を手がけたもので、当時のエジプトのムスリム身分関係法(家族関係に関する法でイスラーム法に基づくとされる)に疑問を投げかけるものだった。

当時の法律では、夫からの離婚は容易だった。妻は落ち度のないままに、ある日突然離婚を言い渡され、それがただちに成立するという場合もあった。他方、妻からの離婚には厳しい条件があり、また長い期間を要する裁判が必要だった。そうした不均衡な状況に苦しむ女性たちがいると聞いたファーティンは、作家で弁護士でもある女性の友人フスン・シャーに調査を依頼した。フスンは、何が起こっているのかを知るために裁判所に通い始めた。そこで見聞きした女性たちの話をもとに彼女が書いたのが本作品の脚本だった(Mikhail 2004: 30-31)。

ファーティンが演じる主人公のドリヤ(ドゥッリーヤ)は、一人息子が外国留学に旅立った日に、20年間連れ添った夫に「離婚してほしい」と告げる。女癖が悪く、ドリヤに対して暴力をふるう夫との仲は冷めきっており、彼との生活は苦痛以外の何物でもなかった。しかし、離婚について夫の同意は得られず、ドリヤは裁判所を訪れた。そこは一見して貧しい階層と分かる女性たちで溢れ返っていた――(この続きは本シリーズ第1巻『結婚と離婚』所収の拙稿[特論2]を参照されたい)。

『解決策がほしい』の中で、ファーティンが明らかにしようとしたのは、現行のムスリム身分関係法によって苦しむ女性たちがいるということであり、その原因は、法の源である「イスラーム」にあるのではなく、人間によるイスラームの法解釈や法の運用の仕方にあるということだった。

主人公のドリヤが、イスラームが公正であることに疑いを持っていない様子は、彼女と裁判所の男性職員（宗教知識を持つとされる人物）との会話に表れている。妻から離婚を求める場合、夫が性交渉をおろそかにしていることを訴える必要があると説明する男性に向かって、ドリヤはこう反論する。「離婚を求めると決めた日から、私はイスラーム法について学んできました。イスラーム法ではそんな必要はありません。例えば、イマーム・マーリク（8世紀のイスラーム法学者、マーリク学派の祖）の言葉にはこうあります。『夫によって感情や身体を害されたと妻が感じた場合、妻には離婚を求める権利がある。』そして預言者の言葉にも……。」そう言いかけたところで彼女の言葉は男性によって遮られた。妻たちを守る教えは、イスラームの内側にある。それが見過ごされているだけだというドリヤの訴えは、裁判所を取り仕切る人々には届かなかったのである（Marzūk 1975）。

ファーティン・ハマーマの切手（没年に発行）

現状のままでは、不公正に苦しむ女性たちにとっての解決策がないと訴えたこの作品は、当時の人々の心を揺さぶったようである。その後、エジプトでは、ムスリム身分関係法の改正に向けた動きが本格化し、4年後の1979年に、夫からの安易な離婚を制限するための法律が制定された。この法律は後に制定までの手続きが問題視され、廃止となったが、1985年、ほぼ同じ内容の法律が成立した。2000年には、妻が離婚を望み、夫が合意しない場合、妻が対価を支払うことで離婚が可能になる

「身請離婚」の手続きを認める法律も制定された（堀井 2004；後藤 2019）。

3　ヒジャーブ姿の女優たち

ファーティン・ハマーマがイスラームへのゆるぎない信頼をセリフにこめて社会批判を行ったのと同じ頃、エジプトではイスラームをめぐって別の動きが始まっていた。後に「イスラーム復興」と呼ばれるものである。モスクに集まる人々の数がしだいに増えていった。そして各地で結成された大小の団体が、イスラームの教義やムスリムの生活に関わる主題を扱う勉強会を開いたり、冊子を発行したりするようになった。装いや振る舞いに関するイスラームの規範についての議論が聞かれるようになり、身体や頭髪を覆い隠す装いが流行し始めた（後藤 2021）。

「悔悛した芸能人女性たち」が注目を浴びたのは、そうした流れの中だった。先駆けとなったのが女優のシャムス・バルーディー（1945〜）である。シャムスは1982年、メッカへの小巡礼から戻った後、ヒジャーブをまとい、芸能活動から引退した。その理由について彼女は、巡礼の中で、今までにない形で神の偉大さを感じたからだと語った。シャムスの言葉とされるものは、宗教系の週刊誌に掲載され、その後さまざまなメディアで紹介されたり、引用されたりした。

シャムスのものをはじめ、1980年代から2000年代にかけて流布した芸能人女性たちの語りの多くに共通していたのが、彼女たちがある日の出来事の中で神の存在を実感したり、その導きを体験したりした結果、ヒジャーブをまとったと述べていたことだった。例えば、女優のシャヒーラ（1949〜、1992年に引退）の語りとして、次のようなものが知られている。すべての始まりは、ある晩の夢だった。

神がシャヒーラに、クルアーンを開いて朗誦するよう求めたというのである。その後、シャヒーラはモスクに足繁く通うようになり、勉強会に参加し、宗教書を読みあさった。ヒジャーブに関しては、いつかまといたいと思っていたが、「必要な勇気が出なかった」。そんなある日のことである。

> 金曜の、祈りが神に届くとされる時間帯のことでした。私は繰り返し「神よ、あなたが好まれること、あなたが満足されることを行えるよう、力をお与えください」と唱えました。言葉よりも先に涙があふれ出ました。その後、午後の礼拝を行いました。(…)私はクルアーンを開きました。《終末の地震は、まったく強烈なものである》という言葉で始まる「巡礼章」が目に入ってきました。この章を読み終える前に、私は胸がすっと広がるのを感じました。そして、ヒジャーブをまとう決意が固まりました。それはまさに、神を感じた瞬間でした。
>
> (Kāmil 1994: 71)

当初、冊子などの印刷物を介して人々にもたらされた「悔悛した芸能人女性たち」の語りが、映像や音声を伴って伝えられるようになったのは、1990年代末以降のことである。引退した女優たちは新設の衛星テレビチャンネルの番組に出演したり、ヒジャーブ姿で、雑誌やテレビのインタビューを受けたりした。例えば、1998年に引退したモナ・アブドゥルガニー

雑誌の表紙を飾るモナ・アブドゥルガニー。『ヒジャーブ・ファッション』2005年7, 8月号

（1969〜、女優・歌手）は、2001年に復帰した後、あるインタビューでテレビ番組への出演について尋ねられ、次のように答えたという。

私は自分が説教師だと名乗りませんし、その資格があるとも思っていません。ただ、〔引退した後〕私は女性に関するイスラーム法について多くを学びました。そして自分が知った事柄を他の人々に伝える義務があると考えるようになりました。〔出演を打診された衛星テレビチャンネルの宗教〕番組は、アラブの衛星チャンネルの多くがそうであるように、多数の視聴者を獲得するものと思われました。そこで私は、それに出演することで、自分が知ったことを広めるという目的を達成できるだろうと考えたのです。（ʿAzb 2004: 38）

モナがヒジャーブをまとって芸能活動に復帰したのは、イスラームの教え、とくに女性に関する事柄を人々に伝えるためだったという。テレビ番組の中の女優たちは、声や表情、身振り手振りを含め、全身を用いながら、イスラームや神について自らの理解や想いを語った。彼女たちのヒジャーブ姿は清らかで美しく、またファッショナブルでもあった。1980年代から90年代にかけて、街中で見かけるヒジャーブ姿の女性の数もしだいに増えていった。

4　ヒジャーブを脱いだ女優たち

2000年代に入り、エジプトのムスリム女性の大半がヒジャーブをまとうようになる中で、話題に上ったのが、一度まとったヒジャーブを脱いだ芸能人女性のことだった。多くの場合、彼女たちは「信仰を捨てた」「金銭のために身を売った」「来世で神の罰を受ければいい」などの非難の声にさらされた。

女優のアビール・サブリー（1971～）はそうした芸能人女性の一人だった。彼女がヒジャーブをまとったのは2002年のことである。その直後に出演した衛星テレビチャンネルのインタビュー番組で、アビールは、ヒジャーブをまとうという自身の決断が、宗教的な目覚めによるものだったと熱く語った（Ṣabrī 2002）。アビールがヒジャーブを脱いだのは、2007年である。それから10年を経た後のこと、彼女はあるテレビ番組に出演し、一連の決断が、「個人的な事情」や「その時々の考え」によるものだったと述べた。さらに、ヒジャーブを脱いだからといって、信仰を捨てたわけでも、それによって神との関係性が断ち切られたわけでもないと強調した。

アビールはまた、近年のエジプトには「ヒジャーブを脱ぎたい」と望んでいる若い女性が少なくないこと、しかし社会的な圧力のせいで、装いに関する彼女たちの自由な決断が阻まれていることにも言及した。この番組の録画を掲載したYouTubeのコメント欄には、アビールの発言に共感を寄せるいくつかの声とともに、「ヒジャーブは自由に決断できる事柄ではない」「（ヒジャーブ着用はムスリム女性の義務であり）私たちに議論する余地はない」などの意見が並んでいた（Ṣabrī 2017）。

同様の想いをより詳細に語ったのが、冒頭で紹介したハラー・シーハだった。ハラーは2019年、あるウェブ配信番組にヒジャーブをまとわない姿で出演した。ホスト役を務めたのは、同じくヒジャーブをまとっていない2人の女性――「ライフ&ヘルスコーチ」という肩書きのラマーンと、女優でマルチクリエーターのシェリーン・アラファァ――だった。

番組でのやりとりの中でハラーは、かつてヒジャーブをまとう決意をした時のことを振り返り、こう語った。その時の自分は、女優としての成功を得る一方で、何かが足りないという思いを抱えていた。それが何であるかが分からず、不安になって神に尋ねてみようと思った。そこでクルアーンを読み、祈禱を唱えた。そして礼拝をしようとヒジャーブをまとった時のことである。何とも暖かく心地よい感覚に包まれた。ヒジャーブを脱ぎたくないと思った。だから、礼拝の後もまとい続けることにした、と。

　ヒジャーブを脱いだのもまた、神と対話した後のことだったとハラーは言う。単調な日常の中で疲れ果て、感情や感覚を失っていた彼女は、ラマダーンのある日、バルコニーに立ち、涙を流しながら神に訴えた。「私にはあなたの助けが必要です。あなたの導きが必要です。感情や感覚を取り戻したいのです。」その時、神が偉大であること、そして寛容であることを「感じた」彼女は、自らの心が導くままに生きることが重要であると悟った。そもそも神の教えの核とは、正しくあることや、信頼を裏切らないこと、公正であることなど、その人の内側に関わるものである。それなのに、多くの人々は、そうした教えに従わないままに、外見だけを変えようとしている。重要なのは心の状態であり、ヒジャーブの有無ではない。そう考えるに至ったハラーは、ヒジャーブを脱ぎ、芸能界に復帰することを決意したという（Cuthecrap 2019）。

YouTubeの番組トップページ。左からシェリーン・アラファ、ハラー・シーハ、ラマーン
［https://www.youtube.com/watch?v=vbMU2cu9gLw］

　1時間半におよぶ三人の会話の中で何度か話題になったのが、信仰のあり方に対する他人の介入や、「これをしないと地獄に行く」という形での宗教にまつわる社会的な圧力の存在だった。彼女たちは繰り

返し、信仰とは、他者の視線や噂話を避けるためのものでも、地獄への恐怖心によってもたらされるものでもないこと、それは、神と自分自身の対話によって育まれるものであることを強調した。また自分たちが、常に神を信頼し、頼っていること、そしてその存在の前に正しくあろうと努力していることを、各自が宣言したのだった。最後に、そんな自分たちにとって、神からの答えはすべて自らの心の中にある、という点で合意して、会話を終えた。

おわりに

20世紀初頭以来エジプトでは、その時々の新しいメディアを利用し、より多くの人に声を届けられるという立場を生かして、女性への社会的抑圧や、それに加担するイスラーム理解に疑問を投げかけるべく、声をあげる女優たちがいた。２０１０年代末のハラー・シーハの登場も、そうしたエジプトでの「女優たちの百年」の中に位置づけられるだろう。

ヒジャーブをまとわなくとも神を信じ、その教えに従っているという言葉や、神と常に対話し続けてきた者の心の中には正しい「答え」があるという主張は、近年のエジプトで主流なものではないだろう。しかし、確信に満ちた表情の女性たちのやりとりを見ていると、あたかもそれが、多くの人々に共有されている感覚であり、考え方であるという気もしてくる。疑問として残るのは、こうした番組が、今のエジプトでどのように受容され、今後どのような流れをつくり出していくのか、あるいは、結局、何の変化ももたらさないのか、という点である。10年後、20年後のエジプトで、女性たちの服装がどうなっているのかを予測することは難しい。

一方で、本章において女優たちの百年を振り返る中で見えてきたのは、装いと社会のあり方が刻々と変化する中で、神への信頼を表現し、自らの信じるイスラームを実践しようとしてきた女性たちの姿である。彼女たちの存在こそが、ヒジャーブの有無にかかわらず、人は「神を信じ、その教えに従いうる」という証左なのだろう。

〈追記〉

以上を書き終えた後の2021年2月、ハラー・シーハはエジプトの人気説教師ムイッズ・マスウードと結婚し、ヒジャーブをまとった姿でSNS上に現れた。彼女がなぜ再びヒジャーブをまとうようになったのか、さらにその後また脱いだのかなど、オンライン上で話題になっている。

現代のプリズム5

ベルギー◇モランベーク地区に生きるムスリムの女性たち
――子育てと装いをめぐるフィールドノーツから

見原礼子

はじめに

ヨーロッパにおけるムスリム住民の社会統合をめぐる課題を描いた映画は数多あるが、近年、最も話題になった作品の一つに、2019年公開の『その手に触れるまで（*Le Jeune Ahmed*）』（ジャン＝ピエール&リュック・ダルデンヌ監督）がある。現実の社会問題を反映させた作品としても注目され、カンヌ国際映画祭監督賞を受賞した。

舞台はベルギーの首都ブリュッセルのモランベーク地区。ブリュッセル西部に位置する人口約9万人の同地区は、第二次世界大戦後の高度経済成長期にモロッコやトルコ出身の外国人労働者が多く移り住んだ。現在、ブリュッセルは移民あるいは移民の背景を有する人々が人口の約75パーセントを占めるに至っているが（Service Public Fédéral Belge 2021）、モランベーク地区はとくにその割合が高く、いわゆる多文化地区として認識されてきた。同時に、失業率や犯罪率の高い地区として問題視される状況も長年続いている。加えて、2015年と16年にベルギーとフランスで相次いだテロ事件の主犯者とされた移民の背景を持つ若者が、同地区を拠点としていたことが明るみに出て以降、若者の

映画『その手に触れるまで』のDVD

モランベーク地区のバス停にて

［2012 年筆者撮影］

「過激化」を防ぐための「健全な社会統合」の推進もまた、この地区の重要課題とされてきた。

映画は、主人公アメッドがモスクのイマームの言葉に感化され、自らが通う放課後クラスの女性教師の殺害を企て、少年院で更生に歩み始める姿を描いている。だが、このようなストーリー設定は、あくまでもフィクションとして捉える必要がある。過激主義は必ずしもモスク内部の活動によってのみ生まれるのではなく、むしろモスク外のさまざまな要因――個人のリスク要因、マクロ環境的リスク要因、社会的リスク要因など――が複雑に絡みあって生じることが、社会学、心理学、精神医学など多領域における近年の研究から明らかにされつつあるからだ（Campelo et al. 2018）。

筆者は10年以上にわたり同地区のモスクに集う女性たちと交流を続けてきた。その中で垣間見た、映画では描かれていない、この地区のリアリティについてフィールドノーツから描いてみたい。

映画のある場面から

主人公が放課後クラスの女性教師殺害を企てることになった直接的なきっかけは、教師のある提案を知ったモスクのイマームが、それを「冒瀆的」と彼に伝えたことだった。その提案とは、ムスリムの子どもがモスクでクルアーンを学ぶだけではなく、日常生活で必要となる実践的なアラビア語を、音楽を通じて学ぶというものだ。

この提案に関して保護者向け説明会が開催され、放課後クラスに子どもを通わせる数十人の保護者が集まる。その中に、イマームの意を受けて参加した反対陣営の女性もいた。スカーフを着用するその女性は、子どものうちはモスクでクルアーンを学ぶことが重要、放課後クラスで音楽に興味を持ってしまうとクルアーンを学ばなくなると懸念を示し、他の男性の保護者らとともに女性教師の提案を頑なに拒絶する。

作中、彼女が登場するのはその場面だけだ。主人公がその後に犯す事件と直接的に結びつけられているわけではない。だが結果的に、「イマームの過激主義思想の影響を受けたスカーフを着用する女性」は、アメッドが女性教師の殺害未遂事件を犯すことで、事件に結びつく思想を間接的に共有する者としても表象されることになる。

こうした表象がもたらすイメージは、父親が家を出たことを機にスカーフを着用せず飲酒をするようになった母をアメッドがとがめることで強化される。母親にスカーフを着用してほしいと願う彼の言動は、過激主義思想と、スカーフ着用を是とする考え方を結びつける役割を果たすのである。

フィールドノーツから

映画では、モスクでのクルアーン暗誦以外の教育を拒絶する保護者の姿が描かれていたが、現実の社会において、モスクに通うムスリムの母親はどのようなイスラーム教育を子どもに提供しようとしているのだろうか。そして、彼女たちは「装い」をめぐってどのような経験をしてきたのだろうか。

〈歌を用いたイスラーム教育〉

モランベーク地区では少なくとも20以上のモスクが運営されており（*La Libre* 2016）、毎週末、クルアーン教室が開講されている。ラマダーン月や夏休みには、特別の学習プログラムが組まれることもある。その内容は多岐にわたる。幼児期から学童期の子どもを対象としたものにはクルアーンの暗誦もあるが、歌やダンス、絵画や模型製作を通じたアラビア語の学習など、盛りだくさんである。

母親たちは、モスクやイスラーム団体によるプログラムが数ある中、子どもをどこに通わせるのか、意見交換して選択する。キャンセル待ちが出るほど人気のプログラムに通わせる母親に選択の理由を訊くと、「バランスが取れている」ことを挙げた。具体的には、課外活動など多様なプログラムが組み込まれているか、といったことがポイントであるようだ。

ビスミッラーを覚えるための歌が収録されたCD

家庭内でのイスラーム教育も重要である。モロッコ系移民2世の女性から、イスラームに関する書籍を子どもたちに買うので書店へ一緒に行かないかと誘われたことがある。兄と妹の2人の子どもを持つその女性は、子どもの成長に応じてその都度ふさわしいイスラームの書籍を購入しているのだという。

モランベーク地区の書店では、子ども向けのイスラームに関する歌が収録されたCDも数多く販売されている。映画の中では、幼い子どもが西洋的な音楽に触れることが良きムスリムとなることと対立するかのように主張する女性が登場した。だが現実のモランベーク地区の日常の子育てにおいて、良きムスリムになることと音楽や絵画に触れることは対立するものとして捉えられてはいない。彼女の車に同乗していた時、「ビスミッラー」を覚えるためのかわいらしい歌が聞こえてきた。ドライブ中、子どもたちと一緒に口ずさむ中で私も気に入ったと話していると、筆者の子どもの土産にと同じCDをプレゼントしてくれた。現在ではYouTubeなどでこうした歌を聴くことも多いようだ。

〈スカーフをめぐって〉

このようなモランベーク地区の日常において、子育て世代の女性たちの「装い」をめぐる経験はさまざまである。

まずは、友人コミュニティ内でのスカーフ着用の有無の多様性である。先述したモロッコ系移民2世の女性とその姉は外出時にスカーフをまとい、その下には身体をゆるやかに覆う濃色の衣服を着用している。それは自ら思春期以降に模索した末の選択であったという。移民1世である彼女たちの母親は、娘2人に対してスカーフ着用を勧めなかった。ベルギーで生きていく娘たちにとって、スカーフは必須のアイテムであると母親は見なしていなかったのである。彼女たちは、自らの成長や家族形成の過程で、まずは薄色のスカーフ着用に始まり、徐々に全身を覆うことのできる濃色のスカーフや衣服を自らの選択によってまとうようになったのだという。

このような模索を続けてきた彼女たちにとって、スカーフ着用の有無はあくまでも個人の信仰のありようであると見なされている。彼女たちの幅広い友人ネットワークには、スカーフを着用していない友人も多くいる。その友人たちに対して、スカーフ着用を勧める言葉をかけるところは一度も聞いたことがない。逆に、スカーフを着用していない友人の「自分は良いムスリムではないから」といった発言に対して、「そんなことはない」と励ます言葉をかける場面に出くわしたことがある。彼女たちの間で、スカーフを着用しているか否か、あるいはイスラーム的な装いをしているか否かは、交友関係の深さに影響を及ぼしていないのである。

交友関係において装いをめぐる多様性が見られる一方で、ベルギー社会の文脈においては、スカーフを着用することが自らのキャリアに大きく影響するという現実もある。筆者は、企業の雇用主からスカーフを着用し続けるか否かの選択を迫られ、雇用の機会を失った何人もの女性たちの話から、その現実を知ることになった。スカーフを着用したまま雇用機会が得られる数少ない職場として彼女たちが挙げていたのは、ムスリムが主な顧客となる企業やイスラーム学校の教職員などであった。なかには看護師などの専門職に就き、独立して雇用主の指示を受けない職場で働く女性もいた。

スカーフ着用が労働市場においてスティグマ化される現状に変化も生まれつつある。2020年8月、モランベーク区議会は自治体職員の就業規則において、信条や思想を根拠とした差別禁止条項を追加する動議を採択した。主要政党の立場が分かれる中で採択されるに至ったこの動議は、とりわけスカーフ着用により雇用機会を失うムスリム女性の声に配慮したものであるとされている（Papy 2020）。つまり、この動議は、スカーフを着用して公務に就くことを可能にする道を開くことを企図していた。他方で、公務における「中立性」の観点から、公共機関におけるスカーフ着用の是非は慎重に検討されるべきだという意見もあり、引き続き賛否は分かれている（Dassetto 2020）。

おわりに

フィールドにおいて、子どもへの教育にかかわる母親たちの日々の想いに触れたり、装いをめぐる多様な経験の語りを聴くたびに、モスクに集う人々やスカーフを着用する女性が直接的あるいは間接的に過激主義思想と結びつけられる描写――それはフィクション映画のみならず、メディア報道でもしばしば見られる傾向である――がいかに短絡的であるかに気づかされる。

政治やメディアが主導する「社会問題」やスカーフ論争を追うだけでは決して見えてこないものがある。モランベーク地区に生きる人々の日常から立ち現れる現実を、丁寧に紡ぎだすこと。そこから、もう一人のアメッドの物語は生まれてくるのかもしれない。

第13章

インドネシア◇変身する女性と社会
——近年のチャダル着用現象を事例に

野中　葉

1　ムスリマの装い——ダイナミックな変化

私がインドネシアに関わるようになってから、すでに30年が経った。最初に訪れたのは1990年。高校2年生の時に留学生として、地方都市であるスラウェシ島マカッサル（当時の呼称はウジュンパンダン）に1年間滞在した。権威主義体制下にあったインドネシアは、1998年、アジア通貨危機に端を発する経済危機と人々の要求を受け民主化し、やがてさまざまな社会的問題を抱えながらも経済成長を達成した。同時に、インドネシアは世界最大のイスラーム教徒を抱えるムスリム大国でもある。インドネシアのイスラームは土着の信仰やヒンドゥー・仏教とも混淆した「穏健で寛容な」イスラームだと言われてきたが、近年では、より「正統な」イスラームを人々が希求するようになり、そこから「外れた」信仰や実践は忌避されるようになった。過去30年のインドネシア社会は、大きく変容したと言っていいが、それを象徴するかのように、ムスリマの服装もこの間、見違えるほどの変化を遂げている。

私が最初にマカッサルに暮らした1990年当時、イスラーム式のヴェールをまとう女性はとても珍しく、1年間通った公立高校の同級生にも、ヴェール着用者は1人だけだった。常夏の気候に合わせるように高校の制服も半袖に膝丈のスカートで、街中の女性の服装も半袖が主流だったと思う。ムスリム大国であっても、女性たちはそれほど肌を隠さないのだと、知識の乏しい高校生ながらも感じた記憶がある。それが今では、ヴェール着用は当たり前になり、多くの女子高生たちは長袖のブラウスにくるぶしまでのスカートを制服として身につけている。街中の女性たちもまた、その多くはヴェールをまとい、長袖にくるぶしまでのスカートやワイドパンツなど、身体のラインを強調しない、ゆったりとした服装に身を包んでいる。そして、彼女たちの服装はとても多様でカラフルでもある。さらに昨今では、顔までも覆い目だけを出すチャダルと呼ばれるヴェールを着用する女性たちも目につくようになった。インドネシアの今の状況を見ると、30年前には、彼女たちの服装が日本の女性たちの服装とほとんど変わらなかったということすら全く想像がつかないだろう。

ここでは、権威主義体制が確立した1970年代後半から現在に至るまでのインドネシアのムスリマの服装の変遷をみていく。とくに昨今のチャダル着用現象に着目し、女性たちがチャダルを着用し始めた背景や理由を読み解き、装いの多様化の一端を明らかにしたい。

2 クルドゥン、ジルバブ、ヒジャーブ

思い返してみると、私自身、現代社会を生きるインドネシアの人々のイスラーム受容や実践に関心を持つようになったのは、このダイナミックに変化する女性たちの服装を大変に興味深いと感じたからだ。研

究を通じてインドネシアと付き合うようになって15年以上が経つが、この間一貫して、女性たちの服装の変容は私の心を捉えてきた。イスラーム式のヴェールについていえば、着用者が増えていく中で、形状や大きさ、デザイン、そして呼び名にもさまざまな変化があった。２０１５年に出版した拙著『インドネシアのムスリムファッション』の記述を基に、それぞれの呼び名が意味するものと時代背景を時系列に追ってみよう。

そもそもインドネシアの各地では、成人女性が外出をする際には、頭にクルドゥンと呼ばれる布をまとう慣習があった。これはイスラームの教えに由来するものかもしれないが、以前から、宗教実践というよりも慣習として根付いており、成人女性の正装の一つとして見られてきた。クルドゥンのまとい方は大変にルーズで、布を頭から垂らしているものの、髪の毛も耳も喉も覆われていないことが多い。

これに対し、１９７０年代末あるいは１９８０年代初頭から、都市部の大学生や高校生を中心に着用されるようになったのがジルバブと呼ばれるヴェールである。時はちょうど権威主義体制真っただ中。体制の安定を強固にするため、さまざまな政治的・社会的活動が監視の対象になった。そうした抑圧された状況下で、一部の学生たちが大学や地域のモスクに集い、クルアーンのインドネシア語訳を読み、その教えを学び、自己変革や社会変革を構想する活動を始めた。これはのちに大学ダアワ運動として知られるようになり、１９９８年の民主化運動では権威主義体制を終焉させる一翼を担った。本書第7章で述べたように、このダアワ運動に参加する女子学生たちは、イスラームの教えに自覚的だった。彼女たちは、自らが着用するヴェールを、クルアーン（33章59節）に現れる用語を借用してジルバブと呼び、これまでのクルドゥンとは異なり、髪の毛や耳や喉元をすべて覆うようになった。またクルアーンの同じ節の記述に従って、ガミスと呼ばれるワンピース型のドレスや、ゆったりとした長袖・長スカートなどですっぽりと全身を覆う者たちも増えていった。

民主化を経て、２０００年代半ばになると、人々の生活水準も向上し、ファッションや娯楽など消費文化も発展した。同時に、それまで都市部の学生たちや若年層に限られていたジルバブ着用者も増加して、社会の幅広い層に広まりを見せていった。権威主義体制下、ジルバブには「後進的」「ラディカル」といったネガティブなイメージが付きまとい、社会からの差別や偏見、両親や親族からの反対や拒絶を経験した着用者が多かったが、この時期にはヴェール着用や身体を覆うスタイルが肯定的に受け入れられ、社会の中でマジョリティを形成するようになり、多様化やファッション化が進展していった。イスラームの教えに従いながら現代的なお洒落を楽しむ都市部の若い女性たちの間で、ヴェールはジルバブではなく、ヒジャーブと呼ばれるようになった。ヒジャーブもクルアーン（33章53節）に由来するアラビア語の単語であるが、これは現在、ムスリマのヴェールの名称として中東をはじめとする世界各地で使われている。「ジルバブ」からはお堅い、政治的なイメージが連想されるのに対し、より現代的で国際的な印象の強い「ヒジャーブ」が女性たちに好まれたのだろう。

イスラームやヴェールに対する女性たちの意識の変容と社会的認知度の高まりとともに、この40年ほどの間に、ヴェールの呼び方はクルドゥンからジルバブへ、そしてヒジャーブへと変化した。しかしジルバブがクルドゥンを、またヒジャーブがジルバブを駆逐したわけではなく、現在では、３つの単語がそれぞれに使われている状況だ。そもそも3つの単語の差異は曖昧であり、各自の信仰心や環境に応じ使い分けられている。そして最近では、新たにチャダルと呼ばれる顔を覆うヴェールの着用も見られるようになった。

3　チャダル着用者たちの声

チャダル着用者はこの2、3年で着実に目立つようになっているものの、その数を知るのは、他の種類のヴェール着用者の数を知るのと同様、大変難しい。少し古い数字だが、2018年3月のBBC Indonesia（オンライン版）の記事には、「ジャカルタにおけるチャダル着用者は女性たちの2パーセント弱だが、その数は増加している」とする民間調査会社の調査結果の引用がある。一方で、2018年初頭、ジョグジャカルタの国立イスラーム大学で、キャンパス内でのチャダル着用を禁じる校則が施行された。さらに翌2019年10月には宗教大臣が公務員のチャダル着用を禁じ、また、チャダル着用者の政府関連施設への入館を認めないと発言して大きな議論を招いた。こうした否定的な動きも出始めていること自体、チャダル着用者が社会の中でインパクトを持ち始めている証拠だと言えるかもしれない。

チャダルを着用したインドネシアのムスリマ
［EyeEm / Alamy Stock Photo］

それでは女性たちはなぜチャダルを身につけるのか、いくつかの声を紹介しよう。

（1）チャダル着用は「スンナ」だが「ヒジュラ」の証

頭髪を覆うヴェールの着用がムスリマの義務であるのに対し、チャダル着用は「スンナ」であると女性たちは口をそろえて言う。「スンナ」とは、もともと預言者ムハンマドの慣行、つまりムハンマドが日常行っていたことや、折にふれ決定を下したことを指すが、インドネシアでは転じて、ムスリムが従うべき規範であり、推奨される行為を指す。女性たちの間では、こうした推奨行為の一つとして、チャダル着用が理解されている。また、この「スンナ」の実践によって、神からの来世に向けた報奨が得られると信じられている。例えば、バンドゥン在住の20代女性アイシャ（仮名）は、以下のように言う。

チャダルを着けたのは「報奨」が欲しかったから。イスラームを勉強して、アウラを隠すことは義務だと知った。一方、チャダルはスンナだから着けなくても罪ではないけれど、着けていれば、着けていない時に比べ「報奨」がある。人間には来世では、天国か地獄かの2つの選択肢しか与えられていないから、私は、来世のために準備したいと思った。チャダルは、私が「ヒジュラ」したことの証明の一つ。

（アイシャ／２０１８年9月実施インタビュー）

「アウラ」とは「見ると恥ずかしいもの」を意味するアラビア語起源の単語で、「恥部」「隠し所」とも訳され、隠さなければならない身体の箇所を指す。イスラームでは、男性にも女性にもアウラがあり、女性のアウラは、現在のインドネシアでは、「顔と両手以外の身体のすべて」だとする解釈が一般的である（野中2015: 9-10）。

「ヒジュラ」も、最近非常によく聞くようになったキーワードだ。ヒジュラの元の意味はもちろん、西暦622年（ヒジュラ暦元年）にマッカの多神教徒からの迫害を逃れるため、預言者ムハンマドと教友たちがマディーナに移住したことである。しかし、ここでアイシャは、「あまり良くない」ムスリマから、「敬虔な」ムスリマに変化した自分自身の変化を指して「ヒジュラ」と呼んでいる。近年のインドネシア社会では、イスラーム的価値観が急激に広まり、イスラーム的なことがより良いという雰囲気が醸成されていくにつれ、ムスリム個人のイスラーム的転向を表現する言葉として、とくに若者たちの間で「ヒジュラ」が頻繁に用いられている。女性のヒジャーブ、男性のあご髭などとともに、チャダルの着用は、ムスリムが「ヒジュラ」したことを示すアイコンの一つとも見なされている。

（2）チャダル着用の効用と周囲の反応

来世のための「報奨」を得るべく着用されるチャダルであるが、着用してみて初めて気づく効用も多い。それはしばしば自分自身の変化と、周囲との関係性の変化を伴っている。

20代後半に結婚してチャダルを着け始めたサキーナ（仮名）は、チャダルの効用についてこう語る。

私は周りの環境に流されやすく影響を受けやすい。だからチャダルはとても役に立つ。他人の誘惑から自分の心を守ってくれる防御壁みたいなもの。チャダルを着けていると、男性は私を見ないし、目も合わせない。たぶん、どこを見ていいのか分からないのだと思う。そしてとても礼儀正しくなる。だから、チャダルを着けると自分の身が安全だと感じる。見た目ではなく私自身を見てもらえるという気がする。

（サキーナ／2018年9月実施インタビュー）

けれども一方で、チャダル着用者は依然としてマイノリティであり、周囲から戸惑いやネガティブな視線を向けられることも少なくない。アイシャがチャダル着用の許可を求めた時、両親は困惑した。また、チャダル着用をいまだに受け入れてくれない親戚もいるという。

まず両親が恐れたのは、私が排他的なグループに入り、チャダルを着けたのではないか、ということだった。だからその誤解を解く必要があった。イスラーム的な服装をすることで、より良いムスリマになったということを見せる必要があった。今まで以上にイスラームを勉強し、実践している姿を両親に見せ、理解してもらうように努めた結果、両親は以前よりもサポートしてくれるようになった。それでも両親は、親族と会う時にはチャダルを外しなさいと言う。インドネシアではまだチャダルが広く受け入れられていないから、ネガティブな印象を持たれてしまうことがある。必要な時には外すべきと私も思っているので、両親の言葉に従っている。

（アイシャ／同上インタビュー）

30歳になったばかりのサキーナは、夫に反対され、着用していたチャダルを外さざるを得なかった。

夫はそもそも世俗的な人。礼拝も熱心ではない。一度は許してくれたけれど、結局、夫は私のチャダル着用を良く思っていなかった。以前のような私に戻ってほしいと願っていた。チャダルに対しては、確かに、いまだに多くの人がネガティブな印象を持っている。私と夫が一緒に外出しても、私がチャダルを着けているのでじろじろ見られたりすることがある。私が過激主義者だという風に思われるのを彼は嫌がっていた。ある時、彼は、「チャダルを着けてほしくない、外してくれ」と言った。

私は外したくなかったたし、私の気持ちを否定するなんてひどいと思ったけれど、チャダルの着用はスンナで、夫を喜ばせることは妻の義務だから、夫の言うことに従った。（サキーナ／同上インタビュー）

私はこれまでの研究で、ジルバブやヒジャーブ着用者に対し、たくさんのインタビューを実施してきた。彼らがマイノリティだった時期、つまりヴェールをジルバブと呼び、都市部の若い女性たちが先駆的に身につけ始めていた頃に、彼女たちが経験した周囲からのネガティブな反応や、彼女たち自身が感じたジルバブの効用は、チャダルについてアイシャやサキーナらが語った事柄ととてもよく似ていた。ジルバブとチャダルで形態は異なるが、かつてのジルバブ着用者と、今のチャダル着用者の間には、類似の経験や語りが見られるのである。

4　チャダル着用を促す社会的背景

前節では、チャダル着用の理由、周囲の反応、自分にとっての効用などに関する女性たちの声を紹介した。それでは、女性たちのチャダル着用を後押しする社会的背景には何があるのだろうか。ここでは、とくに若者に影響を与える現象を2つ取り上げたい。

（1）説教のインターネット配信

チャダル着用者の間では、特定の説教師たちの説教のインターネット配信が大人気だ。インドネシアでは通常ウスターズと呼ばれるイスラーム説教師たちが、自らが主宰し話した宗教講話会の様子をそのまま録画し、YouTubeにそれをアップロードする。彼らはジャカルタやバンドゥンなどの大都市を拠点に宗教講話会を定期的に開き、たくさんの参加者を集めているが、それにもまして人気があるのは、ネット配信される彼らの説教の動画である。

前節で紹介したアイシャもサキーナもよく見ているという人気説教師の一人がハリド・バサラマだ。1975年生まれのアラブ系で、サウジアラビアとマレーシアでイスラームを学んだ経験を持つ。南ジャカルタのモスクで毎週開催される彼の講話会は大人気で、平日の夜の開催にもかかわらず毎回何千人もの聴衆を集めている。また、彼の説教を収録した動画は、YouTubeのオフィシャルチャンネルで観ることができる。チャンネル登録者数は、2022年3月現在219万人を誇り、サイト上の集計によれば、合計の視聴回数は1億5000万回に迫る。これらの動画の中には、チャダルをテーマにした説教もある。以下は、2016年7月に公開され、これまでに36万回ほど視聴されている動画でのチャダルに関する彼の見解の要約である。

「先達のウラマーたちのイスラーム的根拠に基づく判断によれば、チャダルは、スンナだという解釈と義務だという解釈、どちらも許容できる。私はスンナだという立場を取る。チャダルは、より良い完全な服装だから、すでに社会的に受け入れられている場所では着けた方がいい。そうすれば、必要以上に目立ったり見られたりすることはない。しかし逆に、もしチャダル着用で何か問題が生じるようなら着用するのをやめなさい。最低限、顔と手以外を覆えばそれで良い。」

ハリド・バサラマを含むチャダル着用者に人気の説教師たちは、多くがサラフィー主義に分類される者たちだ。サラフィー主義とは、後代の逸脱を排して、預言者ムハンマドと教友たちの時代の原則や精神への回帰を目指す思想潮流で、一部が過激化した一方、非政治的で保守的なイスラームを志向する人たちも多い。これまでにも、女性のチャダルはインドネシアのサラフィー運動研究の中で、この運動に参加する女性たちの特徴として論じられてきた。

私が話を聞いたチャダル着用者たちからは、ハリド以外にも複数の説教師の名前が挙がるが、彼らはみな、それぞれに、チャダルへの見解を講話会で話し、その様子がYouTubeにアップロードされている。すべての説教に共通しているのは、チャダルの着用については「義務」と「スンナ」で異なる解釈があり、どちらの解釈を選択してもよいということである。続けて、「スンナ」という解釈が許容されるのだから、チャダルを着用しなくても罪にはならないが、状況が許せば着用した方がいいという風に議論が展開する。こうした説教師たちの説明は、私が話を聞いた女性たちの語りと重なっており、彼らの見解は、インターネットを介して女性たちに確実に広まり、彼女らの意識の中に内在化されていると言えよう。

(2) コミュニティとインフルエンサー

人気説教師たちの講話の動画と並んで、著名人などのインターネット発信もチャダル着用の女性たちに影響力を持っている。

上述のアイシャもサキーナも、チャダルを着ける前からフォローしていたというのが、インダダリのInstagramだ。インダダリは、人気コメディアンの元妻であり、離婚を経験したが、今ではチャダル着用の著名人として知られており、彼女のInstagramには、2022年3月現在、約54万人のフォロワーがいる（アカウント：indadari）。またインダダリは、チャダル着用者をつなぐ「ニカーブ・スクワッド」というコミュニティの創設者でもある。「ニカーブ・スクワッド」は、Instagramを通じ、ほぼ毎日、クルアーンやハディースの引用やさまざまなイベントの情報を発信し（アカウント：niqabsquad_official）、また全国各地でオフラインの交流会も頻繁に開催している。

また、インダダリ以上の人気を誇るのが、ピピック・ディアン・イラワティだ。彼女は、独身時代には雑誌モデルとして活躍し、その後、人気歌手でテレビ説教師のジェフリ・アル゠ブホリと結婚した。ジェフリが2013年に交通事故で亡くなった後、チャダルを着用するようになり、敬虔で美しい未亡人として、さらに有名になった。現在、ピピックは女性説教師として活躍するとともに、171万人以上のフォロワーを集めるInstagramでも、積極的に発信を続けている（アカウント：_ummi_pipik_）。

さらに若い世代のインフルエンサーとして真っ先に名前が挙がるのが、Instagramで225万人以上のフォロワーがいるワルダ・マウリナである。ワルダは1995年生まれ、男性ヴォーカルグループのメンバーの妻である。通常、チャダル着用者は、服もチャダルも黒一色が主流だが、彼女のチャダルと服は、パステルカラーが多く、またチャダルは額が見えるタイプで、一般的なチャダルよりも顔の露出が多い。前述のインダダリやピピックがめったに自分の写真を公開しないのに対し、ワルダの投稿の多くは自分自身の写真であり、また夫とのツーショットやまだ幼い子どもとの写真も頻繁に公開している（アカウント：wardahmaulina_）。

おわりに

ここまで、インドネシアにおける過去30年から40年ほどのムスリマのヴェールと装いの変遷を辿りながら、近年のチャダル着用現象に関わる女性たちの声と、その社会的背景を眺めてきた。そこで見えてきたのは、これまでのヴェールの変遷の延長線上に現在のチャダル現象を置くことができるだろうということである。チャダル着用に関わる個人の経験は、かつてヴェール着用者が非常に少なかった時代、先駆的にジルバブを着用し始めた女性たちが経験したこととよく似ている。アイシャのように、多くのチャダル着用者が、自らのチャダル着用は、自分自身が「ヒジュラ」したことの証明だと表現する。これは、自らのジルバブ着用の理由を、「ヒダーヤ」(神の導き)を得たからだと表現した(野中 2015: 68-69)、かつてのジルバブ着用者たちに重なる思考であり表現である。また、サキーナの夫やアイシャの親族があらわにしたチャダルに対する否定的な反応や、それにもかかわらずサキーナ自身が感じているチャダル着用の効用もまた、かつてのジルバブ着用者が経験した内容と非常に似ている。

1980年代から2000年代初頭にかけ、自らがイスラーム的に変化し、神の命令に従って生きることを表明する手段だったジルバブ着用が、2000年代半ば以降、急激に社会に広まり、着用に対するハードルは一気に低くなった。さらにそれは、ヒジャーブと呼ばれ、カジュアルに着用されるようになった。一部はファッション化し、カラフルで目立つヒジャーブが出現し、これに対してイスラームの教えに反しているとする批判も聞こえてくる。そうした中、チャダルが、かつてジルバブが担っていた役割を代わりに担うようになったのではないか。大衆化したヒジャーブに代わる新しいイスラーム的な服装として、チャダルが一部の女性たちに受け入れられるようになったのではないだろうか。

一方で、チャダルがジルバブやヒジャーブの着用と大きく異なるのは、多くの女性たちがその着用を義務ではなく「スンナ」だと理解していることである。かつてのジルバブ着用者にも、現在のヒジャーブ着用者にも、女性のアウラを覆うヴェールの着用は義務だと理解されている。それに対し、チャダル着用は義務ではないため着用しなくても罪にはならないが、「スンナ」であるので、着用すれば、その分、天国に行くための「報酬」が与えられるのだ。こうした言説が急激に広がった背景には、多くがサラフィー主義だとされる人気説教師たちのチャダル言説が、インターネットを介して人々に広く浸透していったこと、また、インフルエンサーたちの活躍により、チャダルに対する良いイメージが広がっていったことがある。そしてこの影響を最も強く受けているのは、インターネットの使用頻度の高い若者たちである。

人々のイスラームへの向き合い方の変容、新しい技術の導入、社会の変化などに応じ、インドネシアのムスリマの服装は不断にかつダイナミックに変化を遂げている。現代社会の中で女性たちがイスラームを主体的に学び、信仰する姿が、インドネシアの女性たちの服装にも反映されていて、私自身の関心も尽きることがない。

現代のプリズム6

世界◇ベリーダンスの衣装と百年

木原 悠

はじめに

中東・北アフリカの文化として広く知られているものに、ベリーダンスがある。「腹部」を意味する英語「ベリー（belly）」に基づき、その名のとおり腹部から腰部、臀部にかけての筋肉を柔軟に運動させる。エジプトやトルコが本場と見なされているが、近頃は競技会を兼ねた催しが毎年世界各地で開催されるほど人気がある。

胸元と腹部を大胆に露出させた定番衣装が独り歩きして、エロティックなダンスというイメージが持たれていることも少なくない。しかし、衣装は地域や時代によって異なり、例えば湾岸地方で着用される身体のラインを覆うハリージー（湾岸風）ドレスが用いられることもあれば、エジプトでは腹部の露出が禁じられたこともある。衣装の変化に注目しながら、エジプト・北アフリカを起点に世界へ広がるベリーダンス百年の歴史を辿ってみよう。

アルメとガワージー

ベリーダンスの踊り子たちの存在が西洋世界に広く知られるようになったのは、18世紀半ば以降エジプトや北アフリカを訪れた西洋の旅行者たちが残した書き物を通してだ。彼らは、踊り子を「アルメ」あるいは「ガワージー」と呼び、オリエント旅行の名物として記録に残した。前者は「教養ある女性」を意味するアラビア語に由来し、歌を披露し、時には詩も詠(よ)み、ごく限られた女性たちの空間でのみ踊るとされる。後者は北インド起源のいわゆる「ジプシー」を指し、路上演技を生業とする。

衣装の記述は史料ごとにさまざまである。イギリス人東洋学者のエドワード・レインは『当世エジプト人の風俗と習慣』（Lane 1836）の中で〈踊り子のなかでも下級のものの衣装は、他の下層階級の売春婦と同じような服装をしている〉とするが、同時代、当地に赴任していたフランス人外科医のアントワーヌ・クロは『エジプトにおける一般的概観』（Clot-Bey 1840）に〈この国の洗練された女性が身につけるものと多かれ少なかれ同じだが、体型の輪郭が強調されているという特徴がある〉と記す。

踊り子たちは西洋人のエキゾチシズムを刺激し、19世紀以降、西洋の芸術作品の題材として好まれた。オリエンタリズム絵画で有名なジャン゠レオン・ジェロームは、エジプトの踊り子を画題に16点もの作品を残している。最も有名な「アルメ」（1863）には、薄手のベストとゆったりとしたパンツを身にまとい、腹部を大胆に露出した踊り子が両手のフィンガーシンバルを打ち鳴らして踊る姿が描かれている。右側にはラバーブ、ナイ、ダルブッカなどのアラブ楽器を携えた演奏者がおり、左側には兵士と思しき男性たちが踊り子を見つめている。

万国博覧会

ヨーロッパの人々がベリーダンスの踊り子たちを実際に目にしたのは、19世紀後半に開催された万国博覧会の場であった。あらゆるものを一ヶ所に集めて序列を示しながら展示する、まさに帝国主義時代を反映した催しである。会場内には各国のパヴィリオンが設置され、世界中の工芸品や土産物、さらには「人間」までもが衆目を集めた。

ベリーダンスが有名になったのは、1889年の第4回パリ万国博覧会においてだ。エジプトのみならず、アルジェリア、チュニジア、モロッコのパヴィリオンで披露された踊りが「ベリーダンス」の名で一括され、この名称が大々的に用いられた。

例えば会場内に設置された「国際劇場」では「カイロオペラハウス」の宣伝文句とともに30人の一座が公演を行った。美貌のエジプト人ショーク・エフェンディとハネーム・エフェンディを含む6人の踊り子のベリーダンスは〈優雅でオリジナルなものである〉と絶賛されている。彼女たちの衣装はブラウスにベストを重ね、スカートを身につけている。さらに新しいスタイルとして、ストッキングとシューズを履いていることが当時の写真から確認できる。

　それまで絵画や文学作品で描かれるだけだった踊り子たちの身体性が万博で直接的に提示された。ゆえに、衣装や動きを含めた踊り子の身体そのものに注目が集まり、中でも大きな衝撃を与えたのが腹部の動きだった。バレエに代表されるように西洋の舞踊は脚部の運動を中心とする。西洋の人々にとって、腹部を動かすこと自体が「未知なる身体」そのものだったのである。

　また、見本市という性格を持つ万博では、踊り子たちの衣装は商品として売買された。実際、ガージャール朝の第4代君主ナーセロッディーン・シャーはこの時、チュニジアのパヴィリオンで〈紫色と金色〉の踊り子の衣装を購入している。

パリ万博「国際劇場」の踊り子たち（1889年）

［gallica.bnf.fr / Bibliothèque nationale de France］

西洋の踊り子

「オリエントの踊り子」という主題は西洋人

のエキゾチシズムをかきたて、やがて世紀末になると、西洋の女性たちが踊り子として登場するようになった。この時、アルメやガワージーの特徴である即興性や芸能性よりも、芸術性が求められ、衣装は、異国趣味を煽る手段として、以前よりも装飾的で華美なものになった。

世紀末のこの時代、新約聖書に起源を持つ「サロメ」が、男性を破滅に追い込む「宿命の女」として流行し、オスカー・ワイルドの戯曲をはじめ多数の芸術作品で題材になった。1906年末、『サロメの幻想』を披露したモダン・ダンサーのモード・アランは、ビーズで豪華に飾られたブラとロングスカートをまとい、腕、胸、腹を大胆に露出した姿でウィーンの舞台に登場した。同時期、「女スパイ」の名で知られるマタ・ハリがパリの社交界に電撃デビューした時も、似たような衣装であった。

『サロメの幻想』のモード・アラン（1907年）　［Mary Evans Picture Library］

1920年代、ハリウッドで映画製作が盛んになると、アラブ世界を舞台にした作品にベリーダンスが登場した。当時大人気だったルドルフ・ヴァレンティノ主演『熱砂の舞』（1926）では女優ヴィルマ・バンキーがベストに似たブラとスカートという衣装で踊るシーンがある。露出の多い衣装は「オリエント」の後進性や野蛮性と重ねられて好んで用いられ、この時培われたベリーダンスのイメージは、映画という新しいメディアによって世界中に発信された。

エジプトにおけるバドラの導入

今日、我々が一般的にイメージするベリーダンスの衣装は「バドラ」（「スーツ」を意味するアラビア語）と呼ばれる。典型的なバドラはブラ、ヒップベルト、スカートで、腹部はあらわか、それに近い状態である。これがエジプトに普及したのは1930年代、エジプト映画の黄金期で、この時代に活躍したタヒーア・カリオカやサミア・ガマールなどの女優兼ダンサーたちが着用した。

しかし、腹部を大胆に露出した衣装はのちに道徳的観点からタブー視されるようになり、1952年には腹部を覆った衣装のみが認められるようになった。ナセル大統領率いる当時の政府が、メディアやアートで表現されるアラブ女性の性的に挑発的なイメージを緩和させようとしたからである。この時、腹部は薄手の生地で覆われた衣装が用いられた。こうした政治的影響を受けながらもエジプトにおけるベリーダンス熱は冷めず、1970年代から80年代にかけて人気は頂点を迎えた。

衣装のさらなる多様化

1960年代以降、欧米で第2次ベリーダンス・ブームが起こる。アラブ移民のコミュニティが増大し、非西洋由来の音楽やダンスを歓迎するヒッピー文化が流行したからである。また、第2波フェミニズムとも相まって、アメリカでは主に女性たちがエクササイズを目的に楽しむようになった。ベリーダンスは、子宮まわりを運動させる女性ならではのもので、男性中心社会に暮らす中で見失いつつある自らの女性性を再認識できると解釈された。同時に、フィットネスの機運が高まった結果、一つ一つの動きに「アンジュレーション」や「シミー」といったそれらしい名称がつけられたり、教本が出版されたりすることで、女性に限定されない身体運動としてのダンスと捉えることも可能になった。この時、以前のようにエキゾチシズムを満たすツールとしてのみならず、ベリーダンスはダンスそのものとして注目された。

通称「アメリカン・トライバル」と呼ばれる新しいスタイルが誕生したのはこの頃である。これは、ベリーダンスを現代アメリカ流に再解釈したもので、他ジャンルのダンスや音楽との融合が見られる。衣装は、黒色の生地にコインやフリンジなどで飾られたブラとベルト、ボリュームのあるジプシー・スカートを基本とし、アフガニスタンなどの中央アジア製のアクセサリーが使用される。

現在、ベリーダンスの衣装はいっそう多様化し、踊り手の個性や独自性が反映されている。例えば、イタリアを拠点に活躍するロシア人ダンサーのアイーダ・ボゴモロヴァは、衣装を注文するたびにお抱えデザイナーの住むモスクワに飛ぶ。あるいはエジプトで活躍中のセネガル系エジプト人アイシャ・ババカールはヒジャーブをまとうスタイルを貫いており、ショーの場であっても肌の露出を抑えた衣装を着用している。

おわりに

衣装の市場規模は大きく、経済効果も高い。例えば2013年時点で、エジプトで観光客向けの衣装は150から400エジプト・ポンド（1000から3000円ほど）。ダンサーが使用する平均的衣装は2000エジプト・ポンド（およそ1万5000円）。プロフェッショナルなダンサー向けの特注品になるとその十倍にもなる。ベリーダンスの衣装は、踊り手や観客の目を楽しませるのみならず、経済面にも貢献している。

2022年現在、コロナ禍のもとで人々の交流に制限がかかる中、オンライン上でのショーやワークショップを通じて、あるいはスター・ダンサーらのSNSを通じて、ベリーダンスはプロ・アマを問わず世界中の愛好者たちを結びつけている。

現代のプリズム 7

日本◇共鳴するモデストファッション

岡井宏文

2020年現在、日本のムスリム人口は23万人と推計されている。在日ムスリム人口の増加は、1980年代のニューカマーの来日とともに始まった。

それから40年を経た今、在日ムスリムは国籍や世代の面で多様化している。婚姻や家族形成などの要因によって、日本国籍を有するムスリムが増加した。国籍にかかわらず、人生の大半を日本で過ごす人も増えた。

そして現在、新しい世代の台頭が著しい。ニューカマーたちの世代を「第1世代」と呼ぶとすれば、「第2・3世代」など「次世代」の若者の存在感が増している。

これまで在日ムスリムの間では、マスジド（礼拝施設）の設立やイスラーム教育、相互扶助などが盛んに行われてきた。加えて近年、「次世代」の若者たちによってマスジド内外で活発な活動が行われるようになった。イスラームの勉強会はもとより、アート、ファッションなどのワークショップ、登山、はては朝活に至るまで、オフライン/オンライン問わずさまざまな活動が行われている。そして興味深いのは、こうした活動に、ムスリムではない人々も少なからず参加していることである。ムスリムの存在がますます一般的になりつつある日本社会において、彼らが活動することには、一体どのような意味があるのだろう？

この問いについて一人のクリエイターと大学生たちとの「装い」を通じたやりとりから考えてみたい。

私がかつて勤務していた群馬県の大学では、

日本のイスラーム社会について学ぶ授業を開講していた。この授業では、毎年各界で活躍するムスリムにゲスト講師をお願いしていた。ボランティア、アート、そしてファッションなどを切り口に、生の言葉と体験を通じて、イスラームや当事者の世界観に触れるのが目的であった。

毎年ゲストに来てもらっていたのがアウファ・ヤジッドさんだ。東京都足立区生まれ。大学卒業後、モデル、フォトグラファー、メイクアップアーティスト、デザイナーなど多方面で活躍をしている。２０２０年には自身の服飾ブランド、RAFI'E by aufatokyo を立ち上げた経験もある。

アウファ・ヤジッドさん
［ご本人提供］

彼女のブランドコンセプトの核を成すのは「モデストファッション」という概念だ。肌やボディラインの露出を抑えたモデストファッションは、２０１０年代中頃から世界を席巻し始めた。イスラーム世界発のこのトレンドに、H&MやDKNY、ユニクロなどグローバル企業が参入したほか、ムスリムのデザイナー、インフルエンサーが各地で台頭した。現在では、宗教的信条を持つ人だけでなく、それ以外の人をも惹きつけるものとなっている。

アウファさんには、ヒジャーブとモデストファッションについての授業をお願いした。

授業は2週連続で行われた。1回目はアウファさんによる「レクチャー」、翌週の2回目はアウファさんが学生からの質問にすべて答える「Q&A」から成っている。1回目は、ヒジャーブや女性の装い、世界のヒジャーブ紹介、アウファさんのファッションのコンセプトについてレクチャーが行われ、その後ヒジャーブを実際に被って新しいコーディネートを考えるワークショップが行われた。

学生の感想からは、「ヒジャーブの意味が理解できた」「色々なスタイルのヒジャーブやファッションがあることが分かった」「かぶってみて、包まれてはじめてわかる世界観があった」など、ヒジャーブについての理解を、知識と体験をもとに深めた様子がうかがえた。

アウファさんによる授業の様子　［筆者撮影］

だが、本稿でとくに取り上げたいのは「Q&A」回での学生の学びについてである。学生たちは、「レクチャー」の後、アウファさんに率直な疑問や質問をぶつけた。そのやりとりの一部を紹介してみたい（一部筆者が言葉を補った）。

——ヒジャーブにもTPOに応じた使い分けはありますか？

TPOは、一般的な服と同じです。冠婚葬祭にニットの素材のヒジャーブはおかしいですよね。色合いや生地（シフォンのようなセミマット、サテン、ストーン）で、TPOにあった表現が可能になります。

——服を選ぶ上でのこだわりは何ですか？

自分らしく、楽しめるファッションであるということです。教えに従い、かつ「楽しい」ファッションを考えます。

信仰上、身体を隠すことは大切です。やりがいを感じるのは、日本のファッションを違和感なく表現できた時です。

コンセプトは「ナチュラルに（日本の）町に溶け込んだムスリム」です。これは日本で生きているからこそ出来上がったスタイル。インドネシアやアメリカにはすでに私のような人がいます。私がいる必要はありません。日本生まれ日本育ちのムスリムの私が、日本で活動することに価値があると考えています。表現者としてオンリーワン、そして伝える価値のあるものがある。そこに意味があります。

――ヒジャーブに関する教えがなかったとしたら、どうなっていたでしょうか。

社会的には外面的な美を重視する世界になるのではと思います。（肉体美など）理想の女性像の物差しが一つになって、窮屈になりそうです。脱毛の広告、アイドル文化などなど、社会的なプレッシャーってありますよね。女性はこうでないといけない、男性はこうでないといけない。（ヒジャーブで）覆われることで自由になっている面もあります。逆にそういったものから自由になれるから。

――ヒジャーブをしていない人を見てどう思いますか？

どうも思いません。人は人、自分は自分。逆に、あなた（ヒジャーブをしていない人）がヒジャーブを着けている人を見てもどうも思う必要はありません。ゆくゆくはそういう社会になってほしいです。

――現在の活動をしていて一番うれしかったことは何ですか？

やはり、みんながポジティブに捉えてくれるところです。もちろん活動に反応があるとうれしいけれど、その人の人生に刺激を与えられるのがうれしいです。SNS、授業などでメッセージやフィロソフィーが伝わる媒体・相手が増えました。ZOZO（RAFI'E by aufatokyo を出店している）は、服が好きな人が見てくれます。「かわいい服みつけた↓デザイナーがムスリム」という逆転した回路がすごくうれしい。イスラームは（私の）ステータスの一部。（私は）デザイナーをしている人で、そして信仰がある人。目指すところはこれが「あたりまえ」の世界です。

総数50にも及んだ質問はシンプルなものから、教員としてはちょっとヒヤヒヤするもの、アウファさんの哲学に迫るものまでさまざまで、アウファさんは一つ一つの質問を丁寧に掘り下げて回答をしてくれた。では、この回答から学生たちは何を感じ、受け取ったのだろうか？ 後に学生に行ったインタビューをもとに考えてみたい（一部筆者が言葉を補った）。

「アウファさんは、『あなたがヒジャーブを着けている人を見てもどうも思う必要はない』とおっしゃっていました。ムスリムもムスリムじゃない人も『当たり前』というメッセージが伝わってきました。（私たちは）ムスリムに対して特別なストーリーを期待してしまうことがあります（注：質問の中には、ムスリムであるがゆえに苦労したエピソードを期待するものが散見された）。日本で大変そうとか努力してそうとか、思い込みや偏見で他人を見る感じ。確かにそういう（大変な）こともあると思うけれど、アウファさんの言葉や『かわいい』で評価されている姿は、そういうものを超えていく感じだった。『ムスリム』であることなど抜きに、ナチュラルに『かわいい』で共感できたことがよかった。」

「表現者としてオンリーワンで、（活動やメッセージに）『私がそこにいる意味』みたいなものがあるのを感じました。（私は）今就活をやっていて、周囲が女性に期待しているキャリアや人生のパスがあるように感じています。子育て、結婚、育児、女子に期待されているキャリア像、生き方があるように思います。自分のやりたいことをまず中心においた働き方があるべきだけれど——。だからそういうことを感じている人がいたら、アウファさんの話を聞いたら選択に幅が出ると思いました。実際に自分が動けなくても、子どもを解き放ってあげられるかもしれないから。」

アウファさんのレクチャーは、確かにイスラーム、そしてヒジャーブに関する理解や共感を促した。しかし学生たちはそれ以上に多くのことを感じていたようだ。自身や社会に内在するステレオタイプへの気づきや、「かわいい」への共感を媒介としたフラットなものの見方、周囲の視線から自由になり、自分らしく生きることへの活力を得ていたのだった。アウファさんが発したメッセージは、狭義のイスラームやモデストファッションの授業に収まらず、学生自身の置かれた立場や思考と共鳴し、いわばエンパワーメントとして作用したのだった。

「次世代」ムスリムがますます一般的になりつつある社会の中で、彼らの活動やそこで発せられるメッセージは、ムスリムではない人々とも共鳴し、新たな認識や相互作用を生み出しうるのかもしれない。彼女自身の言葉を借りれば、「それは、宗教や信条、年齢、体型、あらゆる価値観を越境する」ものなのだから。

在日ムスリムが特別視される時代は、良い意味で今がその「終わりの始まり」なのかもしれない。

編者あとがき

本書の核となるアイデアが生まれたのは、２０１６年６月、イスラーム・ジェンダー学科研のキックオフ・シンポジウムの懇親会の場でした。編者二人の間で、マラク・ヒフニー・ナースィフ（ペンネーム「砂漠の探究者」）を題材に研究会をしてはどうか、という話が出ました。マラクが新聞に寄稿した論説や集会で行った演説は、後に『女性をめぐって（ニサーイーヤート）』と題する本にまとめられています。当初は、アラビア語で書かれた同書の読書会を開くことを考えていました。しかし、それでは、言語的な面で参加者が限られてしまいます。そこで、中東・イスラーム地域に生きたマラクのような女性を探すことを研究会の主軸にすることにしました。「『砂漠の探究者』を探して」という研究会の名称は、そこに由来します。

こうして同年11月、イスラーム・ジェンダー学科研の公募研究会「『砂漠の探究者』を探して――女性たちと百年」（通称「サバ研」）が東京大学東洋文化研究所を会場に始まりました。それから2、3ヶ月に1回のペースで研究会は続きました。各回の前半は、ライラ・アハメドの『イスラームにおける女性とジェンダー』の読書会（この本の中にもマラクが登場します）、後半は参加者による研究報告が行われました。読書会では1回につき同書の2章分を取り上げました。まず院生の方々に各章の内容を報告していただき、次に歴史学や地域研究の専門家に、それぞれの知見からコメントを頂戴しました。刊行から四半世紀を経た同書を「今」の視点から読む中で新たに見えてくるものが数多くありました。

後半の研究報告では、イラン、トルコ、インドネシア、イギリス、チュニジア、エジプトをはじめ、異なる地域や言語文化を専門とする参加者が、フェミニズム理論、詩人、姓名、「最初の女性雑誌」をはじめとする出版物……等々に関して報告してくださいました。回によってはコメンテーターを迎え、毎回、地域や時代を越えた大きなつながりが見えてくる、刺激あふれる時間を堪能しました。

2018年7月、第8回目の研究会として、シンポジウム「記憶と記録からみる女性たちと30年——装いにうつるイスラームとジェンダー」を開催しました（東京大学福武ホールにて、新学術領域研究「グローバル関係学」科研B01班「規範とアイデンティティ」との共同主催）。アハメドの本の最終章で象徴的な意味が見出されていた女性の新たな装い（＝ヴェールの着用）に着目し、それにまつわるジェンダー言説のありようを、イスラーム圏各地の過去30年間の事例から浮かび上がらせようという試みでした。本書のタイトル「記憶と記録」は、このときの企画のタイトルに由来します。「記録」されていないもの、印象やイメージを含めたものも、「記憶」として語ることを許容するという意味でした。通常、学術研究においては、「記録」されたものを根拠に語ることが求められます。しかし、それをはみ出すことで、より多くのものを掬（すく）い取り、思考を深めたいという思いがありました。

これらの研究会が本書の土台となりました。ご多忙の中、研究会にご参加くださったすべての皆さまに心から御礼申し上げます。

2019年春、本書のための原稿執筆の依頼を開始しました。同年暮れに始まる新型コロナウイルス感染症の広がりによって、それ以降は、オンラインで執筆者が集い、研究報告を継続的に実施しました。各地域や各時代それぞれの「砂漠の探究者」について語る第Ⅰ部の執筆陣の報告では、何十年も前に、遠く離れた場所に暮らした人々の声が、その希望や絶望とともに蘇るようでした。ファッションの変遷に注目する第Ⅱ部の執筆者の方々の報告からは、政治や社会が絶えず変化していること、その中で人々がそれぞれの考えを持ち、人生を生きていることが伝わってきました。

研究会と並行して、各執筆者に原稿への加筆修正をお願いしました。ようやく入稿にこぎ着けたのは2022年4月のことです。それから刊行まで、さらに1年近くの時間がかかってしまいました。こうした遅れはひとえに、編者の不手際によるものです。執筆者の皆さんには、すばらしい文章を寄せてくださったことに感謝するとともに、刊行までに必要以上の時間を要し、お待たせしてしまいましたことを心よりお詫び申し上げます。

本書の編集作業に際しては、イスラーム・ジェンダー学科研の事務局でお手伝いいただいている木原悠さん（お茶の水女子大学大学院）と濱中麻梨菜さん（東京大学大学院）にご尽力いただきました。また、明石書店の赤瀬智彦さんと吉澤あきさんは、丁寧で着実に編集作業を進めてくださいました。吉澤さんは、作業が遅れがちな編者に対しても、つねに優しく、励ましの言葉をかけてくださいました。吉澤さんがいらっしゃらなかったらどうなっていたのだろうと思います。

本書は「女性たちと百年」をテーマとするものですが、これら女性たちの生を眺めていく中で、周囲の男性が果たした役割の大きさも窺い知ることができます。トルコのファトマ・アリイェとエミネ・セミイェの姉妹も、インドネシアのロハナ・クドゥスも、レバノンのナズィーラ・ザイヌッディーンも、開明的で教育熱心な父親をはじめ理解のある男性がそばにいたからこそ、自由な発想と積極的な発信の機会を得られたのでした。「女性たちの百年」を扱う本書は、彼女たちをとりまく男性たちの百年の物語でもあります。

そう考えたとき、ふと思い浮かぶのが、イスラーム・ジェンダー学科研の代表であり、本イスラーム・ジェンダー・スタディーズ・シリーズの監修者である長沢栄治さんのお顔です。面倒な書類仕事に追われても、研究集会での「締めの言葉」を突然求められても、にこやかにこなしてこられました。その寛大さと温かさに、あらためて感謝申し上げるしだいです。

最後に、本書をこの百年余りのあいだに各地に生きた多くの「砂漠の探究者」たちに捧げます。あなたたちがいたからこそ、私たちの《今》があります。

2023年2月15日

編者　後藤絵美・岡　真理

dailynewsegypt.com/2013/04/07/belly-dance-in-egypt-quivering-hips-and-thumping-beats/（2021年8月10日最終閲覧）.

Fraser, Kathleen, W. 2015. *Before They Were Belly Dancers*. Jefferson: McFarland.

Lane, Edward William. 1836. *An Account of the Manners and Customs of the Modern Egyptians: Written in Egypt During the Years 1833, -34, and -35, Partly from Notes Made During a Former Visit to that Country in the Years 1825, -26, -27, and -28*, Volume 2. London: Charles Knight and Company. 103-104.

La Justice, 6 août 1889. LE SCHAH A PARIS. 2.

Le Petit Parisien, 7 août 1889. LE SHAH A PARIS. 2.

Shannon, Arvizu. 2004. "The Politics of Bellydancing in Cairo." *The Arab Studies Journal*. 12/13, no. 2/1, 159-181.

Ward, Heather, D. 2014. "The Beginnings of the Bedleh" *The Belly Dance Reader*, 2. Fairfax: Gilded Serpent, 12-25.

———. 2018. *Egyptian Belly Dance in Transition.* Jefferson: McFarland.

■ 現代のプリズム7

工藤正子 2008『越境の人類学 ── 在日パキスタン人ムスリム移民の妻たち』東京大学出版会。

高橋典史・白波瀬達也・星野壮編著 2018『現代日本の宗教と多文化共生 ── 移民と地域社会の関係性を探る』明石書店。

店田廣文 2015『日本のモスク ── 滞日ムスリムの社会的活動』山川出版社。

子島進 2014『ムスリム NGO ── 信仰と社会奉仕活動』山川出版社。

樋口直人ほか 2007『国境を越える ── 滞日ムスリム移民の社会学』青弓社。

三木英・櫻井義秀編著 2012『日本に生きる移民たちの宗教生活 ── ニューカマーのもたらす宗教多元化』ミネルヴァ書房。

Janmohamed, Shelina. 2016. *Generation M: Young Muslims Changing the World*. I.B. Tauris.

Papy, Gérald. 2020. «Les femmes voilees trouvent difficilement un emploi,» *Le Vif / L'Express* (2020/9/10).

Service Public Fédéral Belge. 2021. «Nouvelle statistique sur la diversité selon l'origine en Belgique» dans le site web Statbel. https://statbel.fgov.be/fr/themes/population/origine#:~:text=Statbel%2C%20l'office%20belge%20de,4%20%25%20de%20non%2DBelges（2021年5月23日最終閲覧）.

■ 第13章

野中葉 2015『インドネシアのムスリムファッション――なぜイスラームの女性たちのヴェールはカラフルになったのか』福村出版。

〈ウェブサイト〉

BBC Indonesia. 2018. Kisah perempuan bercadar: diteriaki maling, dilempar botol, hingga ditawari pekerjaan (2018/3/8)（チャダルを着用した女性の物語：盗人と罵倒されたり、瓶を投げつけられたり、仕事を得たり……）. https://www.bbc.com/indonesia/indonesia-43302724（2022年3月30日最終閲覧）.

CNN Indonesia. 2019. Menag Fachrul Razi akan larang cadar di instansi pemerintah (2019/10/30)（宗教大臣ファハルル・ラズィ：政府系施設でのチャダル着用を禁じる）https://www.cnnindonesia.com/nasional/20191030194509-20-444279/menag-fachrul-razi-akan-larang-cadar-di-instansi-pemerintah（2022年3月30日最終閲覧）.

Tempo. 2018. UIN Sunan Kalijaga Yogya larang mahasiswi bercadar (2018/3/5)（ジョグジャカルタ・スナンカリジャガ国立イスラーム大学：女子学生のチャダル着用を禁止）https://nasional.tempo.co/read/1066740/uin-sunan-kalijaga-yogya-larang-mahasiswi-bercadar（2022年3月30日最終閲覧）.

〈YouTube〉

Khalid Basalamah Official YouTube Channel（ハリド・バサラマ公式YouTubeチャンネル）https://www.youtube.com/khalidbasalamah（2022年3月30日最終閲覧）.

Ustadz DR Khalid Basalamah. 2016. Hukum cadar bagi wanita dan apakah punggung telapak tangan itu aurat? (2016/7/23)（女性にとってのチャダルの法と、掌がアウラかどうかについて）https://www.youtube.com/watch?v=cgk42wfYpDo（2022年3月30日最終閲覧）.

■ 現代のプリズム6

Bagnole, Rihab Kassatly. 2005. "Imaging the Almeh: Transformation and Multiculturalization of the Eastern Dancer in Painting, Theatre, and Film 1850-1950" A dissertation presented to the faculty of the college of fine arts of Ohio University. (2005/11).

Clot-Bey, Antoine-Barthélemy. 1840. *Aperçu général sur l'Égypte*, Volume 2. Paris: Fortin, Masson. 91-92.

Ethar, Shalaby. 2013. "Belly Dance in Egypt" *Daily News Egypt*, April 7. https://

——— 2019「エジプトの『家族法』」（特論2 近代家族法の誕生）長沢栄治監修、森田豊子・小野仁美編『結婚と離婚』（イスラーム・ジェンダー・スタディーズ1）明石書店、158-165頁。
——— 2021「『イスラームのルール』はどうつくられるのか――ムスリム女性の装いをめぐる事例から」高尾賢一郎・後藤絵美・小柳敦史編『宗教と風紀――〈聖なる規範〉から読み解く現代』岩波書店、11-33頁。
堀井聡江 2004『イスラーム法通史』山川出版社。
ʻAzb, Sharīf Kamāl. 2004. *Fannānāt Tāʼibāt: Fī Majālis ʻAmr Khālid*. Cairo: Dār al-Rawḍa.
Baron, Beth. 1989. "Unveiling in Early Twentieth-Century Egypt: Practical and Symbolic Considerations." *Middle Eastern Studies* 25/3, 370-386.
Cuthecrap. 2019. *Losing Yourself to Find Yourself with Hala Shiha/ Izzayy Ta'raf Enti Min?* (2019/11/01)
Part1: https://www.youtube.com/watch?v=vbMU2cu9gLw
Part2: https://www.youtube.com/watch?v=O2unUdlhzgg（いずれも2022年3月17日最終閲覧）
Dickinson, Kay. 2007. "'I Have One Daughter and that is Egyptian Cinema': ʻAzīza Amīr amid the Histories and Geographies of National Allegory." *Camera Obscura*. (2007) 22 (1[64]): 137-177.
Farrugia, Marisa. 2002. "The Plight of Women in Egyptian Cinema (1940s–1960s)." Ph.D. Thesis, The University of Leeds.
Kāmil, Majdī. 1994［初版1993］. *Fanānāt Warāʼ al-Ḥijāb*, Cairo: Markaz al-Rāya.
Marzūk, Saʻīd. 1975. *Urīd Ḥallan*. Aflām 'Īhāb al-Leithī.
Mikhail, Mona N. 2004. *Seen and Heard: A Century of Arab Women in Literature and Culture*. Northampton: Olive Branch Press.
Russell, Mona L. 2004. *Creating the New Egyptian Woman: Consumerism, Education, and National Identity, 1863–1922*. London: Palgrave Macmillan.
Ṣabrī, ʻAbīr. 2002. "Interview with Maḥmūd Saʻd," *ʻAlā Waraq*, Dream TV, n.d. (2002/4).
———. 2017."Interview with Rāghida Shalhūb," *Faḥṣ Shāmil*, Al-Ḥayāh TV. (2017/3/29). https://www.youtube.com/watch?v=2DqoVuzqYkA（2022年3月17日最終閲覧）.

■ 現代のプリズム5

Campelo, Nicolas, et al. 2018. "Who are the European youths willing to engage in radicalisation?: A multidisciplinary review of their psychological and social profiles." *European Psychiatry*, 52, 1-14.
Dassetto, Felice. 2020. «Une motion qui interroge, votée au conseil communal de Molenbeek.» dans le site web Felice Dassetto: http://www.felicedassetto.eu/index.php/blog-belgique/291-motion-conviction（2022年3月30日最終閲覧）.
La Libre. 2016. «Les mosquées de Molenbeek ouvrent leurs portes.» (2016/5/25).

Kishwar Naheed. 2001. *Dasht e qais main laila*. Lahore: Sang-e-Meel Publications.

■ 第11章

後藤絵美 2021「『イスラームのルール』はどうつくられるのか —— ムスリム女性の装いをめぐる事例から」高尾賢一郎・後藤絵美・小柳敦史編『宗教と風紀 ——〈聖なる規範〉から読み解く現代』岩波書店、11-33頁。

シャハシャハーニー、ソヘイラー（藤元優子訳）2010「テヘランのストリートファッション」森茂男編『イランとイスラム —— 文化と伝統を知る』春風社、163-192頁。

藤元優子 2012「イランのヒジャーブと女性 —— 政治・法律・個人」武田佐知子編『着衣する身体と女性の周縁化』思文閣出版、285-300頁。

Bāmdād, Badr al-Molūk. 1968/9. *Zan-e Īrānī az Enqelāb-e Mashrūtīyat tā Enqelāb-e Sefīd*. Tehrān: Ebn-e Sīnā.

Behnūd, Mas'ūd. 2019. "Safar-e Amān Allāh va hamsarash beh Tehrān va kashf-e hejāb dar Īrān," *BBC News Fārsī* (online) https://www.bbc.com/persian/afghanistan-49410055（2021年3月5日最終閲覧）.

Chehabi, Houchang. 2004. "Dress Codes for Men in Turkey and Iran," Touraj Atabaki and J. Zürcher (eds.). *Men of Order: Authoritarian Modernization under Atatürk and Reza Shah*, London and N.Y.: I. B. Tauris, 209–237.

———. 2008. *Culture Wars and Dual Society in Iran*. Amsterdam: Farman-Farmaian Family International Institute of Social History.

Dabīr Siyāqī, Mohammad. 1993. "Kolāh," *Āshenā*. vol.11 (Khordād va Tīr 1372), 37-40.

Damandān (Nafīsī), Parīsā, 1999. *Chehreh Negārān-e Esfahān: Gūsheh'ī az Tārīkh-e 'Akkāsī-ye Īrān*. Tehrān: Daftar-e Pazhūhesh'hā-ye Farhangī.

Devos, Bianca. 2006. *Kleidungspolitik in Iran. Die Durchsetzung der Kleidungsvorschriften für Männer unter Rizā Šāh*. Würzburg: Ergon Verlag. (Arbeitsmaterialien zum Orient. 19.)

Najmabadi, Afsaneh. 2005. *Women with Mustaches and Men without Beards: Gender and Sexual Anxieties of Iranian Modernity*. Berkeley: U. of California Press.

Rāvandī, Mortazā. 1978. *Tārīkh-e Ejtemā'ī-ye Īrān*. vol.3. Tehrān: Amīr Kabīr.

Shahrī, Ja'far. 1990a. *Tārīkh-e Ejtemā'ī-ye Tehrān dar Qarn-e Sīzdahom*. vol. 2. Tehrān: Mo'asseseh-ye Khadamāt-e Farhangī-ye Rasā.

———. 1992. *Tehrān-e Qadīm*. vol. 1. Tehrān: Mo'īn.

Tanāvolī, Parvīz. 2014. *Moqaddameh'ī bar Tārīkh-e Gerāfīk dar Īrān*. Tehrān: Nashr-e Tehrān.

■ 第12章

後藤絵美 2014『神のためにまとうヴェール —— 現代エジプトの女性とイスラーム』中央公論新社。

Sodiqova, N. and Yu. Gaybullayeva. 2014. *O'zbek milliy bosh kiyimlari XIX-XX asrlar*. Toshkent: Sharq.

Tokhtakhodzhaeva, M. 2000. *Mezhdu lozungami kommunizma i zakonami islama*. Vienna: Office of Regional Programs.

■ 現代のプリズム3

Kamal, Rabia. 2014. "Islamic Dress and Fashion in the United State," Yvonne Y. Hadaad. and Jane I. Smith (eds.). *The Oxford Handbook of American Islam*. Oxford: Oxford University Press, 426-438.

Tarlo, Emma. 2010. *Visibly Muslim: Fashion, Politics, Faith*. Oxford: Berg.

———. 2017. "Re-fashioning the Islamic: young visible Muslims." Sadek Hamid (ed.). *Young British Muslims: Between Rhetoric and Realities*. London and New York: Routledge, 151-170.

〈ウェブサイト〉

ムブディアーン公式ウェブサイト https://mubdian.com/

■ 第10章

蘇金子 1995「我願做安拉喜悦的人」『蓓蕾』3 (5)。

馬秀蘭 1999「甘粛臨夏中阿女校工作彙報」馬秀蘭校長提供資料。

李申 2021『科学無神論原理』巴蜀書社。

松本ますみ 2010『イスラームへの回帰 —— 中国のムスリマたち』山川出版社。

——— 2018「寧夏山間地回族の『二〇年間の大災厄』の記憶とイスラーム復興」『中国21』48、167-192頁。

水鏡君 1996「浅談女学、女寺的興起與発展」『回族研究』1期。

水鏡君・雅紹克 2002『中国清真女寺史』生活・読書・新知、三聯書店。

孫幼真 1937「寧夏郷間的回教婦女」『震宗報月刊』3 (8)、26-27頁。

姚彩燕 1996「面沙情愫」『穆斯林婦女』10。

朱暁明 2018「問題導向、政治担当、創新推進 —— 学習習近平関於新時代宗教問題和宗教工作的重要論述」『科学与無神論』6期、総116期。

佚名 n.d.「能忍自安」『伊斯蘭教義歌』(内部資料)。

佚名 2017「忍耐高」、中原穆斯林婦女賛聖与経歌彙編『中原穆斯林婦女賛聖与経歌彙編』河南鄭州、内部発行。

■ 現代のプリズム4

ファイズ・アフマド・ファイズ(片岡弘次編・訳)1994『ファイズ詩集』花神社。

Fahmīdah Riyāz. 2011. *Sab laʾl o guhar: kulliyāt (1967-2000)*. Lahore: Sang-e-Meel Publications.

中島由佳利 2003『新月の夜が明けるとき――北クルディスタンの人びと』新泉社。

―――2004「難民　日本の難民認定制度、危機的状況――在日クルド人問題を通してみる入国管理政策の実態」『世界』12月号、156-165頁。

―――2004「ムスタファの人生――日本で難民申請をしたトルコ国籍クルド人」『新日本文学』終刊号、133-144頁。

―――2004「ジランの『カギ』　難民申請した在日家族――絆を守る闘いへの序章」『週刊金曜日』529、48-53頁。

―――2005「クルド人父子の強制送還をめぐって　難民を追い返すニッポンの品格」『週刊金曜日』543、8-10頁。

―――2021『在日クルド人の1990-2021』クルドを知る会・在日クルド人の現在2021実行委員会。

〈映像作品〉

中島夏樹監督 2021『地図になき、故郷からの声（Voices from the homeland）』。

■ 第9章

帯谷知可 2020「ウズベク人はいかに装うべきか――ポストソ連時代のナショナルなドレス・コード」福田宏・後藤絵美編『「みえない関係性」をみせる』（グローバル関係学5）岩波書店、45-69頁。
―――2022『ヴェールのなかのモダニティ――ポスト社会主義国ウズベキスタンの経験』東京大学出版会。
宗野ふもと 2019「ソ連期ウズベキスタンにおける社会主義的近代化と女性――「シャフリサブズ『フジュム』芸術製品工場」の労働者の事例から――」『日本中央アジア学会報』15: 1-22。
Babadjanov, B. M. 2014. "The Economic and Religious History of a Kolkhoz Village: Khojawat from Soviet Modernisation to the Aftermath of the Islamic Revival." In S. A. Dudoignon and C. Noack (eds.). *Allah's Kolkhozes: Migration, De-Stalinisation, Privatisation and the New Muslim Congregations in the Soviet Realm (1950s-2000s)* (Islamkundliche Untersuchungen Band 314). Berlin: Klaus Schwarz Verlag. 202-263.
Kamp, M. 2006. *The New Woman in Uzbekistan: Islam, Modernity, and Unveiling Under Communism*. Seattle and London: University of Washington Press.
―――. 2011. "Femicide as Terrorism: The Case of Uzbekistan's Unveiling Murders." In E.D. Heineman (ed.). *Sexual Violence in Conflict Zones from Ancient World to the Era of Human Rights*. Philadelphia: University of Pennsylvania Press. 56-70.
Nalivkin, V. P. and M. Nalivkina. 1886. *Ocherk byta zhenshchiny osedlogo tuzemnogo naseleniia Fergany*. Kazan': Tipografiia Imperatorskogo universiteta.
Northrop, D. 2004. *Veiled Empire: Gender and Power in Stalinist Central Asia*. Ithaca and London: Cornell University Press.

運動のゆくえ」『世界』2月号、146-153頁。
Abed, Anfal. 2020. "Violence Against Women in Iraq: Between Practice and Legislation." (2020/7/8). https://blogs.lse.ac.uk/mec/2020/07/08/violence-against-women-in-iraq-between-practice-and-legislation/（2022年4月8日最終閲覧）.
Ali, Zahra. 2018. *Women and Gender in Iraq: Between Nation-Building and Fragmentation*. Cambridge: Cambridge University Press.
American Bar Association. 2005. "The Status of Women in Iraq: An Assessment of Iraq's *De Jure and De Facto* Compliance with International Legal Standards (Iraq Legal Development Project)" (2005/7). http://www.peacewomen.org/sites/default/files/hr_statusofwomeniniraq_aba_july2005_0.pdf（2022年4月8日最終閲覧）.
Efrati, Noga. 2012. *Women in Iraq: Past Meets Present*. NY: Columbia University Press.
Glas, Saskia and Amy Alexander. 2020. "Explaining Support for Muslim Feminism in the Arab Middle East and North Africa." *Gender & Society*, 34 (3) (2020/6), 437-466.
Iraqi Women Network. 2019. "Iraqi Women challenges of Security, Peace and Justice." (Shadow Report to the CEDAW Committee 2019). https://tbinternet.ohchr.org/Treaties/CEDAW/Shared%20Documents/IRQ/INT_CEDAW_CSS_IRQ_37264_E.docx（2022年4月8日最終閲覧）.
Al-Jawaheri, Yasmin Husein. 2008. *Women in Iraq: The Gender Impact of International Sanctions*. Boulder and London: Lynne Rienner Publishers.
Al-Rawi, Ahmed. 2020. *Women's Activism and New Media in the Arab World*. NY: SUNY.
Vilardo, Valeria and Sara Bittar. 2018. "Gender Profile—Iraq: A situation analysis on gender equality and women's empowerment in Iraq." *Research Report* (2018/12), https://oxfamilibrary.openrepository.com/bitstream/handle/10546/620602/rr-gender-profile-iraq-131218-en.pdf?sequence=1（2022年4月8日最終閲覧）.

■ 現代のプリズム1

新郷啓子 1993『蜃気楼の共和国？——西サハラ独立への歩み』現代企画室。
———— 2019『抵抗の轍——アフリカ最後の植民地、西サハラ』インパクト出版会。
Decaster, Michèle. 2017. *Irréductibles Sahraouies, femmes et homme en résistance*. Éditions La Grange.
Perregaux, Christiane. 1985. *Femmes Sahraouies, femmes du desert*. Paris: L'Harmattan.
Ponce de León, Moises, Yolanda Blanco Souto, Zahra Hasnaui. 2018. *Las asomb rosas mujeres saharauis, de la tradición a la emancipación*. Santiago de Compostela: Andavira Editora.

■ 現代のプリズム2

中川喜与志 2000「湾岸ストーキング ⑽ ネブロース」『京都大学新聞』第2262号。

———（鳥居千代香訳）1990『女子刑務所 —— エジプト政治犯の獄中記』三一書房。
長沢栄治 1990「エジプト資本主義論争の構図と背景」同編『東アラブ社会変容の構図』アジア経済研究所。
——— 2012『アラブ革命の遺産 —— エジプトのユダヤ系マルクス主義者とシオニズム』平凡社。
——— 2019a「ホダー・シャアラーウィー自伝の場合」（第2章　近代エジプトの家族概念をめぐる一考察）『近代エジプト家族の社会史』東京大学出版会。
——— 2019b「エジプト農民運動の聖地を訪ねて」（コラム11）『近代エジプト家族の社会史』東京大学出版会。
Maqlad, Shāhinda. 2006. *Min Awrāq Shāhinda Maqlad*. Cairo: Dār Mīrīt.
Nelson, Cynthia. 1996. *Doria Shafik, Egyptian Feminist A Woman Apart*. Cairo: The American University in Cairo Press.
al-Zayyat, Latifa. 2000. *The Open Door*. Cairo: The American University in Cairo Press.

■ 第7章

織田由紀子 2004「ジェンダーの主流化とは」田村慶子・織田由紀子編著『東南アジアの NGO とジェンダー』明石書店、11-37頁。
中谷文美 2010「開発のなかの女性と家族 —— インドネシア・新秩序体制下の女性政策」長津一史・加藤剛編『開発の社会史 —— 東南アジアにみるジェンダー・マイノリティ・境域の動態』風響社。
野中葉 2008「インドネシアの学生ダアワ運動の原点 —— サルマン・モスクにおけるイスラーム運動の展開」『Keio SFC Journal』8 (2)、147-160頁。
——— 2015『インドネシアのムスリムファッション —— なぜイスラームの女性たちのヴェールはカラフルになったのか』福村出版。
Suryakusuma, Julia. 2011. *StateIbuism: The Social Construction of Womanhood in New Order Indonesia*. Depok: Komunitas Bambu.
Pustaka- Kewanitaan dan Keibuan antara Karir dan Kodrat. 11 (1), 1977/12.（「プスタカ —— 女性性と母性：キャリアと女性としての本性の間で」1977年12月）
〈ウェブサイト〉
UNDANG-UNDANG REPUBLIK INDONESIA NOMOR 1 TAHUN 1974 TENTANG PERKAWINAN（婚姻に関する法律：インドネシア共和国1974年第1号） https://peraturan.bpk.go.id/Home/Details/47406/uu-no-1-tahun-1974（2022年3月29日最終閲覧）.

《**第II部**》

■ 第8章

酒井啓子 2020「イラク『十月革命』が目指す未来 —— 女性・若者が切り拓く非暴力

Moffitt, Miriam. 2006. “The Society for Irish Church Missions to the Roman Catholics: Philanthropy or Bribery?” *International Bulletin of Missionary Research*, 30 (1), 32-38.

Nurdoğan, Arzu M. 2016. “The Landing of CMS Missionaries to an Ottoman Dominion: Missionary Education in Egypt (1825-1862).” *Educational Sciences: Theory & Practice*, 16 (2), 399-438.

Seton, Rosemary. 2013. *Western Daughters in Eastern Lands: British Missionary Women in Asia*. Santa Barbara: Praeger.

Stock, Eugene. 1899. *The History of the Church Missionary Society*. London: Church Missionary Society, iii.

“The New Egypt Mission.” *Church Missionary Gleaner*, April 1883, X 112.

Whately, E. J. 1890. *The Life and Work of Mary Louisa Whately*. London: The Religious Tract Society.

———. 1875. *Life and Correspondence of Richard Whately, D.D., Late Archbishop of Dublin*. London: Longmans.

Whately, Mary L. 1863. *Ragged Life in Egypt*. London: Seeley, Jackson & Halliday.

———. 1870. *More About Ragged Life in Egypt*. London: Seeley, Jackson & Halliday, New Edn.

———. 1879. *Letters from Egypt to Plain Folks at Home*. London: Seeley, Jackson & Halliday.

■ 歴史のプリズム6

Badran, Margot. 1995. *Feminists, Islam, and Nation*. Princeton: Princeton University Press.

El Saadawi, Nawal. (Sherif Hetata trans.) 1999. *A Daughter of Isis: The Autobiography of Nawal El Saadawi*. London and NY: Zed Books.

Musa, Salama. (L. O. Schuman trans.) 1961. *The Education of Salama Musa*. Leiden: E. J. Brill.

Mūsā, Nabawīya. 1999. *Tārīkhī bi-Qalamī*. Cairo: Multaqā al-Mar’a wa al-Dhākira.

———. 2004. *al-Mar’a wa al-‘Amal*. Cairo: al- Hai’a al-Miṣrīya al-‘Āmma al-Kitāb.

■ 第6章

アハメド、ライラ（林正雄・岡真理・本合陽・熊谷滋子・森野和弥訳）2000『イスラームにおける女性とジェンダー――近代論争の歴史的根源』法政大学出版局。

後藤絵美 2020「エジプト女性運動の『長い20世紀』――連帯までの道のり」長沢栄治監修、鷹木恵子編『越境する社会運動』（イスラーム・ジェンダー・スタディーズ 2）明石書店。

エル・サーダウィ、ナワル（村上真弓訳）1988『イヴの隠れた顔――アラブ世界の女たち』未來社（新装版 1994）。

———. 1994. *Testament of Youth: An Autobiographical Study of the Years 1900-1925*. London: Penguin.

Day, Elizabeth. 2015. "Shirley Williams: Testament to My Extraordinary Mother Vera Brittain." *The Guardian*, 2015/1/11. http://www.theguardian.com/film/2015/jan/11/shirley-williams-vera-brittain-testament-of-youth（最終閲覧2021年8月5日）.

Esty, Jed. 2003. *A Shrinking Island: Modernism and National Culture in England*. Oxford: Princeton University Press.

———. 2012. *Unseasonable Youth: Modernism, Colonialism, and the Fiction of Development*. Oxford: Oxford University Press.

Gibson, T. A. Edwin, and G. Kingsley Ward. 1995. *Courage Remembered: The Story Behind the Construction and Maintenance of the Commonwealth's Military Cemeteries and Memorials of the Wars of 1914-1918 and 1939-1945*. London: H.M.S.O.

Gorham, Deborah. 1996. *Vera Brittain: A Feminist Life*. Oxford: Wiley-Blackwell.

Layton, Lynne. 1987. "Vera Brittain's Testament(s)," Margaret Randolph Higonnet et al.(eds.). *Behind the Lines: Gender and the Two World Wars*. New Haven: Yale University Press. 70-84.

Mosse, George L. 1990. *Fallen Soldiers: Reshaping the Memory of the World Wars*. New York: Oxford University Press.

Todd, Selina. 2015. *The People: The Rise and Fall of the Working Class, 1910-2010*. London: John Murray.

〈映像作品〉

ジェームズ・ケント監督 2015『戦場からのラブレター』ソニー・ピクチャーズエンタテインメント。

■ 歴史のプリズム 5

Arnold, Thomas. 1900. *Passages in a Wandering Life*. London: Edward Arnold.

"Cairo." *Encyclopædia Britannica*, Ninth Edition, vol. 4, 646.

Cooper, June. 2015. *The Protestant Orphan Society and its Social Significance in Ireland, 1828-1940*. Manchester: Manchester University Press.

Cox, Jeffrey. 2008. *British Missionary Enterprise since 1700*. New York: Routledge.

"English Mission in Cairo." *Church Missionary Gleaner*, Oct. 1869, 115-118.

Fitzpatrick, William John. 1864. *Memoirs of Richard Whately, Archbishop of Dublin*. London: Richard Bentley.

Johnston, Anna. 2003. *Missionary Writing and Empire, 1800-1860*. Cambridge: Cambridge University Press.

Manley, Deborah. 2018. "Whately, Mary Louisa (1824-1889), Educationist and Missionary." *Oxford Dictionary of National Biography*.

Mir, Cyrus. 1999. "Farmanfarma, 'Abd-al-Hosayn Mirza," *Encyclopædia Iranica* (online) https://iranicaonline.org/articles/farmanfarma-abd-al-hosayn-mirza（2020年9月30日最終閲覧）.
Women's Worlds in Qajar Iran. http://www.qajarwomen.org/en/people/107.html（2020年9月20日最終閲覧）.

■第4章

鈴木珠里／前田君江／中村菜穂／ファルズィン・ファルド編訳 2009『現代イラン詩集』土曜美術出版販売。
中西久枝 2021「イラン・アメリカ関係がイランの女性運動に与える影響 ―― アフマディーネジャード政権期から現在まで」『一神教学際研究』16、75-93頁。
貫井万理 2018「岐路に直面するイラン・イスラーム共和国体制 ―― 2017年末抗議デモの特徴と原因」平成29年度外務省外交・安全保障調査研究事業報告書『反グローバリズム再考 ―― 国際経済秩序を揺るがす危機要因の研究　グローバルリスク研究』日本国際問題研究所、39-61頁。
松永泰行 2002「イスラーム体制下における宗教と政党 ―― イラン・イスラーム共和国の場合」『日本比較政治学会年報』4、67-95頁。
森田豊子 2011「現代イランにおける家族保護法の展開 ―― 成立、廃止、新法案」『日本比較政治学会年報』13、135-161頁。
吉村慎太郎 2011『イラン現代史 ―― 従属と抵抗の100年』有志舎。
Behbahani, Simin. (Farzane Milani and Safa Kave eds. and trans.) 1999. *A Cup of Sin: Selected Poems Simin Behbahani*. Washington, D.C.: Syracse University Press.
———. 2003. Sīmīn Behbahānī, Majmū'e-ye Ash'ār. Tehran: Mo'asese-ye Enteshārāt-e Negāh.
———. ('A'lī Dehbāshī ed.) 2004. *Zani bā Dāmanī-ye She'r, Jashn-nāme Sīmīn Behbahānī*. Tehran: Mo'asese-ye Enteshārāt-e Negāh.
———. 2011 "Mosāhebe bā Majale-ye Subaru," Fujimoto Yuko (ed.). *Woman and Narration: Gendered Narratives in Oral and Written Persian Literature*. Osaka University.
The Femminist School. 2009　http://www.feministschool.com/spip.php?article2576（2021年7月22日確認）.
Milani, Farzaneh. 1992. *Veil and Words: The Emerging Voice of Iranian Women Writers*. New York: Syracuse University Press.

■第5章

Bostridge, Mark. 2014. *Vera Brittain and the First World War: The Story of Testament of Youth*. London: Bloomsbury.
Brittain, Vera. 1980. *Testament of Experience: An Autobiographical Story of the Years 1925-1950*. Glasgow: Fontana.

伸也・沢山美果子編『保護と遺棄の子ども史』昭和堂、215-241頁。
―――2014b「『セディーゲ・ドウラターバーディー作品集』――女子教育推進に尽力した近代イランの女性知識人と社会の反応」柳橋博之編『イスラーム――知の遺産』東京大学出版会、259-296頁。
―――2020「イランにおける近代女子教育の成立」長沢栄治監修、服部美奈・小林寧子編著『教育とエンパワーメント』（イスラーム・ジェンダー・スタディーズ3）明石書店、35-51頁。
Doulatābādī, Sedīqe. (ed.). 1919–20, 22–23, 42–46. *Zabān-e Zanān*（女たちの声）. Esfahān and Tehrān.
Khosroupanāh, Mohammad Hosein. 1380 [SH]. *Hadaf-hā va Mobārezeh-ye Zan-e Īrānī az Enqelāb-e Mashrūteh tā Saltanat-e Pahlavī*. Tehrān: Nashr-e Payām-e Emrūz.
Manoutchehrian, Mehranguiz. 1994. “Dawlatābādī, Ṣeddīqa.” *Encyclopædia Iranica*. https://www.iranicaonline.org/articles/dawlatabadi-seddiqa（2021年2月5日最終閲覧）.
Parvin, Nassereddin. 2009. “Zabān-e Zanān.” *Encyclopædia Iranica*. http://www.iranicaonline.org/articles/zaban-zanan（2021年2月5日最終閲覧）.
Sanasarian, Eliz. 1982. *Women's Right's Movement in Iran Mutiny, Appeasement, and Repression from 1900 to Khomeini*. New York: Praeger Publisher.
San'atī, Mandokht and Najmabādī, Afsāne (ed.). 1377 [SH]. *Sedīqeh Doulatābādī: Nāmeh-hā, Neveshteh-hā va Yād-hā*, 3 vols. Chicago: Midland Press.

■ 第3章

仲村優一ほか編 1988『現代社会福祉事典（改訂新版）』全国社会福祉協議会。
山﨑和美 2011「イランにおけるキリスト教宣教師の活動――近代教育を中心に」『駒澤大學佛教學部論集』42、115-137頁。
Behnūd, Mas'ūd. “Safar-e derāz-e Sattāreh Farmānfarmā'iyān.” *BBC News Fārsī* (online) https://www.bbc.com/persian/arts/2012/05/120525_l41_sattare_farmanfarmayan_behnoud（2021年9月25日最終閲覧）.
Farman Farmaian, Sattareh and Dona Munker. 1993. *Daughter of Persia: A Woman's Journey from Her Father's Harem Through the Islamic Revolution*. New York: Anchor Books.
Farmānfarmāiyān, Sattāreh. (Ab-ol-Fazl Tabātabāyī, trans.) 1377 [SH] *Dokhtarī az Īrān: Khāterāt-e Khānom-e Sattāreh Farmānfarmāiyān*. Tehrān: Karang.
Galāgar, Nānsī. 2016. “Bar āmadan-e tarīkhdānī Irānī: Dāstān-e zendegī-ye Hāfez Farmāyān.” *Diyār*, 1, 2 (Tābestān 1395 h.s.), 1-26. (Trans. by Emād Naqīpur from Nancy Gallagher, “The Evolution of an Iranian Historian: The Life Story of Hafez Farmayan.” *Critique*, 4: 6 (1995), 61-99).
Ghardshem, Parichehr. 2012. “Remembering Simin Daneshvar and Sattareh Farman Farmaian.” https://www.youtube.com/watch?v=_hdTBxfRuyU （2022年6月15日最終閲覧）.

Princeton: Princeton University Press／ズィーバー・ミール＝ホセイニー（山岸智子監訳、中西久枝・稲山円・木村洋子・後藤絵美・小林歩・斉藤正道・嶋尾孔仁子・貫井万里訳）2004『イスラームとジェンダー――現代イランの宗教論争』明石書店。

Musawah. 2017. "Musawah Knowledge Building Briefs #3, Islam and the Question of Gender Equality." https://www.musawah.org/resources/knowledge-building-brief-3-islam-and-the-question-of-gender-equality-fr/ (2022年3月17日最終閲覧).

———. 2020. "Musawah: Policy Brief #1." https://www.musawah.org/resources/policy-brief-1-why-muslim-family-law-reform-why-now/ (2022年3月17日最終閲覧).

Shaaban, Bouthaina. 1995. "The Muted Voices of Women Interpreters," Mahnaz Afkhami (ed.). *Faith & Freedom: Women's Human Rights in the Muslim World*. London: I.B. Tauris. 61-77.

Wadud, Amina. 1999［初版1992］. *Qur'an and Woman: Rereading the Sacred Text from a Woman's* Perspective. New York and Oxford: Oxford University Press.

Zachs, Fruma and Sharon Helevi. 2015. *Gendering Culture in Greater Syria: Intellectuals and Ideology in the Late Ottoman Period*. London and New York: I.B. Tauris.

Zain al-Dīn, Naḍīra. (Buthaina Sha'bān ed.) 1998a［初版1928］. *Al-Sufūr wa al-Ḥijāb*. Damascus and Beirut: Dār al-Madā.

———. (Buthaina Sha'bān ed.) 1998b［初版1929］. *Al-Fatāt wa al-Shuyūkh*. Damascus and Beirut: Dār al-Madā.

■ 歴史のプリズム4

桜井啓子 2001『現代イラン――神の国の変貌』岩波書店。

ナジュマバーディー、アフサーネ 2009「教養ある主婦をつくり出す――イランにおける取り組み」ライラ・アブー＝ルゴド編著（後藤絵美・竹村和朗・千代崎未央・鳥山純子・宮原麻子訳）『「女性をつくりかえる」という思想――中東におけるフェミニズムと近代性』明石書店、165-229頁。

山岸智子 2010「イランにおける市民運動とジェンダー」『中東研究』509、95-107頁。

山﨑和美 2009「20世紀前半イランにおける女性活動家たちの闘争――女子教育推進をめざして」「女性百年」刊行委員会編『女性百年――教育・結婚・職業――いかに生きたか、いかに生きるか』東北大学出版会、139-154頁。

———2010a「女子教育と識字――『近代的イラン女性』をめぐる議論とナショナリズム」『歴史学研究』873、49-60頁。

———2010b「シーア派イスラームの女性観――イランにおける女子教育に関する議論の展開」『駒澤大学佛教学部論集』41、141-161頁。

———2012「近代イランの婦人雑誌と女子教育」『横浜市立大学論叢』63-1、71-116頁。

———2014a「慈善行為と孤児の救済――近代イランの女性による教育活動」橋本

Kurnaz, Şefika. 2008. *Osmanlı Kadın Hareketinde Bir Öncü Emine Semiye*. İstanbul.
Semiye, Emine. 1900. Hürriyet Kokuları, Millî Kütüphane, Yz. A4664.

■ 歴史のプリズム３

服部美奈 2001『インドネシアの近代女子教育 ―― イスラーム改革運動のなかの女性』勁草書房。
前田俊子 2006『母系社会のジェンダー ―― インドネシア　ロハナ・クドゥスとその時代』ドメス出版。
山口裕子・金子正徳・津田浩司編著 2017『「国家英雄」が映すインドネシア』木犀社。
Idrus Hakimy Dt.Rajo Penghulu. 1978. *Buku Pedoman Bundo Kanduang di Minangkabau*. Bandung: Rosda.
Tamar Djaja. 1980. *Rohana Kudus: Riwayat Hidup dan Perjuangannya*. Penerbit MUTIARA Jakarta.

■ 第２章

Adújar, Ndeya. 2013. "Feminist Readings of the Quran: Social, Political, and Religious Implications," Ednan Aslan, Marcia Hermansen, and Elif Medeni (eds.). *Muslima Theology: The Voices of Muslim Women Theologians*. Frankfurt am Main: Peter Lang, 59-80.
Ahmed, Leila. 1992. *Women and Gender in Islam: Historical Roots of a Modern Debate*. New Haven and London: Yale University Press ／ライラ・アハメド（林正雄・岡真理・本合陽・熊谷滋子・森野和弥訳）2000『イスラームにおける女性とジェンダー ―― 近代論争の歴史的根源』法政大学出版局。
Anwar, Zainah. 2009. "Opening Speech" at the Global Meeting for Equality and Justice in the Muslim Family. (2009/2/14).　http://arabic.musawah.org/sites/default/files/Opening%20Speech%20by%20Zainah%20Anwar%2014%20February%202009.pdf（2022年3月17日最終閲覧）.
Badran, Margot and Miriam Cooke (eds.). 2004［初版1990］. *Opening the Gates: An Anthology of Arab Feminist Writing*. Second edition. Bloomington and Indianapolis: Indiana University Press.
Bū Maṭar, Nabīl. 2008. *Naḍīra Zayn al-Dīn: Rā'ida fī al-Taḥarrur al-Niswī*. Lebanon: al-Dār al-Taqaddumīya.
Cooke, Miriam. 2010. *Nazira Zeineddine: A Pioneer of Islamic Feminism*. Oxford and New York: Oneworld.
Mernissi, Fatima. (Mary Jo Lakeland trans.) 1991［仏語初版 1987］. *The Veil and the Male Elite: A Feminist Interpretation of Women's Rights in Islam*. Cambridge and Massachusetts: Perseus Books.
Mir-Hosseini, Ziba. 1999. *Islam and Gender: The Religious Debate in Contemporary Iran*.

2000). Paris: Centre Français sur la Population et le Développement.
Gaumer, Benoît et Ben Neffisa, Kamr. 2020. *Etienne L'African, ou les tribulations d'un pasteurien philosophe*. Les Editions Sydney Laurent.
Labidi, Leila. 2016. "Tunisian Women's Literature and Critique of Authority: Sources, Contexts, and the Tunisian 'Arab Spring'," Fatima Sadiqi (ed.). *Women's Movements in Post-"Arab Spring" North Africa*. New York: Palgrave Macmillan, 195-210.
Leaders. 2020. "Qui était Dr Tawhida Ben Cheikh dont le portrait illustre le nouveau billet de banque de 10 D." 27/03/2020. https://www.leaders.com.tn/article/29496-qui-etait-dr-tawhida-ben-cheikh-dont-le-portrait-illustre-le-nouveau-billet-de-banque-de-10-d
Myers, Elisabeth, R. 2020. "Pioneer in Tunisian Feminism: Dr. Tawhida Ben Cheikh." *Inside Arabia: Voice of the Arab people*. https://insidearabia.com/pioneer-in-tunisian-feminism-dr-tawhida-ben-cheikh/（2020年7月20日最終閲覧）.
Robinson, W.C. and Ross, J.A. (eds.). 2007. *The Global Family Planning Revolution*. Washington, D.C.: The World Bank.
Stevenson, Robin. 2019. *My Body My Choice: The Fight for Abortion Rights*. Orca Issues.
UNFPA. 2021. *My Body is My Own*. New York: UNFPA.
World Bank. 2018. Fertility rate, total (births per woman) | Data (worldbank.org). https://data.worldbank.org/indicator/SP.DYN.TFRT.IN（2020年9月28日最終閲覧）.
Zitouna, Mohamed Moncef. 1994. *La médecine en Tunisie 1881-1994*. Tunis: Simpact.

■ 歴史のプリズム1

弦巻淳 2008「荻野吟子 ── 宿願を果たした日本初の公認女医」『歴史読本』53(4)、68-74頁。
奈良原春作 1984『荻野吟子 ── 日本の女医第一号』国書刊行会。
広瀬玲子 1983「荻野吟子研究 ── 明治女性の自己形成」『歴史評論』401、29-43頁。
渡辺淳一 1970『花埋み』河出書房新社。

■ 歴史のプリズム2

佐々木紳 2021「アフメト・ミドハト著『ファトマ・アリイェ女史、あるいはオスマン人女流作家の誕生』（前編）」『成蹊人文研究』29号。
松尾有里子 2016「オスマン帝国近代における『女性』誌の誕生（1869-1909）」『人文科学研究』12。
Akşin, Elif Ekin. 2010. "Fatma Aliye's Stories: Ottoman Marriages beyond the Harem." *Journal of Family History* 35: 207-218.
Çakır, Serpil. 2006. "Fatma Aliye, (1862-1936)," Franciska de Haan, Krassimira Daskalova, and Anna Loutfi (eds.). *A Biographical Dictionary of Women's Movements and Feminisms*. Budapest, Hungary: Central European University Press, 21-24.

参考文献・参考資料

《第Ⅰ部》

■ 第1章

岩崎えり奈 2010「家族計画の普及と女性の社会進出 ―― ジェンダー・イシュー」鷹木恵子編著『チュニジアを知るための60章』明石書店、235-239頁。

荻野美穂 2008『「家族計画」への道 ―― 近代日本の生殖をめぐる政治』岩波書店。

小野仁美 2019『イスラーム法の子ども観 ―― ジェンダーの視点でみる子育てと家族』慶応義塾大学出版会。

小竹聡 2006「アメリカ合衆国における妊娠中絶の政治化の過程」『比較法学』40巻1号、91-126頁。

合田禄 2022「米最高裁、中絶権利認めず ―― 49年ぶり判例覆す　政治家を象徴」『朝日新聞』2022年6月26日1-2面。

長田杏奈編 2020「特集　私の私による私のための身体」『エトセトラ』VOL.3。

西山隆行 2019「アメリカで中絶問題が政治争点化する理由」『WEDGE』5月号。

ボストン女の健康の本集団 1988（藤枝澪子監修／河野美代子・荻野美穂校閲／「からだ・私たち自身」日本語版翻訳グループ訳）『からだ・私たち自身』松香堂。

AllAfrica. 2010. “Dr Tawhida Ben Cheikh, première médecin musulmane, en Tunisie et dans le monde arabe – Notre trésor national.” https://fr.allafrica.com/stories/201008270448.html（2022年6月28日最終閲覧）.

Annabi Attia, Thouraya. 2022. “Le Groupe Tawhida Ben Cheikh solidaire des femmes américaines face au droit à l’avortement.” *Leaders* le 29-06-2022. https://www.turess.com/fr/leaders/33551（2022年7月1日最終閲覧）.

Bakalti, S. 1990. “L’enseignement féminine dans le primaire en temps de la Tunisie colonial.” *Revue de l’Institut des Belles Lettres Arabes*, 53(156), 249-273.

Brown, George F. 2007. “Tunisia: The Debut of Family Planning,” W.C. Robinson and J.A. Ross (eds.). *The Global Family Planning Revolution*. Washington, D.C.: The World Bank, 59-69.

Clancy-Smith, Julia. 2000. “L’Ècole Rue du Pacha, Tunis: l’enseignement de la femme arabe et ‹‹ la Plus Grande France ›› (1900-1914).” *Clio. Femmes, Genre, Histoire: Le genre de la nation,* 12. https://journals.openedtion.org/cloi/186（2020年7月25日最終閲覧）.

Gastineau, B. et Sandron, F. 2000. *La politique de planification familiale en Tunisie (1964-*

PART II Changing Women and Societies: Gender Reflected in Dress

Contents

山口みどり（やまぐち・みどり）［歴史のプリズム 5］
大東文化大学社会学部 教授
専攻：イギリス近代史（ジェンダー史、社会史）
主な著作：*Daughters of the Anglican Clergy: Religion, Gender and Identity in Victorian England*（Palgrave Macmillan, 2014），“The Religious Rebellion of a Clergyman's Daughter”（*Women's History Review*, 15.5, 2007: 641-660），L・ダヴィドフ、C・ホール『家族の命運 ―― イングランド中産階級の男と女 1780 ～ 1850』（梅垣千尋・長谷川貴彦との共訳、名古屋大学出版会、2019 年）。

山﨑和美（やまざき・かずみ）［歴史のプリズム 4］
横浜市立大学国際教養学部・都市社会文化研究科 准教授
専攻：イラン近現代史（女性史、教育史、家族史）
主な著作：「20 世紀前半イランにおける女性活動家たちの闘争 ―― 女子教育推進をめざして」（「女性百年」刊行委員会編『女性百年－教育・結婚・職業－いかに生きたか、いかに生きるか』（東北大学出版会、2009 年）、「慈善行為と孤児の救済 ―― 近代イランの女性による教育活動」（沢山美果子・橋本伸也編『保護と遺棄の子ども史』昭和堂、2014 年）、「『セディーゲ・ドウラターバーディー作品集』 ―― 女子教育推進に尽力した近代イランの女性知識人と社会の反応」（柳橋博之編『イスラーム 知の遺産』東京大学出版会、2014 年）。

松尾有里子（まつお・ゆりこ）[歴史のプリズム 2]
お茶の水女子大学 非常勤講師
専攻：イスラーム史、オスマン帝国史
主な著作：「近世オスマン帝国におけるウラマーとその家系形成」（近藤信彰編『近世イスラーム国家史研究の現在』東京外国語大学アジア・アフリカ言語文化研究所、2015 年)、「軍人・エリート・女たち」（小杉泰・江川ひかり編『ワードマップ　イスラーム ―― 社会生活・思想・歴史』新曜社、2006 年)。

松永典子（まつなが・のりこ）[第 5 章]
早稲田大学教育・総合科学学術院 准教授
専攻：イギリス文学・文化
主な著作：『アール・デコと英国モダニズム ―― 20 世紀文化空間のリ・デザイン』（菊池かおり・齋藤一・大田信良との共編著、小鳥遊書房、2021 年)、『終わらないフェミニズム ――「働く」女たちの言葉と欲望』（日本ヴァージニア・ウルフ協会、河野真太郎・麻生えりか・秦邦生との共編著、研究社、2016 年)。「性差別のない文化の夢を見る」（『反「女性差別カルチャー」読本』タバブックス、2022 年)。

松本ますみ（まつもと・ますみ）[第 10 章]
室蘭工業大学大学院工学研究科 教授
専攻：中国近現代史、中国の国民統合、中国イスラーム研究
主な著作：『イスラームへの回帰 ―― 中国のムスリマたち』（山川出版社、2010 年)、『中国民族政策の研究 ―― 清末から 1945 年までの「民族論」を中心に』（多賀出版、1999 年)、“Secularisation and Modernisation of Islam in China: Educational Reform, Japanese Occupation and the Disappearance of Persian Learning”. In Jonathan Lipman ed., *Islamic Thought in China: Sino-Muslim Intellectual Evolution from the 17th to the 21th Century* (Edinburgh University Press, 2016), ““The Historical Recognition Problem” and Hui-Muslim Elites in the Restoration of the Honor of the “Yunnan Muslim Uprising”: The “Islamic New Cultural Movement” and the Search for Model Minority Status during the Republican Era” (*Memoirs of the Research Department of the Toyo Bunko*, No. 79, 2021).

見原礼子（みはら・れいこ）[現代のプリズム 5]
同志社大学グローバル地域文化学部 准教授
専攻：比較教育学、オランダ・ベルギー地域研究
主な著作：「『健全な社会統合』のためのイスラーム教育？ ―― ベルギーの動向に着目して」（日下部達哉編著『イスラーム教育改革の国際比較』東信堂、2022 年)、「ヨーロッパの公教育制度におけるイスラーム教育導入のプロセスと論点」（伊達聖伸編著『ヨーロッパの世俗と宗教 ―― 近世から現代まで』勁草書房、2020 年)、『オランダとベルギーのイスラーム教育 ―― 公教育における宗教の多元性と対話』（明石書店、2009 年)。

千代崎未央（ちよざき・みお）［歴史のプリズム 6］
専攻：近代エジプト女性運動史
主な著作：ライラ・アブー＝ルゴド編著『「女性をつくりかえる」という思想 ―― 中東におけるフェミニズムと近代性』（共訳：第五章担当、明石書店、2009 年）。

長沢栄治（ながさわ・えいじ）［第 6 章］
監修者紹介を参照。

中島由佳利（なかじま・ゆかり）［現代のプリズム 2］
クルドを知る会 共同代表／世話人
専攻：クルド人問題研究、在日クルド人と日本の難民問題
主な著作：『新月の夜が明けるとき ―― 北クルディスタンの人びと』（新泉社、2003 年）、『遺された人びとの心の声を聴く』（三一書房、2008 年）、「在日クルド人コミュニティ ―― 黎明期の「ワラビスタン」と、第 1 世代」（山口昭彦編著『クルド人を知るための 55 章』明石書店、2019 年）。

野中　葉（のなか・よう）［第 7 章、第 13 章］
慶應義塾大学総合政策学部 准教授
専攻：地域研究（インドネシア）、インドネシアのムスリム研究
主な著作：『インドネシアのムスリムファッション ―― なぜイスラームの女性たちのヴェールはカラフルになったのか』（福村出版、2015 年）、「イスラーム的価値の大衆化 ―― 書籍と映画に見るイスラーム的小説の台頭」（倉沢愛子編『消費するインドネシア』慶應義塾大学出版会、2013 年）、「信じること・装うこと ―― インドネシア人女性たちのヴェールと服装」（『コンタクト・ゾーン』9 号、2017 年）。

服部美奈（はっとり・みな）［歴史のプリズム 3］
名古屋大学大学院教育発達科学研究科 教授
専攻：比較教育学・教育人類学、インドネシア地域研究
主な著作：『ムスリマを育てる ―― インドネシアの女子教育』（山川出版社、2015 年）、『アジアの教員 ―― 変貌する役割と専門職への挑戦』（小川佳万との共編著、ジアース教育新社、2012 年）、『東南アジア・マレー世界のイスラーム教育 ―― マレーシアとインドネシアの比較』（西野節男編著、分担執筆、東洋大学アジア文化研究所・アジア地域研究センター、2010 年）、『インドネシアの近代女子教育 ―― イスラーム改革運動のなかの女性』（勁草書房、2001 年）。

藤元優子（ふじもと・ゆうこ）［第 3 章、第 11 章］
大阪大学名誉教授
専攻：現代イラン文学
主な著作：「イラン大衆小説の歩み」（『イラン研究』第 1 号、2005 年）、「イランのヒジャーブと女性 ―― 政治・法律・個人」（武田佐知子編『着衣する身体と女性の周縁化』思文閣出版、2012 年）、ゾヤ・ピールザード『復活祭前日』（翻訳、大同生命国際文化基金、2019 年）。

新郷啓子（しんごう・けいこ）［現代のプリズム 1］
1980 年以来フランス、その後スペインで西サハラの支援活動を行う
主な著作：『蜃気楼の共和国？ ―― 西サハラ独立への歩み』（現代企画室、1993 年）、『抵抗の轍 ―― アフリカ最後の植民地、西サハラ』（インパクト出版会、2019 年）。

鈴木珠里（すずき・しゅり）［第 4 章］
中央大学総合政策学部・上智大学言語教育研究センター・東京外国語大学ペルシア語非常勤講師
専攻：現代イランにおける女性詩人の作品を中心に研究
主な著作：ジャーレ〔アーラム゠タージ・ガーエムマガーミー〕『古鏡の沈黙 ―― 立憲革命期のあるムスリム女性の叫び』（共訳、未知谷、2012 年）、『現代イラン詩集』（共編訳、土曜美術出版販売、2009 年）、『イランを知るための 65 章』（共編著、明石書店、2004 年）。

須永恵美子（すなが・えみこ）［現代のプリズム 4］
東京大学附属図書館アジア研究図書館上廣倫理財団寄付研究部門 特任研究員
専攻：パキスタン地域研究、南アジアのイスラーム思想史
主な著作：『現代パキスタンの形成と変容 ―― イスラーム復興とウルドゥー語文化』（ナカニシヤ出版、2014 年）、「イスラーム世界 ―― 国境を越えるムスリム・ネットワーク」（石坂晋哉・宇根義己・舟橋健太編『ようこそ南アジア世界へ ―― 地域研究のすすめ』昭和堂、2020 年）、「パキスタンにおける学校教科書のなかの多文化共生」（押川文子監修、小原優貴他編著『教育からみる南アジア社会 ―― 交錯する機会と苦悩』玉川大学出版部、2022 年）。

鷹木恵子（たかき・けいこ）［第 1 章、歴史のプリズム 1］
桜美林大学リベラルアーツ学群 教授／図書館長
専攻：文化人類学、マグリブ地域研究（主にチュニジア）、社会開発研究
主な著作：『チュニジア革命と民主化 ―― 人類学的プロセス・ドキュメンテーションの試み』（明石書店、2016 年）、『チュニジアを知るための 60 章』（編著、明石書店、2010 年）、『マイクロクレジットの文化人類学 ―― 中東・北アフリカにおける金融の民主化にむけて』（世界思想社、2007 年）、『北アフリカのイスラーム聖者信仰 ―― チュニジア・セダダ村の歴史民族誌』（刀水書房、2000 年）。

高橋　圭（たかはし・けい）［現代のプリズム 3］
東洋大学文学部史学科 助教
専攻：近現代イスラーム史、アメリカのムスリム社会研究
主な著作：『スーフィー教団 ―― 民衆イスラームの伝統と再生』（山川出版社、2014 年）、「伝統と現実の狭間で ―― 現代アメリカのスンナ派新伝統主義とジェンダー言説」（『ジェンダー研究』21 号、2019 年）、『マイノリティとして生きる ―― アメリカのムスリムとアイデンティティ』（後藤絵美との監修・共編著、リック・ロカモラ写真・文、東京外国語大学出版会、2022 年）。

●**執筆者紹介**（50音順、［　］内は担当章）

岡　真理（おか・まり）［はじめに］
編著者紹介を参照。

岡井宏文（おかい・ひろふみ）［現代のプリズム7］
京都産業大学現代社会学部 准教授
専攻：社会学、日本のイスラーム社会研究
主な著作：「『グローバルご近所』の誕生 ―― 大塚モスクの支援活動とネットワーク」（西尾哲夫・東長靖編著『中東・イスラーム世界への30の扉』ミネルヴァ書房、2021年）、"Analysis on Non-Muslim Residents' Perceptions of Islam and Muslims in one Local Japanese Community"（『共愛学園前橋国際大学論集』第20号、2020年）、「ムスリム・コミュニティと地域社会 ―― イスラーム団体の活動から『多文化共生』を再考する」（高橋典史・白波瀬達也・星野壮編著『現代日本の宗教と多文化共生 ―― 移民と地域社会の関係性を探る』明石書店、2018年）。

帯谷知可（おびや・ちか）［第9章］
京都大学東南アジア地域研究研究所 教授
専攻：中央アジア近現代史・地域研究
主な著作：『ヴェールのなかのモダニティ ―― ポスト社会主義国ウズベキスタンの経験』（東京大学出版会、2022年）、「『よいスカーフ』と『悪いスカーフ』の攻防とその境界 ―― 現代ウズベキスタンのヴェール論争」（高尾賢一郎・後藤絵美・小柳敦史編『宗教と風紀 ――〈聖なる規範〉から読み解く現代』岩波書店、2021年）、「ウズベク人はいかに装うべきか ―― ポストソ連時代のナショナルなドレス・コード」（福田宏・後藤絵美編『「みえない関係性」をみせる』岩波書店、2020年）、『ウズベキスタンを知るための60章』（編著、明石書店、2018年）。

木原　悠（きはら・はるか）［現代のプリズム6］
お茶の水女子大学大学院人間文化創成科学研究科 博士後期課程
専攻：舞踊学
主な著作：「一八八九年パリ万国博覧会のベリーダンス（la danse du ventre）―― 新しい身体と動きの披露」（『史境』第77・78号、2019年）、「1889年パリ万国博覧会におけるベリーダンス ――『踊り子』と『場所』に注目して」（お茶の水女子大学大学院『人間文化創成科学論叢』第19巻、2016年）。

後藤絵美（ごとう・えみ）［第2章、第12章］
編著者紹介を参照。

酒井啓子（さかい・けいこ）［第8章］
千葉大学大学院社会科学研究院 教授／グローバル関係融合研究センター長
専攻：中東政治、イラク地域研究、国際関係論
主な著作：『グローバル関係学とは何か』（編著、岩波書店、2020年）、『9.11後の現代史』（講談社現代新書、2018年）、『移ろう中東、変わる日本　2012-2015』（みすず書房、2016年）、『中東から世界が見える ―― イラク戦争から「アラブの春」へ』（岩波ジュニア新書、2014年）。

◉ 監修者紹介

長沢栄治（ながさわ・えいじ）
東京外国語大学アジア・アフリカ言語文化研究所 フェロー、東京大学 名誉教授
専攻：中東地域研究、近代エジプト社会経済史
主な著作：『近代エジプト家族の社会史』（東京大学出版会、2019 年）、『現代中東を読み解く —— アラブ革命後の政治秩序とイスラーム』（後藤晃との共編、明石書店、2016 年）、『エジプトの自画像 —— ナイルの思想と地域研究』（平凡社、2013 年）、『アラブ革命の遺産 —— エジプトのユダヤ系マルクス主義者とシオニズム』（平凡社、2012 年）。

◉ 編著者紹介

岡　真理（おか・まり）
京都大学大学院人間・環境学研究科 教授
専攻：現代アラブ文学、パレスチナ問題研究
主な著作：『彼女の「正しい」名前とは何か —— 第三世界フェミニズムの思想』（新装版、青土社、2019 年）、『ガザに地下鉄が走る日』（みすず書房、2018 年）、『アラブ、祈りとしての文学』（みすず書房、2008 年）、『棗椰子の木陰で —— 第三世界フェミニズムと文学の力』（青土社、2006 年）、『記憶／物語』（岩波書店、2000 年）。

後藤絵美（ごとう・えみ）
東京外国語大学アジア・アフリカ言語文化研究所 助教
専攻：現代イスラーム研究、ジェンダー研究
主な著作：『神のためにまとうヴェール —— 現代エジプトの女性とイスラーム』（中央公論新社、2014 年）、『イスラームってなに？ 1　イスラームのおしえ』（かもがわ出版、2017 年）、『クルアーン入門』（松山洋平編、共著、作品社、2018 年）、『宗教と風紀 ——〈聖なる規範〉から読み解く現代』（高尾賢一郎・小柳敦史との共編、岩波書店、2021 年）。

イスラーム・ジェンダー・スタディーズ 5
記憶と記録にみる女性たちと百年

2023 年 3 月 31 日　初版第 1 刷発行

監修者　長 沢 栄 治
編著者　岡 　 真 理
　　　　後 藤 絵 美
発行者　大 江 道 雅
発行所　株式会社明石書店
〒 101-0021 東京都千代田区外神田 6-9-5
電話 03（5818）1171
FAX 03（5818）1174
振替　00100-7-24505
https://www.akashi.co.jp/
装丁　明石書店デザイン室
印刷　株式会社文化カラー印刷
製本　協栄製本株式会社

（定価はカバーに表示してあります）　ISBN978-4-7503-5564-1